Susi Madron/John Walker

Radurlaub in Frankreich

Genußtouren abseits der großen Straßen

Susi Madron / John Walker

Radurlaub in Frankreich

Genußtouren abseits der großen Straßen

BLV

CIP-Titelaufnahme der Deutschen Bibliothek

Madron, Susi:
Radurlaub in Frankreich: Genußtouren abseits der großen Straßen/Susi Madron; John Walker. [Übers. aus d. Engl.: Erica Mertens-Feldbausch]. – München; Wien; Zürich: BLV, 1990
Einheitssacht.: Cycling in France – Discover the secret heart of France dt.
ISBN 3-405-13754-3
NE: Walker, John:

BLV Verlagsgesellschaft mbH
München Wien Zürich
8000 München 40

Übersetzung aus dem Englischen:
Erica Mertens-Feldbausch

Lektorat: Marianne Faiss-Heilmannseder

Titel der englischen Originalausgabe:
Cycling in France – Discover the Secret Heart of France
erschienen bei George Philip, London

Die Erarbeitung dieses Werkes erfolgte nach bestem Wissen und Gewissen der Autoren. Die Befahrung der Touren nach diesen Vorschlägen geschieht auf eigene Gefahr. Eine Haftung wird nicht übernommen.

Umschlagfoto: Bildagentur Mauritius/E. Gebhardt
Karten: John Gilkes

Satz: Compusatz GmbH, München
Druck und Bindung: Ebner Ulm

Printed in Germany ISBN 3-405-13754-3

INHALT

EINFÜHRUNG

Den Anstoß für das vorliegende Buch gaben die Erfahrungen mit meinem Unternehmen »Susi Madron's Cycling for Softies« (Radeln für Softies), das Radtouren in den nachfolgend beschriebenen Regionen Frankreichs anbietet*). Seit vielen Jahren radle ich mit meiner Familie durch dieses Land, und mein Ferienunternehmen entstand aus dem Wunsch heraus, andere an diesem Vergnügen teilhaben zu lassen. Vielleicht ist Radfahren für Sie kaum mehr als eine verschwommene Erinnerung an die Jugendzeit, doch Bernhard Shaw meinte, »die Jungen machen sich nichts aus der Jugend«. Gemütlich durch die Ferien zu radeln ist etwas für reife, aufgeschlossene Romantiker, die sich beim Genießen gerne Zeit lassen.

Abseits der gängigen Touristenjagdgründe Frankreich auf dem Fahrrad zu erkunden, bietet die denkbar beste Möglichkeit, abzuschalten, die schlichten Freuden des Daseins in sich aufzunehmen und sie zu genießen: frische Luft und funkelnde Wasserläufe, Blumen am Wegesrand und Schwärme von Schmetterlingen – und nicht zuletzt köstliche Speisen und Getränke. Einer meiner Stammkunden schrieb mir: »Zu meinen Lieblingserinnerungen zählen die Picknicks hoch oben auf einer Anhöhe mit herrlichem Ausblick und danach die Fahrt hinunter ins Tal, auf der man es einfach laufen lassen kann. Ein, zwei Stunden zu radeln, ohne einem Auto zu begegnen, ist eine wahre Wonne, und das einzige, was einen plagt, ist die Qual der Wahl, wenn es darum geht, sich für eine Eissorte entscheiden zu müssen.«

Wie losgelöst man sich beim Radeln fühlen kann, welche

*) Susi Madron's Cycling Holidays Ltd, Lloyds House, 22 Lloyd Street, Manchester 112 SWA, Tel. 061-834-6800

Zwanglosigkeit und Ungebundenheit damit verbunden ist, haben viele von uns vergessen. Auf den »Rädern des Zufalls«, wie H. G. Wells, Angehöriger einer radfahrbegeisterten Generation, das Fahrrad nennt, entwickeln wir wieder die großartige Fähigkeit, Neues und Unerwartetes zu entdecken. Auf dem Fahrrad lernt man nicht nur einen Landstrich besser kennen, sondern kommt auch den Menschen näher, die ihn bevölkern. Freudig überrascht war zum Beispiel jenes Paar, das – erhitzt, verschwitzt und ziemlich abgestrampelt – auf dem Rückweg nach Châtillon im Saône-Tal im Dorf Saint-Etienne von einer Frau herbeigewinkt und zu einem Sprung in den Swimmingpool und einem kühlen Trunk im Kreise ihrer Familie eingeladen wurde. Zwei anderen Radlern, in den Anblick einer alten Mühle versunken, zeigte der Besitzer das Gebäude von innen und außen; anschließend lud er sie ein, ihr Picknick in seinem Garten unter einem Sonnenschirm zu verzehren und stellte ihnen dazu ein Glas Kir auf den Tisch.

Die außerordentliche Herzlichkeit der ländlichen Bevölkerung steigert das Vergnügen an einer solchen Landpartie. Gemächlich über Feld-, Wald- und Wiesenwege radelnd, kommt man an Bauernhöfen vorbei, wo Käse feilgeboten wird, oder in kleine Dörfer mit schattigen Gasthäusern. Und beim Picknick im Grünen, im Schatten einer Weide oder Pappel am Ufer eines Wasserlaufs munden frische Croissants oder Semmeln, köstliches Backwerk und Obst besonders gut.

Wer sich Zeit läßt, über Hecken und alte Gemäuer späht, durch enge Gassen wandert und verheißungsvollen Wegweisern folgt, lernt Frankreich und die Franzosen aus einem völlig neuen Blickwinkel kennen. Erinnerungen an ländliche, von den rauhen Klängen einer Dorfkapelle begleitete Feste, an prächtige Feuerwerke und kunstvoll gearbeitete Volkstrachten vermischen sich mit dem Nachgeschmack vortrefflicher, sich über Stunden hinziehender abendlicher Mahlzeiten und dem Bild reizvoller Herrenhäuser und liebevoll gepflegter Hausgärten.

All dies genießen kann nur, wer sich Zeit läßt. Aus diesem Grunde liegen die hier vorgeschlagenen Übernachtungsorte rund 16 bis 50 km auseinander, und die Tagesetappen gehen über etwa dieselbe Strecke. Hin und wieder finden sich allerdings auch Tagestouren, die strammeres Radeln erfordern. Viele Routen verlaufen entlang von Hauptverkehrsstraßen, so daß Sie sich beim Kartenlesen und Planen leichter tun. Am Ausgangspunkt angekommen, werden Sie dann aber feststellen, daß sich zahlreiche kleinere Straßen und Feldwege in dieselbe Richtung schlängeln und Sie unbehelligt vom Verkehr radeln können. Soweit sich Ausweichrouten finden, sollten Sie sich von den mit »N« (Route Nationale, Nationalstraße) gekennzeichneten Hauptverkehrsstraßen fernhalten. Gemütlich radelnd, lassen sich pro Stunde rund 12 bis 16 km schaffen; das heißt, Sie können damit rechnen, täglich etwa 4 Stunden im Sattel zu sitzen, und es bleibt Ihnen dabei genügend Zeit und Muße, Picknickpausen einzulegen und die Gegend zu erkunden. Am leichtesten tun Sie sich mit dem Radfahren im Gebiet Mayenne-Sarthe, im Tal der Loire und in der Region Venise Verte.

Denken Sie daran, daß Sie Ihre Siebensachen mit sich führen müssen und deshalb leichtes Marschgepäck angesagt ist. Ich kenne so manchen, der auf alles nicht unbedingt Notwendige verzichtet, einschließlich Pyjama. Sie brauchen ein Tourenrad mit niedriger Übersetzung, zwei Packtaschen sowie eine Tasche oder einen Korb an der Lenkstange; dazu Werkzeug und Reifenflickutensilien, Luftpumpe und Wasserflasche. Wichtig ist auch eine gute Karte. Aus dem reichhaltigen Angebot empfehlen wir die »Carte Topographique« im Maßstab 1:100.000, ein vom Institut Géographique National herausgegebenes Kartenwerk. Und für allfällige Schrammen sollte auch das Verbandspäckchen nicht fehlen. Bei einem Fahrrad mit vollgestopften Packtaschen verlagert sich der Schwerpunkt, und deshalb fühlt sich so mancher anfangs vielleicht etwas verunsichert. Wer sich dieses Transportmittels längere Zeit nicht mehr bedient hat, tut besser daran, hügeliges Gelände zu meiden, weil beim Bergauf- und Bergabfahren mit einem vollbeladenen Rad Handgelenke und Arme enorm belastet werden. Manche Leute ziehen es vor, schnurstracks zum nächsten Hotel zu radeln, ihre Habseligkeiten dort zu deponieren und sich dann erst auf Erkundungsfahrt zu begeben.

Selbst in der nördlichsten der in diesem Buch beschriebenen

Regionen wird es im Sommer normalerweise heiß. Packen Sie also auch Sonnenhut und -brille ein und dazu reichlich Sonnencreme. Vorsichtshalber sollten auch die stark sonnenbrandgefährdeten Arme bedeckt bleiben. Falls Sie in einer Gruppe radeln, ist es für alle Mitglieder ratsam, sich in Sichtweite zu halten. Eine falsche Abzweigung zu nehmen und die anderen zu verlieren, verursacht unnötigerweise Sorge und Verdruß.
Und wie ist es um die Kosten bestellt? In einem gemütlichen Hotel auf dem Lande – üblicherweise mit Etagenbad und schmackhafter einheimischer Küche – müssen Sie für zwei Personen für Halbpension (Abendessen, Übernachtung und Frühstück) mit etwa 320 bis 450 Francs rechnen. In den um einiges preiswerteren Herbergen *(auberges)* zahlen Sie unter Umständen nur 140 Francs (ohne Badezimmer). Tagsüber brauchen zwei Personen ungefähr nochmals 90 Francs, man kann aber auch ohne weiteres mit nur 20 bis 40 Francs pro Kopf und Tag auskommen. Die meisten der im vorliegenden Buch angeführten Hotels werden in dem ausgezeichneten, jährlich erscheinenden Führer »Logis et Auberges de France« veröffentlicht, und wer in Frankreich Familienhotels sucht, ist gut beraten, einen Blick hineinzuwerfen.
Sollten Sie seit Ihrer Schulzeit kein Fahrrad mehr angerührt haben, kommt es Sie vielleicht schwer an, mitten im Hochsommer durch einen hügeligen Landstrich wie die Dordogne zu radeln, wo die Sonne sengend heiß sein kann. Planen Sie deshalb Ihren Urlaub so, wie er Ihnen am besten zusagt. Anstatt Ihre Habseligkeiten mit sich herumzuschleppen, könnten Sie sich einen Ort als Stützpunkt wählen und von dort aus gemächliche Tagestouren in die Umgebung machen (kalkulieren Sie aber bei der Planung immer den Rückweg ein).
In manchen ländlichen Gebieten sieht man sich gelegentlich von Hunden die Straße hinuntergejagt. Meist aber sind sie angekettet und begnügen sich damit, einen anzukläffen.
Wofür Sie sich auch entscheiden mögen – ich hoffe, die folgenden Seiten werden Sie dazu anspornen, Ihr Stahlroß zu satteln und einem französischen Sonnenuntergang entgegenzuradeln.

Susi Madron

MAYENNE UND SARTHE

Für viele Frankreichreisende sind die Départements Mayenne und Sarthe unbekanntes Territorium. Zwischen der Normandie im Norden und dem seit jeher beliebten Tal der Loire im Süden gelegen, bietet dieser reizvolle Landstrich keine jener großartigen Attraktionen, die die Touristen scharenweise anziehen, eignet sich aber ideal für Ferien auf dem Fahrrad.

Diese Region bildet das lebendige Herzstück des ländlichen Frankreich, und ihr Bild wird geprägt von kleinen Städtchen, abgelegenen Dörfern und winzigen Weilern, von glitzernden Flüssen und Seen und den Überbleibseln einstmals ausgedehnter Wälder. Hochgewachsene Pappeln säumen – zum Appell angetretenen Soldaten gleich – die Nebenstraßen, und Weiden beschirmen die schmalen Flüßchen und kennzeichnen deren gewundenen Lauf durch das Land. Und wenn es auch in Mayenne und Sarthe nichts gibt, was den spektakulären Schlössern der Loire gleichkommt, finden sich hier zahlreiche Bauwerke, die sich sehen lassen können. Düstere Festungen zeugen von den endlosen kriegerischen Auseinandersetzungen in dieser Gegend und den fortwährenden feindseligen Übergriffen im Mittelalter. Vornehme Landsitze gibt es hier gleichfalls, nicht selten stehen sie in ihrem Reiz den berühmteren Schlössern im Süden in nichts nach, und selbst im kleinsten Dorf findet sich eine verfallende mittelalterliche Kirche.

In vielen Seen können Sie schwimmen, an manchen davon besteht zudem die Möglichkeit zum Segeln, Paddeln und Windsurfen, und hin und wieder bietet sich auch Gelegenheit zu einer Bootspartie auf einem der Flüsse. Obwohl die Autobahn Paris–Le Mans das Gebiet durchschneidet, sind die Straßen meist ruhig, so daß Sie sich an dem, was rings um Sie zu sehen und hören ist, auch freuen können: Da stehen an den Flußufern niedrige, aus Stein erbaute Bauernhäuser, in deren Nähe die Hühner scharren; da arbeiten Pferde auf den Feldern und werden Kühe am Wegesrand gemolken; und Wolken von Schmetterlingen flattern über einem von wilden Blumen überwucherten Ackerrain. Auch in den Dörfern entfaltet sich häufig eine überwältigende Blütenpracht. Leuchtende Büschel von Petunien und Geranien quellen üppig aus Blumenkästen und wuchern um Laternenpfähle, und in den Bauerngärten gedeihen Salat- und Kohlköpfe in den Zwischenräumen der Astern- und Gladiolenreihen.

Wie andernorts in Frankreich, stoßen Sie in allen diesen kleinen Gemeinden auf Menschen, die bereit und willens sind, im Notfall zu helfen. Eine Radlerin kam an ihrem 27. Geburtstag gerade durch Saulges, als ein Unwetter losbrach. Um sie herum blitzte und donnerte es, der Regen ging sturzbachartig nieder, und so entschloß sie sich, in einem nahegelegenen Bauernhaus Zuflucht zu suchen. Der Bauer und seine Frau nahmen sie nicht nur auf, sondern bestanden darauf, sie mit trockener Kleidung zu versorgen. Sie boten ihr Apfelwein an und plauderten mit ihr, bis das Gewitter vorüber war.

Wer durch diese Region radelt, bekommt unweigerlich den Hauch der Geschichte zu spüren. Fünf Jahrhunderte lang waren die Römer hier und hinterließen vielerorts ihre Spuren, beispielsweise in Form des herrlichen Forts von Jublains. Lange ehe ihr großes Reich an Macht gewann, lebten hier – wie durch Ansammlungen von Menhiren (Steinsäulen) und anderen neolithischen Denkmälern belegt ist – prähistorische Völker. Darüber hinaus gibt es die Bindeglieder zur nördlich gelegenen Normandie, dem mächtigen Staat Wilhelm des Eroberers; ein Beispiel hierfür ist die von ihm belagerte und weitgehend zerstörte alte Stadt Mayenne. Ein Jahrhundert später lagen Mayenne und Sarthe an der Grenze des Reiches der Könige aus dem Hause Plantagenet, die nahezu ganz Westfrankreich sowie England beherrschten. In unserem Jahrhundert wurden zahlreiche Städte durch den Zweiten Weltkrieg schwer in Mitleidenschaft gezogen, und seit einigen Jahrzehnten ist eine anhaltende Landflucht der bäuerlichen Bevölkerung in die größeren Städte zu beobachten.

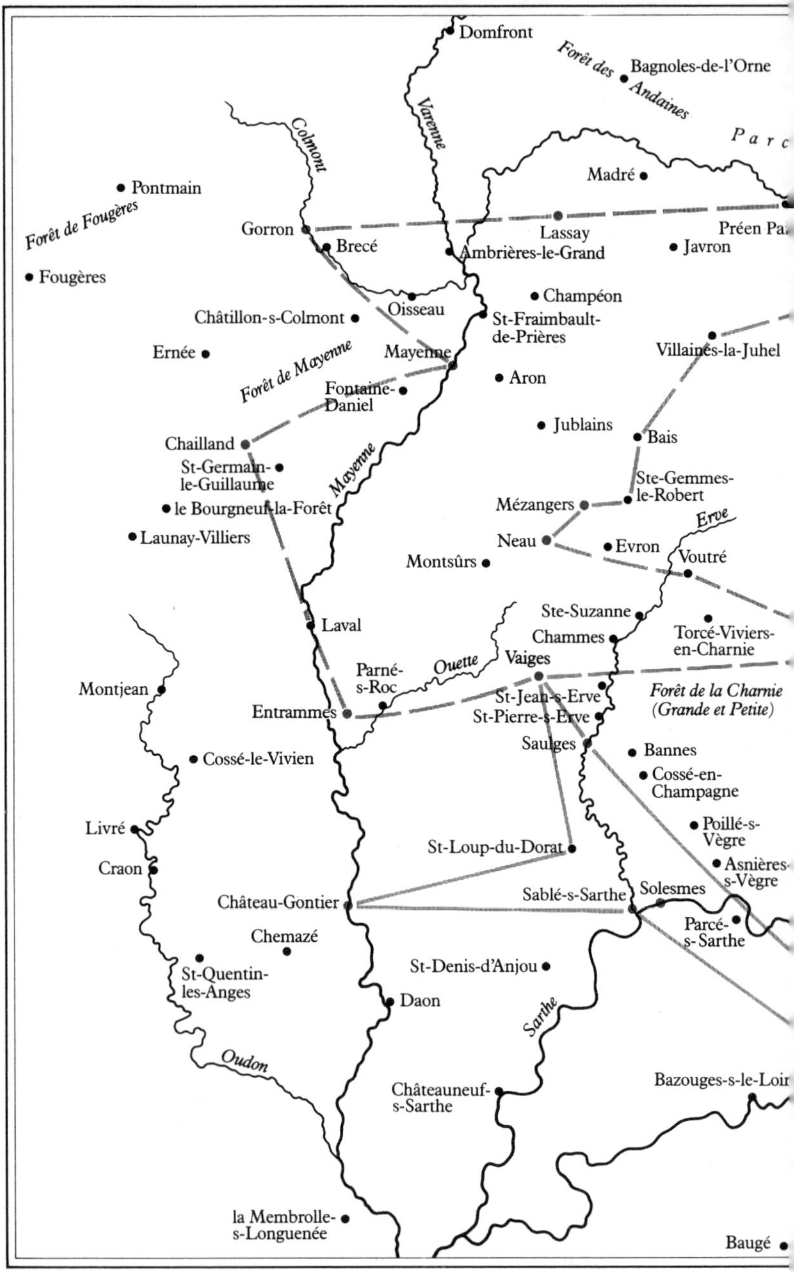
Domfront
Forêt des Andaines
Bagnoles-de-l'Orne
Colmont
Varenne
Parc
Madré
Pontmain
Forêt de Fougères
Gorron
Lassay
Préen Pa
Brecé
Ambrières-le-Grand
Javron
Fougères
Champéon
Châtillon-s-Colmont
Oisseau
St-Fraimbault-de-Prières
Ernée
Forêt de Mayenne
Mayenne
Villaines-la-Juhel
Aron
Fontaine-Daniel
Jublains
Chailland
Bais
St-Germain-le-Guillaume
Mayenne
Ste-Gemmes-le-Robert
le Bourgneuf-la-Forêt
Mézangers
Erve
Launay-Villiers
Neau
Evron
Voutré
Montsûrs
Ste-Suzanne
Laval
Chammes
Torcé-Viviers-en-Charnie
Parné-s-Roc
Ouette
Vaiges
Montjean
St-Jean-s-Erve
Forêt de la Charnie (Grande et Petite)
Entrammes
St-Pierre-s-Erve
Saulges
Bannes
Cossé-le-Vivien
Cossé-en-Champagne
Poillé-s-Vègre
Livré
St-Loup-du-Dorat
Craon
Asnières-s-Vègre
Château-Gontier
Sablé-s-Sarthe
Solesmes
Chemazé
Parcé-s-Sarthe
St-Quentin-les-Anges
St-Denis-d'Anjou
Daon
Sarthe
Oudon
Châteauneuf-s-Sarthe
Bazouges-s-le-Loir
la Membrolle-s-Longuenée
Baugé

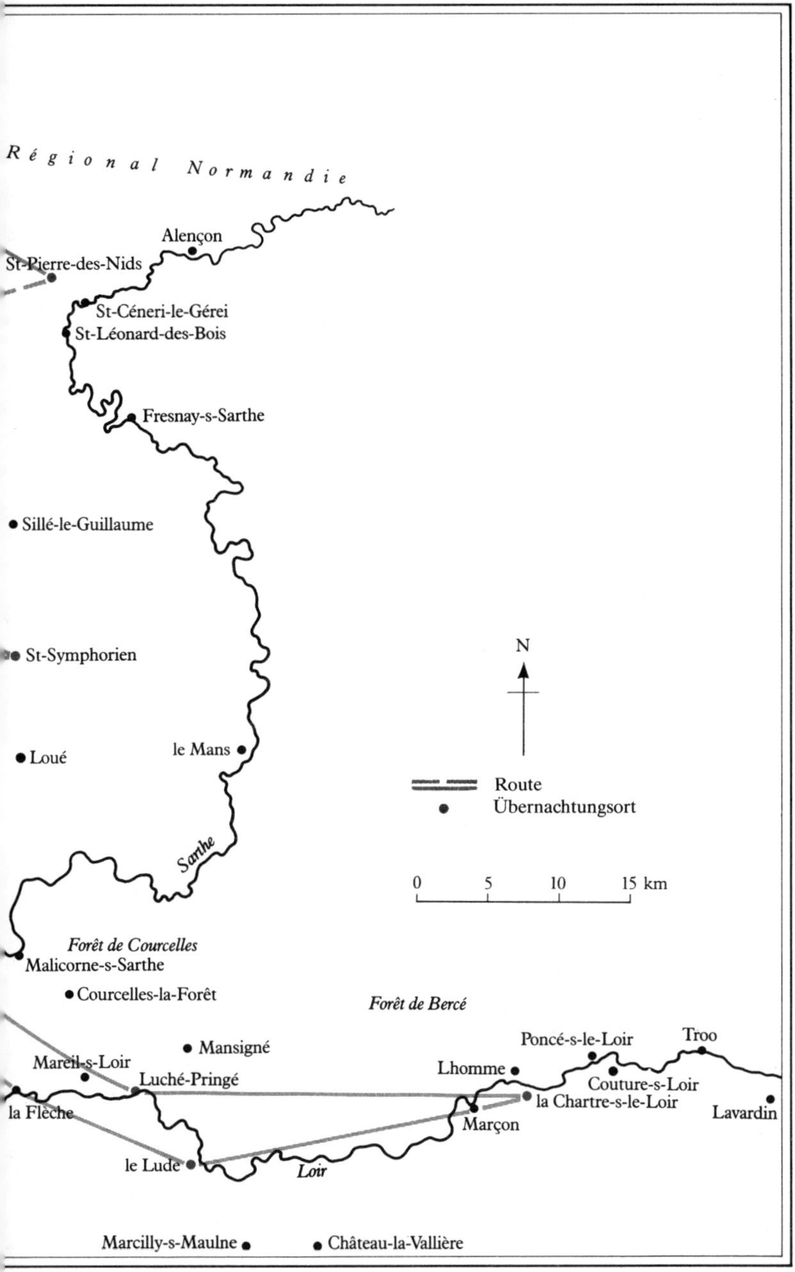

Régional Normandie
Alençon
St-Pierre-des-Nids
St-Céneri-le-Gérei
St-Léonard-des-Bois
Fresnay-s-Sarthe
Sillé-le-Guillaume
St-Symphorien
Loué
le Mans
Sarthe
N
Route
Übernachtungsort
0 5 10 15 km
Forêt de Courcelles
Malicorne-s-Sarthe
Courcelles-la-Forêt
Forêt de Bercé
Mansigné
Mareil-s-Loir
Luché-Pringé
la Flèche
le Lude
Loir
Lhomme
Poncé-s-le-Loir
Troo
Couture-s-Loir
la Chartre-s-le-Loir
Marçon
Lavardin
Marcilly-s-Maulne
Château-la-Vallière

Dank der Nähe zur Normandie macht sich in der einheimischen Küche der Einfluß des Nordwestzipfels Frankreichs bemerkbar. Mit Ausnahme des Südens sind hier mehr Apfelbäume als Weinstöcke zu sehen, und als Alternative zum Wein wird der herzhafte Apfelmost der einheimischen Bauern angeboten. Dieser Cidre ist auch eine Grundzutat beim Kochen.
Gleichfalls reichlich vertreten auf der Speisenkarte sind Fische aus den zahlreichen Flüssen, beispielsweise saftige, in Apfelmost zubereitete und in Cidre-Sahne-Sauce servierte Forelle, oder Hecht in Apfelmost-Butter-Sauce. Äpfel sind bei Tisch häufig zu sehen und werden zu Torten und Desserts verarbeitet, die das Wasser im Munde zusammenlaufen lassen. Wer könnte schon einer Apfel-Charlotte mit *Mousse caramel* widerstehen? Vielleicht beschließen Sie Ihr Mahl aber auch mit einer Scheibe cremigem Port Salut, dem einheimischen Käse, und spülen ihn mit einem Glas Calvados hinunter, dem weithin bekannten deftigen Apfelschnaps.
Von Norden nach Süden fließend, teilt die Mayenne den Landstrich in zwei Hälften. An ihren Ufern liegen die drei wichtigsten Städte: Mayenne im Norden, die mittelgroße, geschäftige Stadt Laval in der Mitte und im Süden Château-Gontier mit seinem riesigen Viehmarkt. Erreichbar sind die Départements Mayenne und Sarthe von Paris aus über eine direkte Zugverbindung, und Sie steigen entweder in Laval aus oder in dem quirligen Marktflecken Evron. Keine dieser Städte ist so groß, daß Sie sich verloren vorkommen könnten; Laval, die größte, hat etwa 50000 Einwohner – drei bis viermal soviel wie Mayenne und Château-Gontier.
In allen übrigen Ortschaften, durch die Sie kommen, leben in der Regel weniger als 1000 Menschen. Und viele Dörfer, wie das winzige Saint-Erblon oder Bannes, zählen kaum mehr als 100 Seelen. Mit dem Radeln tun Sie sich hier zumeist leicht. Viele der interessantesten Städte und Dörfer breiten sich an Flüssen oder Wasserläufen aus, das heißt, man hält sich vorwiegend in den Niederungen und braucht kaum Anhöhen zu bewältigen. Klimatisch ähnelt der Nordwesten Frankreichs eher England als der Provence; trotzdem kann es im Sommer ausgesprochen heiß werden, und Sie brauchen dann Sonnenhut

und -creme. Darüber hinaus ist es manchmal sehr feucht, und jäh aufziehende Gewitter sind mit sturzbachartigen Regengüssen verbunden. Am ergiebigsten sind die Niederschläge allerdings im Herbst und Winter. Mit kühlen Morgenstunden und strahlenden Tagen ist der Frühling häufig die schönste Jahreszeit. Ähnlich wie in England zeigt sich das Klima selten extrem, und Schnee ist höchst ungewöhnlich. Die Durchschnittstemperaturen bewegen sich zwischen etwa 24° C im Hochsommer und 4° C im kalten Januar.

Ohne Schwierigkeiten zu bewältigen ist die Fahrt von Mayenne hinunter in das etwa 60 km entfernte Château-Gontier, mit Abstechern unterwegs zu vielen interessanten Plätzen. Für Urlauber mit knapp bemessener Zeit würde sich beispielsweise folgende Route empfehlen: Fahren Sie von Mayenne nach Jublains, wo Sie auf gallisch-römische Überreste stoßen, und von dort die D 7 hinunter nach Evron mit seiner prachtvollen Basilika Notre-Dame (Gesamtstrecke 24 km). Hier könnten Sie eine Rast einlegen und einen Imbiß zu sich nehmen. Anschließend geht es auf derselben Straße weiter zu der befestigten Stadt Sainte-Suzanne, wo Sie dann auf die D 125 in Richtung Vaiges abbiegen. Diese Etappe macht nochmals 19 km aus, und damit kommen Sie an diesem Tag auf insgesamt 43 km. In Vaiges können Sie übernachten und dann am nächsten Tag via Saint-Pierre-sur-Erve zunächst nach dem 10 km entfernten Saulges radeln. Hier lohnt es sich, vom Sattel zu steigen – zum einen, um die prähistorischen Höhlen zu besichtigen, insbesondere aber der kulinarischen Genüsse wegen. Die letzte, 35 km lange Etappe verläuft von Saulges über Ballée, Le Buret, Saint-Charles-la-Forêt und Ruille-Froid-Fonds nach Château-Gontier.

Auf einem solchen Ausflug, der Sie an ruhig dahinströmenden Flüssen entlang und durch Dörfer führt, die sich seit dem Mittelalter kaum verändert zu haben scheinen, bekommen Sie archäologische Fundstätten und großartige Schlösser zu Gesicht. Und für das leibliche Wohl ist unterwegs bestens gesorgt. Noch genußreicher ist es, die Gegend ein oder zwei Wochen lang genauer zu erkunden.

Von einem festen Stützpunkt aus, beispielsweise Vaiges, das fast im Mittelpunkt dieses Landstrichs liegt, lassen sich allerlei

reizvolle Ausflüge in die Umgebung unternehmen. Auf Tagestouren von etwa 40 km könnten Sie zum Beispiel einmal Sainte-Suzanne, Evron und Mézangers mit seinem prächtigen Schloß besuchen und am anderen Tag über Saint-Pierre-sur-Erve, Saulges und Chémeré-le-Roi nach Saint-Denis-du-Maine radeln und im dortigen See schwimmen oder Wasserski fahren.
Eine reizvolle Rundreise, mit Vaiges als Ausgangspunkt, führt in sieben bis zehn Tagen durch die üppig grüne Gegend südlich des Dorfes. Übernachtet wird dabei unter anderem in Château-Gontier, Sablé oder Solesmes, Le Lude und La Chartre sowie Luché-Pringé und Saulges. Und in etwa zwei Wochen könnten Sie von Vaiges aus in Richtung Norden in die Apfelanbaugebiete am Rande der Normandie fahren und dabei Entrammes, Chailland, Mayenne und Gorron besuchen, dazu Lassay, Saint-Pierre und Mézangers, und dann über Neau und Saint-Symphorien zu Ihrem Stützpunkt zurückkehren.
Vaiges selbst liegt 23 km östlich von Laval an der N 157 nach Le Mans und knapp 1 km von der Ausfahrt Nr. 2 der Autobahn Paris–Le Mans–Rennes entfernt. In diesem Dorf mit seinen rund 900 Einwohnern kennt nicht nur jeder jeden, sondern scheinen auch alle miteinander verwandt zu sein. Vaiges hat nur wenige Läden; immerhin aber ernährt es zwei Eisenwarenhändler und zwei Bäcker, bei denen man morgens ofenwarmes Brot kaufen kann. Außerdem gibt es einen Gemischtwarenladen, und der Metzger hat sich durch Eröffnung eines »Supermarktes« vergrößert. Als die Kirche vor wenigen Jahren durch ein Feuer verwüstet wurde, nachdem ein Lastwagen gegen ihre Mauern gedonnert war, erwies sich dies im nachhinein als Glück im Unglück – während der Renovierungsarbeiten entdeckte man nämlich ein Fresko. Monsieur le Curé ist stolz auf sein Gotteshaus und nur allzu gerne bereit, Besucher herumzuführen. Bitten Sie in der mairie (Bürgermeisteramt; französische Bürgermeister nehmen eine zentrale Stellung in ihren Gemeinden ein) darum, einen Rundgang durch das Museum mit seiner Sammlung der lokalen Geschichte machen zu dürfen. Und in dem seit über 100 Jahren von der Familie Oger geführten Hôtel du Commerce sind Sie gut untergebracht.
12 km nordöstlich von Vaiges, an der D 125, liegt auf einem

Hügel über bewaldetem Grund und dem Fluß Erve die befestigte mittelalterliche Stadt Sainte-Suzanne. Felsig und steil abfallend, ließ die Anhöhe im Laufe der Jahrhunderte so manchen Möchtegern-Eroberer zurückschrecken. Wilhelm der Eroberer, der sich in den Jahren nach seinem Triumph in England mit Unruhen und Aufruhr an den Grenzen der Normandie herumschlagen mußte, belagerte die Stadt um 1080 herum vier Jahre lang ohne Erfolg. Im Hundertjährigen Krieg wurde sie dann von den Engländern besetzt. Viele Zeugnisse der von Gewalt geprägten Geschichte dieses alten Ortes finden sich in dem kleinen Museum, das während der Sommermonate nachmittags geöffnet ist. Neue Kräfte können Sie im Restaurant Relais du Fouquet sammeln oder auf dem Rückweg im Dörfchen Chammes in dem altmodischen Café der reizenden Madame Loison, das an den Blumen auf dem Fensterbrett leicht auszumachen ist.

Château-Gontier liegt 40 km südwestlich. Radeln Sie auf der D 24 in Richtung Süden nach Saint-Loup-du-Dorat, biegen Sie dann nach links auf die D 21 ab, anschließend sofort rechts auf die D 212 und nach etwa 2 km nochmals nach rechts auf die D 28. Günstigster Tag für einen Besuch in dieser geschäftigen Kleinstadt ist der 14. Juli, an dem ein prächtiges Feuerwerk über dem Fluß abgebrannt wird. Für die Einheimischen ist Château-Gontier ein wichtiges landwirtschaftliches Zentrum; allwöchentlich am Donnerstag wird ein Schaf- und Viehmarkt abgehalten, und überdies findet hier der größte Kälbermarkt Europas statt. Obwohl während der langen Religionskriege des 16. Jh. schwer in Mitleidenschaft gezogen, wird das Bild der alten Stadt von gewundenen engen Straßen und 300 Jahre alten Häusern bestimmt. Zahlreiche Bauwerke haben die Zeitläufte überlebt, einschließlich der Kirche Saint-Jean-Baptiste aus dem 11. Jh., die einst zum Schloß des Grafen Anjou Foulques Nerra gehörte. Das Dreifachschiff der eindrucksvollen Krypta ruht auf Sandsteinpfeilern. Und auch die aus dem 12. Jh. stammende Chapelle de Geneteil ist einen Besuch wert. Vom 15. August bis Monatsende wird ein Stadtfest abgehalten. An der aus dem Ort hinausführenden Straße nach Angers liegt das reizvolle Hôtel le Parc. Dieses noch von seinem ursprünglichen Park

umgebene kleine Château besitzt den Vorzug, über einen Swimmingpool (ab Juli geöffnet) und einen Tennisplatz zu verfügen. Essen können Sie in dem wenige hundert Meter entfernten Hôtel la Brasserie.
Auf einer Tagestour von Château-Gontier aus empfiehlt es sich, auch einmal die gute Küche der Auberge du Roy René im 20 km südöstlich gelegenen Saint-Denis-d'Anjou auszuprobieren. Entlang der D 105 und D 27 gelangen Sie in dieses alte Dorf mit seiner großartigen, im Jahre 1509 errichteten, scheunenähnlichen Markthalle, deren riesiges steiles Ziegeldach auf Holzsäulen ruht. Oder radeln Sie nach Craon an den Ufern des Flusses Oudon, 19 km westlich von Château-Gontier an der D 22. Bekannt ist die Kleinstadt vor allem wegen ihrer gefällig in einer natürlichen Mulde angelegten und von kleinen Hügeln umgebenen Rennbahn. Fans von Pferderennen sollten im September hierher kommen; in dieser Zeit finden fünf Renntage statt, und der Ort beherbergt doppelt so viele Menschen wie sonst. Den Höhepunkt bilden ein Hindernis- und ein Trabrennen am dritten Sonntag des Monats. Kulturbeflissene ziehen vielleicht einen Besuch des Château de Craon vor. Es wurde im klassischen Stil des 18. Jh. erbaut, und seine Innenräume stehen der herrlichen äußeren Fassade in nichts nach. Im Juli und August ist das Gelände zwar zugänglich, aber für die Besichtigung der Räumlichkeiten muß man leider zuvor eine schriftliche Erlaubnis einholen.
Für Liebhaber von Schlössern empfiehlt es sich, auf dem Rückweg nach Château-Gontier auf der D 25 in das 10 km von Craon entfernte Saint-Quentin-les-Anges zu radeln und dort einen Blick auf das Château de Mortier-Crolle zu werfen. Kurz vor 1500 errichtet, erhebt sich dieses eindrucksvolle Bauwerk über einem breiten Schloßgraben und wirkt eher italienisch als französisch. In nordöstlicher Richtung bei Chemazé stoßen Sie dann auf das Château de Saint-Ouen, ein Meisterwerk der Renaissance-Architektur.
Die größte Ansammlung von Schlössern in dieser Region dürften Sie im Süden finden. Fahren Sie auf der D 162 zunächst in Richtung Angers – eine Stadt, auf die im Kapitel über die Loire-Schlösser näher eingegangen wird (siehe Seite 38), und biegen

Sie dann etwa 6 km außerhalb von Château-Gontier links auf die D 611 ein. Schon bald gelangen Sie zu dem strengen Backsteinbau des Château de Magnanne mit seinen interessanten Innenräumen. Zurück auf der D 162, sieht man dann nach etwa 5 km linker Hand das teils im mittelalterlichen, teils im Renaissance-Stil erbaute Château du Percher liegen und danach, unmittelbar östlich der Straße und reizvoll in eine Seelandschaft eingebettet, das Château du Bois-Mauboucher, das teilweise aus dem 15. Jh. stammt. In Le Lion d'Angers, auf einer Insel zwischen Mayenne und Oudon, befindet sich das Château de l'Isle Briand aus dem 18. Jh. Interessanter ist jedoch das etwa 10 km davon entfernte Château du Plessis-Macé. Um dorthin zu gelangen, müssen Sie in La Membrolle-sur-Longuenée nach rechts auf die D 105 abbiegen. In diesem aus dem 12. Jh. stammenden, von einem Graben umzogenen Bauwerk nahmen mindestens drei französische Könige auf ihren Jagdausflügen Quartier, einschließlich Ludwig XI.

Was immer Sie sich darüber hinaus noch ansehen – auf keinen Fall sollten Sie das Château du Plessis-Bourré auslassen. Es liegt 16 km nordöstlich jenseits der Mayenne oder 35 km von Château-Gontier entfernt und ist über die D 22, D 859 und D 108 – eine reizvolle, dem Lauf der Sarthe folgende Straße – zu erreichen. Das von April bis September geöffnete Schloß mit seinen weißen Mauern ist eine um 1460 errichtete Festung. Gebaut wurde sie in einer für das 15. Jh. ungewöhnlichen Üppigkeit von Jean Bourré, dem Schatzmeister Ludwigs XI. und Karls VIII. Nach außen hin ist nicht die Spur von Behaglichkeit zu erkennen. Die über den breiten Graben führende Bogenbrücke endet in einer schmalen Zugbrücke und einem befestigten Tor, und aus den massiven Mauern wachsen runde Türme. Heute sind die Räume mit erlesenen Möbeln des 18. Jh. ausgestattet, und in der Wachstube im ersten Stock findet sich noch eine bemalte Decke aus dem 15. Jh. mit Fabeln und Sinnsprüchen.

Falls Sie via Daon nach Château-Gontier zurückkehren, könnten Sie noch einen kleinen Umweg rechter Hand auf der D 213 zum Manoir d'Escoublère einlegen, einem befestigten Herrenhaus mit Burggraben und vier Rundtürmen, das aus der Zeit um 1470 stammt.

Nächster Stopp ist Sablé-sur-Sarthe oder Solesmes, die nur 7 km auseinanderliegen. Sablé-sur-Sarthe, eine Kleinstadt mit etwa 12000 Einwohnern, befindet sich 30 km östlich von Château-Gontier und ist entlang der D 28 und D 306 zu erreichen. Sein großes, im frühen 18. Jh. von einem Neffen Colberts erbautes Schloß überblickt den Fluß. Nahe der Rue St. Martin in der Altstadt steht das altmodische Hôtel Saint Martin, das man über einen reizvollen kleinen, von Glyzinien und Kletterpflanzen überwucherten Innenhof betritt. Markttage sind Montag und Freitag.

Das Quartier in Solesmes, das Grand Hôtel, entpuppt sich als Überraschung. Hinter seinem mittelalterlichen Äußeren verbergen sich modern ausgestattete Speiseräume und Schlafzimmer. Monsieur Bertrand Jaquet, der Besitzer, betreibt ein vorzügliches Restaurant. In der Sarthe kann man angeln, und wer Lust hat, leiht sich ein Boot. Montags und freitags wird Markt abgehalten, und im August steigt ein Gitarren-Festival. Hauptanziehungspunkt von Solesmes ist die hochaufragende, in ihrem Äußeren einem gotischen Schloß gleichende Abtei St. Peter. Den besten Blick auf dieses Kloster – Haupthaus der Benediktiner-Kongregationen in Frankreich – genießt man von jenseits des Flusses oder von der Brücke aus. Das Kloster selbst wurde 1896 erbaut und ein neuer Flügel 1956 angefügt. Seine Kirche hingegen stammt größtenteils aus dem 15. Jh., und das romanische Gewölbe des Hauptschiffes ist noch 400 Jahre älter. Weltweiten Ruf erlangten die Mönche durch ihre Interpretation der alten Gregorianischen Gesänge; mit dem Erlös ihrer Schallplatten tragen sie zum Unterhalt des Klosters bei. Ihre sonoren, volltönenden Stimmen sind beim allmorgendlichen und -abendlichen Gottesdienst in der Kirche zu hören, der einzigen Gelegenheit, bei der Besucher in der Abtei Zugang finden. Gleichfalls berühmt für seinen Gesang ist der Frauenchor der benachbarten Kirche Sainte-Cecilia.

Nicht weit entfernt gibt es zwei kleine Städtchen, die zu besuchen sich lohnt. Nordöstlich entlang der D 22 stoßen Sie auf den hübschen Ort Asnières-sur-Vègre mit seinen alten Häusern, einer Brücke aus dem 12. und einer Kirche aus dem 11. Jh., die einige interessante Wandmalereien beherbergt. Etwa 2 km weiter taucht das aus dem 16. Jh. stammende Château de Verdelles auf, und bei Poillé-sur-Vègre führt eine uralte Brücke mit Spitzbögen über den Fluß. (Für eine Schloßbesichtigung müssen Sie sich auf dem nahegelegenen Bauernhof melden.) Gleichfalls ein netter Ort ist Parcé-sur-Sarthe an einer Flußbiegung 10 km östlich von Solesmes an der D 309. Wer hier nach rechts auf die D 8 abbiegt, gelangt nach ca. 20 km nach Malicorne-sur-Sarthe. Dort gibt es ein Töpferei-Museum und eine Töpferwerkstatt, die von Ostern bis September nachmittags geöffnet haben.

Auf dem Weg zu der ansprechenden Stadt Le Lude, 46 km südlich von Sablé-sur-Sarthe auf der D 306, empfiehlt sich eine Rast in La Flèche. Der Philosoph Descartes und eine Reihe großer französischer Generäle studierten einst hier an der berühmten Militärakademie. Unmittelbar außerhalb der Stadt dehnt sich der von dem Naturwissenschaftler Jacques Bouillant geleitete Zoo Du Tertre Rouge aus, der eigentlich mehr einem Dorf für Tiere als einer konventionellen Einrichtung dieser Art gleicht. Etwa 800 Tiere – von Löwen und Tigern über Elefanten bis hin zu Lamas und Känguruhs – tummeln sich auf dem weitläufigen Gelände, zu dem auch ein Vogelpark gehört.

Von hier aus könnten Sie einen kurzen, 7 km langen Umweg auf der N 23 in Richtung Westen nach Bazouges-sur-le-Loir (nicht zu verwechseln mit der Loire) machen, wo Sie auf ein weiteres reizvolles Schlößchen stoßen. Golden und braun in der Sonne aufleuchtend, erhebt es sich an einem Flußufer und ist von Ostern bis September zugänglich. Interessant ist auch die teilweise aus dem 12. Jh. stammende Stadtkirche, in der einige bemalte Grabgewölbe aus Holz aus dem 15. Jh. zu sehen sind.

Le Lude wird von seinem prachtvollen festungsähnlichen Schloß beherrscht. Es besitzt eine Renaissance-Fassade und erhebt sich auf den wuchtigen Verteidigungsanlagen des ursprünglichen Festungsbauwerks. Die Räume sind erlesen möbliert, und das Schlafgemach Heinrichs IV. (1553–1610) sieht noch heute so aus wie damals, als er es bewohnte. Im Gegensatz zu den bereits vormittags geöffneten Schloßgärten kann das Château selbst nur am Nachmittag besichtigt werden. Berühmt ist Le Lude auch für sein son-et-lumière (Ton- und Lichtschau),

das schönste Fest dieser Art in ganz Frankreich und von seiner Gestaltung her wahrscheinlich das vollendetste, das Sie je zu sehen bekommen. Aufgeführt wird es im Sommer an Freitag- und Samstagabenden zu Füßen des Schlosses, dessen 500-jährige Geschichte über 300 Mitwirkende nacherzählen.
Das Hôtel du Maine in Le Lude ist ein kleines Haus unweit des schienengleichen Übergangs der heute stillgelegten Bahnlinie. Man kann sich im Garten hinter dem Haus niederlassen, in der Nachmittagssonne dösen oder an lauen Abenden einen Cocktail vor dem Essen schlürfen. Le Lude ist auch der nördlichste Punkt für den Anbau von Weinen der Loire-Region, und die trockenen, manchmal perlenden Weißweine von Vouvray zu probieren, lohnt sich allemal. Auf dem Fluß kann man angeln und bootfahren, und am Donnerstag ist Markttag.
37 km weiter nördlich an der D 307 liegt Le Mans, berühmteste Stadt im Département Sarthe und Hauptstadt der Region. Selbst jenen, die sich weder für das 24-Stunden-Rennen noch für das Oldtimer-Museum interessieren, hat Le Mans eine Menge zu bieten. Im Zentrum der Altstadt steht die prächtige Kathedrale Saint-Julien, benannt nach dem Heiligen, der hier im 4. Jh. predigte. In dem im 11. Jh. begonnenen und im 15. Jh. vollendeten Bauwerk vereinigen sich romanischer und gotischer Stil. Der sinnenfreudige Dichter und Satiriker Paul Scarron (1610–60) war Ehrendomherr der Kathedrale, und seine Witwe, die etwas unterkühlte und fromme Madame de Maintenon, avancierte zur Erzieherin der außerehelichen Kinder Ludwigs XIV. und schloß mit dem König 1688 heimlich die Ehe.
Nicht zuletzt sehenswert ist das interessante Gotteshaus auch wegen des aus dem 13. Jh. stammenden Marmorgrabmals der Königin Berengara, Gemahlin von Richard Löwenherz. Ein Jahr vor ihrem Tode, 1230, gründete sie, die Tochter des Königs von Navarra, das Zisterzienserkloster in Epau, 4 km westlich von Le Mans. Wenn möglich, sollten Sie sich das Kloster abends ansehen, wenn die Gebäude von Scheinwerferlicht angestrahlt werden. Sie können aber auch ein wenig durch die Wälder der Umgebung streifen und ein Picknick machen. Königin Berengaras Haus existiert noch in einer von mittelalter-

lichen Gebäuden bestandenen Straße in der Altstadt von Le Mans. Und Überreste der von den Römern erbauten Stadtmauer sind auch noch vorhanden.
Auf einer kürzeren Tagestour könnten Sie von Le Lude aus auf der D 959 durch Waldland zum Château-la-Vallière radeln, das am Rande des ausgedehnten Sees Etang du Val Joyeux liegt. Für die Rückfahrt empfiehlt sich ein Umweg: Fahren Sie zunächst nach Westen entlang der D 766, und biegen Sie anschließend rechts auf die D 66 ein; Sie kommen dann nach Marcilly-sur-Maulne und dem von einem Graben umzogenen Schloß, das zweimal wöchentlich geöffnet hat. Über Nebenstraßen in Richtung Norden radelnd, gelangen Sie anschließend etwa 4 km von Le Lude entfernt wieder auf die D 959.
25 km südwestlich von Le Lude, über die D 305 und D 817 zu erreichen, liegt die alte Stadt Baugé; und durch Wald und Flur führend, ist die Strecke angenehm zu fahren. Das ehemalige Schloß und heutige Rathaus stammt aus der Zeit um 1430, und die holzgetäfelte Apotheke des Hôpital Saint-Joseph beherbergt eine hervorragende Sammlung alter Fayence-Gefäße. Interessant ist auch ein Kreuz mit zwei Querbalken in der Kapelle der Unheilbaren. Von heimkehrenden Kreuzfahrern im 13. Jh. aus Konstantinopel mitgebracht und mittlerweile mit Gold und Edelsteinen geschmückt, soll es angeblich aus Teilen des Kreuzes Christi gefertigt sein. Es ist das Original des berühmten Lothringischen Kreuzes, das während des Zweiten Weltkriegs zum Symbol des freien Frankreich wurde.
Ein reizvoller Anblick in dieser Gegend sind die Geranien, die viele der Häuser zieren, darunter auch das Hôtel du France auf einem kleinen Platz im Zentrum des nächsten Ausflugszieles: La Chartre-sur-le-Loir. Dieses kleine, von Weinbergen gesäumte Landstädtchen liegt etwa 37 km östlich von Le Lude an der D 305. Hier bietet sich die Möglichkeit zu schwimmen – entweder im Loir, im örtlichen Schwimmbad oder aber, 7 km stromabwärts, im See bei Marçon, wo auch Wassersport betrieben wird. Markttag ist der Donnerstag.
In der Umgebung, die zu den reizvollsten und friedlichsten Gegenden zählt, die wir kennenlernten, finden sich interessante Kirchen und Schlösser, wie beispielsweise das Château in

Poncé-sur-le-Loir, 9 km östlich der D 305 am Fuße einer Felswand. Zum Schloß gehören ein geradezu unglaublicher Irrgarten und einer der angeblich schönsten Taubenschläge Frankreichs. Versäumen Sie bei der Schloßbesichtigung nicht, beim Emporsteigen der Renaissance-Treppe einen Blick hinauf zu der herrlichen Decke zu werfen. Geöffnet ist das Château von März bis Anfang November, über Mittag jedoch zwei Stunden und am Sonntagvormittag geschlossen. Sollten Sie das Pech haben, vor versperrten Türen zu stehen, empfiehlt sich ein Abstecher zum nahegelegenen kunsthandwerklichen Zentrum oder ein Blick auf die Wandgemälde in der alten Kirche. Im Jahre 1180 entstanden, zählt zu den Werken – vermutlich in Anspielung auf die Kreuzzüge – die Darstellung einer Schlacht zwischen Christen und Sarazenen.

Fahren Sie 2 km weiter entlang der D 305, und biegen Sie dann rechts nach Couture-sur-Loir ab. Hier, im Manoir de la Possonnière, wurde Pierre de Ronsard, der größte französische Dichter seiner Zeit, im Jahre 1524 geboren. Wieder auf der D 305 und in östlicher Richtung weiterradelnd, gelangen Sie nach Troo, der alten Hügelstadt mit ihren bemerkenswerten, aus den Kreidefelsen herausgehauenen Höhlenwohnungen. Die mittelalterliche Maladerie Sainte-Catherine, ein Hospital für Leprakranke und Gebrechliche, erinnert an die Zeit, als die Stadt Zwischenstation der Pilger auf ihrem Weg nach Tours war. Nochmals 7 km weiter östlich stößt man auf die Ruinen des Schlosses von Lavardin, das die Engländer um 1180 erfolglos belagerten.

Nördlich von La Chartre dehnen sich die wunderbaren Wälder des Forêt de Bercé aus; sie laden zu einer gemächlichen Wanderung unter uralten Eichen, Kastanien und Kiefern ein. Die Straße dorthin führt durch Lhomme, wo der Dolmen du Pierre Maupertuis zu sehen ist.

Östlicher Punkt dieser Tour ist La Chartre und nächster Übernachtungsort das 46 km westlich davon gelegene Luché-Pringé. 3 km vom Dorfzentrum entfernt, an der D 214 Richtung Le Lude, stoßen Sie auf die Auberge du Port des Roches, die förmlich unter Blumen verschwindet und an deren Haustür der Loir vorbeiströmt. Nach reizvoller 6 km langer Fahrt durch offenes Gelände entlang der D 13 in Richtung Nordwesten erreicht man das Dorf Mareil-sur-Loir. Auf halbem Wege kommt man an dem aus dem 15. Jh. stammenden Château von Gallerande vorbei. Dieselbe Straße nach Nordosten weiterfahrend, erreichen Sie nach 4 km das befestigte Manoir de Venevelles. Und wenn es heiß ist, legen Sie am besten noch 6 km zu und nehmen im See von Mansigné ein Bad. Im Norden von Luché-Pringé dehnt sich der Forêt de Courcelles aus, in dem das Waldland von offenem, mit wildem Besenginster bewachsenem Gelände durchsetzt ist. Ein Bild davon bekommen Sie, wenn Sie entlang der D 54 in Richtung Nordwesten zu dem hübschen Dorf Courcelles-la-Forêt und von dort auf der D 8 nach Malicorne-sur-Sarthe radeln, wo es Töpfereien und ein Museum gibt. Diese Rundfahrt ist etwa 40 km lang.

Von Luché-Pringé führt der Weg in nordwestlicher Richtung nach Saulges, einem Dorf im Tal des Flusses Erve, unweit von Vaiges. Nehmen Sie die D 306 via La Flèche und Sablé-sur-Sarthe, und schwenken Sie dann rechts in die D 24 und D 235 ein; die Etappe ist 48 km lang. Saulges ist zwar klein, hat aber zwei interessante Kirchen, von denen eine im 17. Jh. erbaut wurde. Gut untergebracht ist man im L'Ermitage, einem ausgezeichneten Hotel und Restaurant in der Dorfmitte. Was hier an leiblichen Genüssen geboten wird, beispielsweise *Aiguilette de canard au vinaigre de framboise* – dünne Scheiben Entenfleisch in Himbeeressig-Tunke – hätte der fromme Einsiedler, der vor etwa 1300 Jahren nicht weit von hier lebte, gewiß nicht gutgeheißen. Dieser Eremit, der heilige Cenere, fühlte sich offenbar von dem Fluß angezogen, und man kann sich leicht vorstellen, welchen Einfluß der breite, ruhig dahinströmende Wasserlauf auf sein von Meditation geprägtes Dasein ausübte. Er starb an der Erve im Jahre 680 und wird in einem Schrein verehrt, der sich hinter einer alten Mühle am Fluß westlich des Dorfes befindet. Der Weg dorthin ist allerdings steil und stufig ausgetreten und mitunter glitschig. Saint-Pierre, die Kirche aus dem 7. Jh., wurde unlängst restauriert. Am zweiten Sonntag im August findet in Saulges ein Dorffest und Mitte des Monats ein Anglerwettbewerb statt.

Folgt man dem Fluß in nördlicher Richtung durch sein reizvolles Tal entlang der D 235, gelangt man nach 3 km in den Weiler Saint-Pierre-sur-Erve mit seiner malerischen Kirche aus dem 12. Jh. Unterwegs überquert man eine mit Efeu bewachsene, über 700 Jahre alte Bogenbrücke. Zwischen Saint-Pierre und Saulges befinden sich die Grotte de Rochefort und die Grotte à Margot, kühle, mitunter feuchte Höhlen und einstmals Behausungen prähistorischer Menschen. Leider wurde die interessanteste Höhle mit großartigen Felsenzeichnungen von Bisons und Mammuts wegen Pilzbefall geschlossen. Früher konnte man diese Höhlen auf eigene Faust erkunden, doch nachdem zwei Frauen auf Nimmerwiedersehen darin verschwanden, ist dies nun nicht mehr gestattet. Heute weist Ihnen ein Führer den Weg zu den bizarren Formationen von Stalaktiten und Stalagmiten (hängende bzw. stehende Tropfsteine) und dem kleinen unterirdischen See.
In der Gegend gibt es noch mehrere Dörfer, auf die es sich lohnt, einen Blick zu werfen, beispielsweise Saint-Jean-sur-Erve nördlich von Saint-Pierre, das bereits seit dem 11. Jh. existiert und sehenswerte alte Häuser hat. Außerdem ist es bei den Einheimischen für seine saftigen Brioches berühmt – ein zusätzlicher triftiger Grund also, hier vorbeizuschauen. Am besten machen Sie eine kleine Rundfahrt. Radeln Sie also weiter entlang der D 58 und D 7 nach Bannes, einem 200-Seelen-Dorf, dessen uraltes, von einem Schloßgraben umgebenes Herrenhaus noch erhalten ist und in dessen winziger Kirche aus dem 12. Jh. einige im 14. Jh. entstandene Wandmalereien zu sehen sind. Gleichfalls stolz auf eine Kirche aus dem 12. Jh. und einen mittelalterlichen Herrensitz ist das etwas weiter südlich gelegene Cossé-en-Champagne. Vaiges liegt so dicht bei Saulges, das heißt, ganze 11 km nördlich davon, daß Sie all diese Dörfer ohne weiteres in die letzte Etappe Ihrer Tour einschließen können.
Erste Zwischenstation bei der Erkundung der nördlichen Regionen ist Entrammes, 33 km westlich von Vaiges, wenn Sie über die Hauptstraße geradewegs nach Laval und von dort Richtung Süden radeln. Viel abwechslungsreicher ist jedoch eine Fahrt quer durch die Landschaft über schmale gewundene Straßen entlang der D 152 und D 233, auf der Sie ohne Umweg dorthin

gelangen. Entrammes ist berühmt als Heimat des sahnigen Käses Port Salut, der einst von den Mönchen der dortigen Benediktinerabtei »kreiert« wurde und mittlerweile in einer neuen Fabrik direkt neben dem Kloster hergestellt wird. Zu Recht genießt das in der Dorfmitte gelegene Hôtel le Lion d'Or wegen seiner kulinarischen Leckerbissen einen guten Ruf. Auf seiner Speisekarte finden sich Gerichte wie *Magret de canard au cidre* (in Apfelmost zubereitete Entenbrust) und *Poulet au fromage de l'abbaye* (eine »Komposition« aus Huhn und einheimischem Käse). Am letzten Augustwochenende findet das Dorffest statt. Entrammes liegt zwischen Laval im Norden und Château-Gontier im Süden. Das Tal der Mayenne zwischen diesen beiden Städten ist ein wahres Kleinod – Wasser, Wälder und uralte Dörfchen, in denen heute zum Großteil weit weniger Menschen leben als früher. Meist stößt man in diesen Weilern auf interessante Kirchen, in der Regel aus dem 15. Jh., die teilweise im 19. Jh. restauriert wurden. Typisch für das Tal ist Parné-sur Roc, 6 km östlich von Entrammes an der D 103. Das Dorf mit seinem üppigen Blumenschmuck liegt am Flüßchen Ouette; sein Kloster wurde 1094 gegründet, und Teile der Kirche haben seit dem 12. Jh. überdauert.
10 km nördlich von Entrammes breitet sich Laval, die Hauptstadt des Départements Mayenne, am gleichnamigen Fluß aus. Die Häuser scharen sich um das düstere Château der Grafen von Laval, das auf den Fundamenten einer noch älteren Festung ruht und dessen wuchtiger Bergfried aus dem 12. Jh. stammt. Unweit des Schlosses führt eine mittelalterliche Brükke über den Fluß; außer ihr gibt es nur noch eine weitere Verbindung zwischen den Ufern. Laval ist Geburtsort einiger bemerkenswerter Persönlichkeiten; zu ihnen zählten der naive Maler Henri »Le Douanier« Rousseau und der Romanschriftsteller und Bühnenautor Alfred Jarry, der mit »Ubu Roi«, seiner überdrehten Farce über die Ehrbarkeit der Bourgeoisie, im Paris des ausgehenden 19. Jh. einen Skandal entfachte. Rousseau starb 1910 und liegt in Laval im Jardin de la Perrine begraben, von dem aus sich ein herrlicher Blick auf die Stadt und ihr mittelalterliches Schloß bietet. Das Schloß beherbergt ein Museum für naive Malerei. Hier hängt auch ein Gemälde

von Rousseau, dessen Meisterwerke andernorts zu sehen sind. Laval mit seinen zahlreichen interessanten Gebäuden ist eine reizvolle Stadt, die zu durchstreifen sich lohnt. 1554 ließ hier Jacques Marest, einer der wohlhabendsten Kaufleute der Region, das Maison du Grand Veneur erbauen, ein Haus in klassischem Stil, das noch heute Zeugnis für den Reichtum und Geschmack des Bauherrn ablegt. Dann gibt es noch das Château de Bel-Air, eine Miniaturausgabe von Versailles, und die Kirche Notre-Dame-d'Avénières jenseits des Jardin de la Perrine, die Sie unbedingt besuchen sollten. Sie ist nicht nur prächtig anzusehen, sondern auch herrlich gelegen. Der schönste Blick auf das Gotteshaus bietet sich vom jenseitigen Ufer der Mayenne, in deren Wasser es sich spiegelt. Von hier aus betrachtet, bildet das Bauwerk eine Reihe von Dreiecken, die sich übereinandertürmen und in einen hohen Kirchturm gipfeln. Im Innern befindet sich die Statue eines Christus auf Zehenspitzen, der sich anschickt, gen Himmel zu fahren.
Auf halbem Weg zwischen Laval und dem kleinen reizvollen Marktflecken Craon südlich der N 171 (siehe Seite 19) liegt Cossé-le-Vivien mit seinem sehenswerten Musée Robert Tatin, dessen Garten eine Sammlung ungewöhnlicher naiver und surrealistischer Skulpturen beherbergt. Besonderen Reiz gewinnt die Landschaft hier durch den Oudon, einen Nebenfluß der Mayenne, an dessen Ufern mehrere kleine interessante Dörfer liegen. Kehren Sie entlang der D 124 nach Laval zurück, vorbei an den malerischen Ruinen des von einem Graben umgebenen Schlosses von Montjean, das im 15. Jh. erbaut wurde. Sie könnten aber auch über Cossé hinaus weiterradeln und rechter Hand der D 286 einen Blick auf die Überreste römischer Goldminen bei Livré werfen. Im Dorf selbst stößt man auf das Château de l'Eperonnière aus dem 15. Jh. und eine aus derselben Epoche stammende Kirche. Ein anderer lohnender Ausflug von Entrammes aus ist der Besuch der Ruinen der gewaltigen, schmucklosen Abtei Clermont, die vom heiligen Bernhard im 11. Jh. gegründet wurde und sich inmitten wunderschöner Wälder westlich von Laval erhebt.
Chailland, ein kleines stilles Dorf und nächster Übernachtungsort, liegt 35 km nördlich am Rande des sich in Richtung

Nordosten ausdehnenden Forêt de Mayenne. In dem winzigen, schlichten Hôtel des Voyageurs versteht sich der exzellente Küchenchef Monsieur Chauvois darauf, phantastische Gerichte zu zaubern. Wer zu den Rochers de la Vierge et du Calvaire oberhalb des Dorfes wandert, wird von diesen Felsen mit einem großartigen Ausblick belohnt und bringt überdies einen gesunden Appetit mit. Bewacht wird das Tal von dem Château du Mesnil bei Saint-Germain-le-Guillaume. Es stammt aus dem 14. Jh. und liegt 4 km südöstlich von Chailland an der D 165. Unweit davon steht eine photogene alte Wassermühle.
Von Chailland aus auf der D 31 und D 123 in Richtung Südwesten radelnd, gelangen Sie nach etwa 11 km nach Le Bourgneuf-la-Forêt, wo Sie zum Mittagessen im Hôtel Vieille Auberge einkehren könnten. Dieses entzückende Landgasthaus war einst Postkutschenstation; ein Haus mit massivem Eichengebälk und gemütlichem Kamin im Empfangsraum, das sich seine Atmosphäre bewahrt hat. Lohnend ist auch ein Abstecher in den nur wenige Kilometer entfernten malerischen Weiler Launay-Villiers mit seinem Schloß aus dem 19. Jh. (nicht zugänglich) und den Überresten einer im 14. Jh. entstandenen Burg. Außerdem überrascht hier der Fluß mit einem romantischen Wasserfall, und man stößt auf eine ans Wasser angrenzende alte Mühle.
14 km nördlich von Chailland an der D 31 liegt in einem anderen reizvollen Flußtal Ernée. Im Fluß können Sie angeln und schwimmen, und in der Stadt befindet sich ein kleines Museum mit prähistorischen und römischen Funden aus der Region. Den Ort können Sie auf Ihrem Weg nach Mayenne besuchen, der nächsten, unmittelbar östlich von Ernée gelegenen Übernachtungsstation.
Ein anderer Vorschlag wäre, von Chailland aus auf Feld-, Wald- und Wiesenwegen über Land nach Mayenne zu radeln. Mayenne, eine am gleichnamigen Fluß gelegene reizvolle Stadt mit hübschen Geschäften, war einst Hauptstadt der Region – ein Anrecht, das sie an Laval verlor. Im Laufe der Jahrhunderte hatte Mayenne viel zu erleiden, vom Niederbrennen durch Wilhelm dem Eroberer im Jahre 1064 bis zur Zerstörung zahlreicher Häuser im Zweiten Weltkrieg. Einen schönen Blick auf Stadt und Fluß

genießt man von den Ruinen des einst gewaltigen Schlosses aus dem 11. Jh. mit seinem alleinstehenden runden Turm. Gut untergebracht sind Sie im dicht am Fluß gelegenen Grand Hôtel. Zu seinen Attraktionen zählen Swimmingpools im Haus und im Freien sowie eine Speisekarte mit Spezialitäten wie Ente in Apfelwein. Montags und samstags wird in Mayenne Markt abgehalten und in der dritten Juliwoche ein Stadtfest gefeiert.
Eine Erkundungsfahrt in die Umgebung sollte Sie auf alle Fälle nach Jublains führen, wo sich umfangreiche Überreste aus der römischen Besatzungszeit finden; unter anderem ein Tempel, ein Theater und Befestigungsanlagen. Viele der Mauern aus Backstein mit dazwischengeschobenen Steinschichten wirken noch heute so robust wie zur Zeit ihrer Entstehung. Die historische Stätte befindet sich nur 10 km entfernt in östlicher Richtung entlang der D 35 nach Aron und dann rechts ab zur D 7. Auf dem Weg dorthin kommt man an dem linker Hand gelegenen ausgedehnten Etang de Beaucoudray vorbei.
Südwestlich von Mayenne und nach 9 km Fahrt auf der von Wald gesäumten D 104 zu erreichen, liegt Fontaine-Daniel, ein ungewöhnliches, malerisches Dorf mit einer herrlichen Teestube. Fontaine wurde für die Arbeiter der einheimischen Weberei erbaut, einem Betrieb, der heute Kleider- und Vorhangsstoffe in 400 Farben herstellt. Gleichfalls ein interessantes Dorf ist Champéon, 11 km nordöstlich von Mayenne und unmittelbar abseits der D 34, die nach dem reizvollen Lassay führt. Zum hiesigen Château de Fresne gehört ein ungewöhnlicher Taubenschlag. 1530 errichtet, ruht er auf acht Säulen mitten auf einer Insel in einem kleinen See und wirkt wie ein schwimmendes Häuschen.
In Ambrières-le-Grand, nur wenige Kilometer querfeldein von Champéon entfernt, können Sie paddeln, schwimmen oder in anderer Form Wassersport treiben. Am Zusammenfluß von Varenne und Mayenne in einem der reizvollen, für diesen Landstrich charakteristischen Täler erbaut, sind in dieser alten Stadt noch Spuren aus prähistorischer und römischer Zeit sichtbar.
Zwei Umwege sollten Sie auf Ihrer Rückfahrt nach Mayenne machen. Der erste führt nach Saint-Fraimbault-de-Prières, einem anderen Wassersportzentrum knapp 3 km östlich der

D 23. Und auf dem anderen gelangen Sie querfeldein jenseits der D 23 nach Oisseau. Das uralte (832 erstmals erwähnte) Dorf ist mit dem Namen Jeanne d'Arc verknüpft und liegt im bezaubernden Tal des Flusses Colmont.
Reizvoll an einem kleinen See im Tal des Colmont gelegen und 27 km nordwestlich von Mayenne ist Gorron, wo Sie in der folgenden Nacht Quartier beziehen. Einstmals war diese Stadt von strategischer Bedeutung, und Wilhelm der Eroberer belagerte sie zwei Jahre vor seinem Einfall in England. In Gorron selbst gibt es alte Häuser zu sehen und in der Nähe Überbleibsel aus prähistorischer Zeit. Quartieren Sie sich im Hôtel de Bretagne ein; es liegt am See und wird von zwei Generationen der Familie Louvigne geführt. Markttag ist der Mittwoch.
Auf dem Weg nach Gorron kommt man durch Châtillon-sur-Colmont mit seinen prähistorischen Steinsäulen und dem Herrenhaus aus dem 16. Jh. Ein Dorffest findet dort am letzten Sonntag im Juni statt. Dieses verschlafen in seinem Flußtal liegende Dorf ist die Verkörperung des ländlichen, friedvollen Frankreich schlechthin. Kurz vor Gorron stößt man in Brecé auf eine gotische Kirche aus dem 15. Jh. Wer dort vom Rad steigt, sollte sich die kühlen, von eindrucksvollen Gewölben überspannten Grüfte zeigen lassen.
Nach einer Marienerscheinung im Jahre 1871 kamen Pilger in wachsender Zahl nach Pontmain, 24 km westlich von Gorron. Einige der Kirchenbauten in der Stadt entstammen dem Mittelalter. Am bemerkenswertesten jedoch ist die neugotische Basilika Notre-Dame, die im 19. Jh. zum Gedenken an die Erscheinung erbaut wurde. Sie besitzt zwei Spitztürme und ein Glokkenspiel mit 32 Glocken. Um nach Pontmain zu gelangen, müssen Sie in Tannière von der D 33 nach rechts abbiegen und dann in Saint-Mars-sur-la-Futaie, einem Dörfchen mit mittelalterlicher Kirche, links auf die D 290 einschwenken.
Südwestlich von Pontmain, 15 km die D 19 und D 177 hinunter, erhebt sich auf einer Anhöhe oberhalb einer Biegung des Flusses Nancon die befestigte Stadt Fougères, die jahrhundertelang eine Schlüsselstellung an der Grenze zwischen der Bretagne und der Normandie innehatte. In Fougères steht eine große mittelalterliche Burg, deren wuchtige, hohe Mauern mit

13 Türmen bewehrt sind. Der Bergfried wurde im 12. Jh. zerstört, die Umrisse seiner Fundamente sind aber noch zu erkennen. Von dem aus dem 14. Jh. stammenden Melusinen-Turm aus bietet sich der beste Überblick über das von den Burgmauern umschlossene ausgedehnte Areal. Die Kirche Saint-Sulpice unmittelbar südlich der Burg wurde im 15. Jh. erbaut; hier gibt es einige schöne Holzschnitzereien aus dem 18. Jh. zu sehen. Von Pontmain nach Fougères führt der Weg durch die Überbleibsel des Forêt-de-Fougères, wo man auf Reste von Megalithen und Dolmen stößt. Gorron liegt 32 km östlich und ist entlang der D 806 und D 33 zu erreichen.
Nächste Station ist Lassay, eine reizvolle mittelalterliche Stadt 25 km östlich von Gorron, in die Sie entlang der D 33 gelangen. Die winzige Auberge du Lassay am Hauptplatz wird von Monsieur und Madame Bourgeois geführt, einem Pariser Ehepaar, das hier Ferien machte und nie wieder zurückkehrte. Zu den Spezialitäten der Wirtsleute zählen Kalbskotelett *flambée aux Calvados* und in Apfelwein zubereitetes Kalbsschnitzel.
Im Sommer wird vor der Kulisse der Burg ein kunstvoll gestaltetes son-et-lumière dargeboten. Den Juni über finden die Aufführungen am Dienstag, Freitag und Samstag statt, im Juli und August freitags und samstags. Anstelle der einstigen Festung, die die Engländer im Hundertjährigen Krieg zerstörten, wurde 1547 die Burg erbaut. Sie sieht genauso aus, wie man sich ein solches Bauwerk vorstellt: 2 m dicke hohe Mauern, unterbrochen von acht noch höheren wuchtigen Rundtürmen. Einige winzige Öffnungen lassen etwas Licht einströmen und dienten den Bogenschützen ehedem als Schießscharten. Von den unteren Turmfenstern aus überblickt man die Mauern, und die Verteidiger konnten jeden erschießen, der versuchte, sie zu erklimmen. Einen weiten Rundblick über die Landschaft bieten hingegen die Öffnungen dicht unter den kegelförmigen Turmdächern. In die Burg selbst gelangt man über eine abenteuerliche, von zwei Türmen flankierte Zugbrücke. Montags ist das Château geschlossen. Ein Stadtfest findet Ende Juli statt, und Markttag ist der Mittwoch.
Von Lassay aus die D 34 und D 214 in nordöstlicher Richtung radelnd, kommen Sie nach 11 km in das uralte Dorf Madré, wo

Sie noch einen Hauch des Lebens von einst verspüren können. Hier gibt es eine Art lebendiges landwirtschaftliches Museum – einen Bauernhof nämlich, der noch mit Pferden und auf althergebrachte Weise bewirtschaftet wird und wo man Besuchern hin und wieder eine Kutschfahrt bietet.
Nach Norden führt die D 34 in den 16 km entfernten, zur Normandie gehörenden Kurort Bagnoles-de-l'Orne, ein vornehmes Heilbad mit heißen Quellen zum Auskurieren von allerlei Gebrechen. Die Stadt liegt außergewöhnlich reizvoll an einem See am Rande des ausgedehnten Normandie-Maine-Regionalparks, umgeben von den Tannenwäldern des Forêt des Andaines. Am westlichen Waldrand stoßen Sie auf die befestigte Stadt Domfront mit ihrer Burgruine und einer Kirche aus dem 11. Jh., in der Thomas Becket die Messe las. Domfront ist 18 km von Lassay entfernt; der Weg dorthin führt entlang der D 117 und D 22.
Östlich von Lassay, dort wo die Sarthe die Grenze zum Département Mayenne bildet, taucht Saint-Pierre-des-Nids auf, ein nettes Dorf voller Leben. Radeln Sie querfeldein nach Pré-en-Pail, und biegen Sie dort zur letzten Etappe der insgesamt 37 km langen Strecke auf die D 144 ab. Während der Fahrt in Richtung Osten wird das Gelände allmählich hügeliger, und den höchsten Punkt der Region, den Mont des Avaloirs, erreicht man unmittelbar außerhalb von Pré-en-Pail an der D 144. Wem danach ist, aus dem Sattel zu steigen, der kann hier von der Anhöhe (über 410 m NN) aus den herrlichen Rundblick genießen. Im Hôtel du Dauphin in Saint-Pierre-des-Nids sind Sie immer willkommen. Monsieur Etienne, der ungemein leutselige Chef des Hauses und Präsident der Hoteliers von Mayenne, bietet auf seiner Speisekarte Regionalgerichte an wie *Poulet pomme d'abeille, Foie gras chaud aux deux pommes* und *Sorbet aux Calvados.*
Ausgezeichnet ißt man auch in den hervorragenden Restaurants von Alençon, der 15 km weiter östlich gelegenen Bezirkshauptstadt (D 121 und D 1). Einst berühmt für seine Spitzenherstellung, ist Alençon auch die Geburtsstadt der Heiligen Thérèse von Lisieux (geboren 1873), die als 15jährige in ein Karmeliterinnenkloster eintrat und neun Jahre später starb. Trotz ihres

relativ kurzen, gottesfürchtigen Lebens wurde sie für ihren schlichten Glauben weithin bekannt und in den zwanziger Jahren heiliggesprochen. Die gotische Kirche Notre-Dame stammt aus dem 15. Jh. – aus etwa derselben Zeit wie die Stadtfestung, die einst Sitz der Herzöge von Alençon war und heute als Gefängnis dient. Durch den sich 5 km weiter nördlich ausdehnenden Forêt d'Ecouves streift Rot- und Schwarzwild.
In Saint-Céneri-le-Gérei, etwa 4 km südöstlich von Saint-Pierre an der D 144, sind in der aus dem 12. Jh. stammenden Kirche einige interessante Fresken zu sehen. Dieses Dorf liegt am Rande der Alps Mancelles, einer reizvollen hügeligen Gegend, die zu erkunden sich lohnt. Fahren Sie zunächst von Saint-Céneri entlang der D 146 5 km in Richtung Süden nach Saint-Léonard-des-Bois, einem hübschen Dörfchen an der Sarthe. Radeln Sie auf der gewundenen Straße weiter und dann auf der D 112 und D 15 nach Fresnay-sur-Sarthe, einer alten Stadt mit Burgruine auf einem Hügel über dem Fluß.
Durch all diese Dörfer können Sie auf Ihrem Weg nach Mézangers kommen, dem nächsten, sehr netten Übernachtungsort 40 km südwestlich von Saint-Pierre. Der direkte Weg führt auf der D 121 nach Villeines-la-Juhel und von da südwärts auf der D 20 durch Bais nach Sainte-Gemmes-le-Robert. Hier biegt man nach rechts auf die D 517 ab. An der Kreuzung mit der D 7 schwenken Sie erneut rechts in Richtung Relais du Gue de Selle, das etwa 1 km von Mézangers entfernt an der Straße nach Jublains liegt. Das Relais, ein zu einem schmucken Hotel umgestaltetes altes Bauernhaus, bietet Aussicht auf einen See, auf dem Wassersport betrieben wird. Sein Dorffest feiert Mézangers am letzten Sonntag im Juli. Nach Norden hin steigt das Gelände an; von den höchsten Erhebungen – dem nahegelegenen Butte de Montaigu (entlang der D 7 und D 236) und dem Mont Rochard (entlang der D 20) – hat man einen großartigen Blick über die Landschaft, und der Anstieg lohnt sich.
Anziehungspunkt in Mézangers ist auch das Château du Rocher direkt westlich vom Dorf. Mit seinen Türmen und den hohen, grauen Dächern, die sich im Wasser des Sees spiegeln, gleicht dieses schöne Renaissance-Bauwerk fast einem Traumgebilde. Die Innenräume sind zwar nicht zugänglich, aber man kann die

Anlagen des Schlosses durchstreifen und von hier aus seine Vollkommenheit bestaunen. Ein anderer Vorschlag wäre, nochmals nach Bais zurückzukehren und dort einen Blick auf das im späten 16. Jh. entstandene Château de Montesson zu werfen. Gedrungen und massig wirkend, gehört zu diesem Bauwerk ein Turm mit seltsamem Zwiebeldach, das wie ein umgedrehtes altmodisches Signalhorn aussieht. Der Öffentlichkeit ist das Château de Montesson ebenfalls nicht zugänglich, und das gleiche gilt für das ungemein reizvolle, von einem Graben umzogene Château de Foulletorte, 15 km östlich von Mézangers entlang der D 32 und D 143 in Richtung Evron zu erreichen. Aus Granit erbaut, erhebt es sich am Saum einer von sanften bewaldeten Hügeln umgebenen ausgedehnten Wasserfläche.
Evron verdankt seine Entstehung einem Pilger, der im 7. Jh. aus dem Heiligen Land zurückkehrte und eine Reliquie mit Milch der Jungfrau Maria mitbrachte. Er hängte seinen Schatz an einen Dornbusch, als er sich abends zum Schlafen niederlegte, und am nächsten Morgen war der Strauch derart in die Höhe geschossen, daß er nicht mehr an die Reliquie herankam. Bei dem Versuch, den Busch umzuhacken, blieb seine Axt im Holz stecken. Man rief den Bischof von Le Mans herbei, und während dieser vor der Reliquie niederkniete, schrumpfte der Dornbusch zu seiner natürlichen Größe zusammen. Sogleich erbaute man an dieser Stelle eine Kirche, und der Basilika Notre-Dame, die sich heute hier erhebt, kommen nur wenige Gotteshäuser in dieser Region gleich. Der Turm stammt aus dem 11. Jh., Haupt- und Querschiff sowie der Chor kamen im 14. Jh. hinzu und der Hochaltar etwa 400 Jahre später. Die anmutige, aus Holz geschnitzte und mit Silber und Emaille eingelegte Statue der Heiligen Jungfrau in der Kapelle von Notre-Dame wird aufgrund dieser Legende als Unsere Liebe Frau vom Dornbusch verehrt. Markt wird in Evron am Donnerstag abgehalten und ein Stadtfest in der ersten Septemberwoche.
Rund 10 km östlich von Evron liegt Voutré mit seinem ausgezeichneten Restaurant La Croix Verte. Probieren Sie hier einmal Kalbsnieren *aux Calvados* aus. Und in dem nur wenige

Kilometer von Mézangers entfernten Dorf Neau gibt es ein Hotel und Restaurant gleichen Namens, das Hôtel de la Croix Verte, wo man ebenfalls ausgezeichnet ißt. Empfehlenswert sind einheimische Gerichte wie Hecht in heller, mit Wein und Schalotten verfeinerter Buttersauce (ein Rezept, das in der nahegelegenen Stadt Nantes an der Loire kreiert wurde) und eine Pastete aus Äpfeln dieser Gegend.
In Neau, einem verschlafenen Dorf, steht eine Kirche aus dem 9. Jh., an die jedoch später mancherlei angebaut wurde. Markttag ist der Donnerstag. Westlich von Neau stößt man auf den größeren Ort Montsûrs, wo die Überreste eines Château zu sehen sind, das 1430 von den Engländern niedergebrannt wurde. Markt wird hier am Dienstag gehalten.
Ihr letztes Übernachtungsquartier vor der Rückkehr nach Vaiges beziehen Sie in Saint-Symphorien, einem winzigen, inmitten herrlicher Wälder eingebetteten Dorf. Radeln Sie nach Osten entlang der D 32 und D 234 nach Voutré und von dort weiter südostwärts der D 146, D 9 und D 28 folgend. Wem der Sinn danach steht, dem bietet der Besitzer des Relais de la Charnie Gelegenheit zum Reiten.
Kulinarisch wird in dieser Ecke viel geboten. In Loué, 12 km südlich von Saint-Symphorien, gibt es ein gutes Restaurant, und auch im 14 km westlich gelegenen Torcé-Viviers kann man ausgezeichnet essen; beispielsweise im kleinen Lokal l'Orée de la Charnie von Monsieur Reant, der sich sein Können im Hôtel du Commerce in Vaiges angeeignet hat. Auf der Speisekarte finden sich unter anderem köstliche Schnecken und Hecht *au Beurre blanc*. Die umliegenden Wälder des Forêt-de-la-Charnie sind eine wahre Wohltat für das Auge, und schwimmen können Sie in großen, baumbestandenen Seen 15 km nördlich von Saint-Symphorien nahe der Stadt Sillé-le-Guillaume. Von Saint-Symphorien zurück nach Vaiges sind es 35 km.
Wer sein Stahlroß südwärts Richtung Angers lenkt, gelangt in das Tal der Loire. Auch in diesem Gebiet gibt es so manche Orte und Winkel, die den von einem berühmten Schloß zum anderen eilenden Touristenscharen verborgen bleiben.

DIE LOIRE-SCHLÖSSER

Das Tal der Loire ist weltweit berühmt für seine prachtvollen Schlösser – Bauwerke, die von der mittelalterlichen Festung bis zum verschwenderisch ausgestatteten Palast reichen. Leider bedeutet das aber auch, daß sich in diesem Landstrich Heerscharen von Touristen tummeln. Trotz der Popularität aber finden sich an der Loire noch herrliche Fleckchen Erde, die weitgehend unbekannt sind und vom Ansturm der Touristen verschont bleiben.

Die schmalen Sträßchen und Wege, die sich durch die heitere Landschaft und freundlichen Dörfer dieser Region Frankreichs winden, sind genau das Richtige für jene, die gern gemächlich und ungestört dahinradeln. Stundenlang können Sie durch stille Täler streifen, in denen malerische Flüsse wie Thouet und Cher, Vienne und Indre an großartigen und weniger bekannten Schlössern vorüberströmen. Abseits der Touristenjagdgründe gibt es verborgene Fleckchen zu entdecken und Gegenden, die ungemein reizvoll und alles andere als überlaufen sind.

Weingärten, Sonnenblumen- und Weizenfelder ziehen sich bis zum Horizont hin, und nur vereinzelt schaffen Pappelgruppen ein Gegengewicht zur Sanftheit der flachen Landschaft. Aus dem hellen Stein der vornehmen Domizile, aus uralten Mauern, die noch zahlreiche Städte und Dörfer umfrieden, und aus bejahrten Bauernhäusern dringt der Hauch der Geschichte. Und häufig scharen sich Häuser um kleine, wohlgepflegte, mit Blumen eingefaßte Höfe.

Daneben bietet das Loire-Tal noch andere, weniger spektakuläre Anreize. Während sich die Schlösser als Monumente einer reichen und mitunter blutigen Geschichte präsentieren, ist der Landstrich selbst berühmt für die Befriedigung von Gelüsten eher prosaischer Natur. Dokumentiert wurde dies vielleicht am anschaulichsten von François Rabelais, dem größten Dichter der Region, der nahe der alten Stadt Chinon als Sohn eines Rechtsanwalts geboren wurde. In dem Attribut »ganz im Stile von Rabelais« mag zwar ein Unterton von Derbheit mitschwingen, doch das Vergnügen an gutem Essen und Trinken in diesem Teil Frankreichs ist besonders ausgeprägt. Die Weine der Loire sind wunderbar, und die Küche ist zumeist hervorragend.

Häufig glaubt man, von der Loire kämen vorwiegend trockene Weißweine. Der bekannteste unter ihnen, der Muscadet, paßt ausgezeichnet zu Fisch; sehr beliebt sind aber auch Pouilly-Fumé, Savennières und der blumige Sancerre sowie die spritzigen Weißweine von Vouvray. Viele andere Sorten sind gleichfalls einen Versuch wert, beispielsweise der ausgezeichnete Sauvignon de Touraine. Weniger bekannt, dafür aber eine angenehme Überraschung sind die Rotweine der Region. Saumur Champigny wird Sie niemals enttäuschen, und in hohem Kurs bei Kennern stehen die fruchtigen Rotweine Chinon, Bourgueil und Saint-Nicolas-de-Bourgueil. Die Heimat des weltberühmten Likörs Cointreau ist Angers.

Zu den einheimischen Spezialitäten zählen unter anderem der weiche Ziegenkäse Sainte-Maure sowie *Beurre blanc*, die klassische cremige Sauce aus erwärmter Butter, Weißwein, Essig und Schalotten, die an der Loire »erfunden« wurde und sich ideal als Beilage zu Fisch aus den dortigen Gewässern, einschließlich Hecht *(Brochet au Beurre blanc)* eignet. Und kaum etwas kommt dem Geschmack von frischem Loire-Salm gleich, insbesondere wenn er als *saumon en papillotte* zubereitet, das heißt in gebuttertem Papier gegart wird, und so wunderbar saftig bleibt. Weitere Leckerbissen sind Forelle in Weißwein und *Quenelles* (Hechtklößchen). Vielerlei delikate Zubereitungsarten gibt es auch für Huhn, beispielsweise *Coq au vin* in Rotwein aus Chinon. Pilze in jedweder Form, zum Beispiel als Farce oder in Sahnesauce, finden sich fast immer auf dem Teller. Kein Wunder – die Züchter von Saumur liefern dreiviertel des landesweiten Bedarfs. Sie züchten die köstlichen Pilze in den unterirdischen Stollen aufgelassener Steinbrüche. Diese Höhlengänge wurden auch von den Weinbauern benutzt; sie kippten die Trauben

einfach durch in den Fels gehauene Löcher in die unten stehenden Weinpressen.
Vom Atlantik herüberwehende Brisen frischen die oft feuchtschwüle Luft auf und setzen die Flügel einer ganzen Armada von Windmühlen in Bewegung. Im Sommer, insbesondere im Juli und August, kann es sehr heiß werden. Mai und Juni, vielleicht auch der September, sind die günstigsten Monate für einen mitunter auch einmal anstrengenden Fahrradurlaub. Mit dem Hochsommer kommen auch Heerscharen von Touristen, denen man allerdings ausweichen kann, solange man sich von den ausgetrampelten Sightseeing-Pfaden fernhält.
Abseits der Touristenzentren sind die Einheimischen freundlich und hilfsbereit. Ein Radlerpärchen, das an einer Kreuzung gerade dabei war, die günstigste Route zum Hotel auszuknobeln, war nicht wenig erstaunt, als ein Lastwagen anhielt. Der Fahren stieg aus und schlenderte über die Straße. »Sie suchen nach dem besten Weg?« fragte er. »Ich zeige euch den bequemsten.« Sprach's, verstaute die Fahrräder auf seinem Vehikel und nahm die beiden mit in die Stadt. Ein anderes Paar, das bei Fosse-Bellay, südlich von Saumur, Rast machte, kam mit einem Bauern und dessen Frau ins Gespräch. Ehe es sich die beiden versahen, führte man sie durch den Wein- und Gemüsegarten, stellte ihnen sieben Enkelkinder vor und lud sie zu einer Flasche Wein ein.
Die Loire ist ein sanft dahinströmender Fluß, der sich gemächlich seinen Weg durch fruchtbares, einzigartiges Land bahnt. In den Schlössern, die seine Ufer säumen – angefangen von den düsteren mittelalterlichen Festungen bis hin zu den märchenhaften Palästen des 17. und 18. Jh. – spiegelt sich die Geschichte dieser Landschaft wider. Sie sind so zahlreich, daß man sich mitunter schwertut zu entscheiden, welche man jetzt und welche man später einmal besichtigen möchte. Nicht selten zeigt sich so ein Château, das sich im Fluß spiegelt oder in Wäldern und grünen Feldern eingebettet liegt, äußerlich ohnehin von seiner schönsten Seite. Die Innenräume entpuppen sich oftmals als Enttäuschung, und beim Anblick so mancher Ausstattung liegt der Gedanke an eine schäbige Gegenwart näher als an eine glanzvolle Vergangenheit.

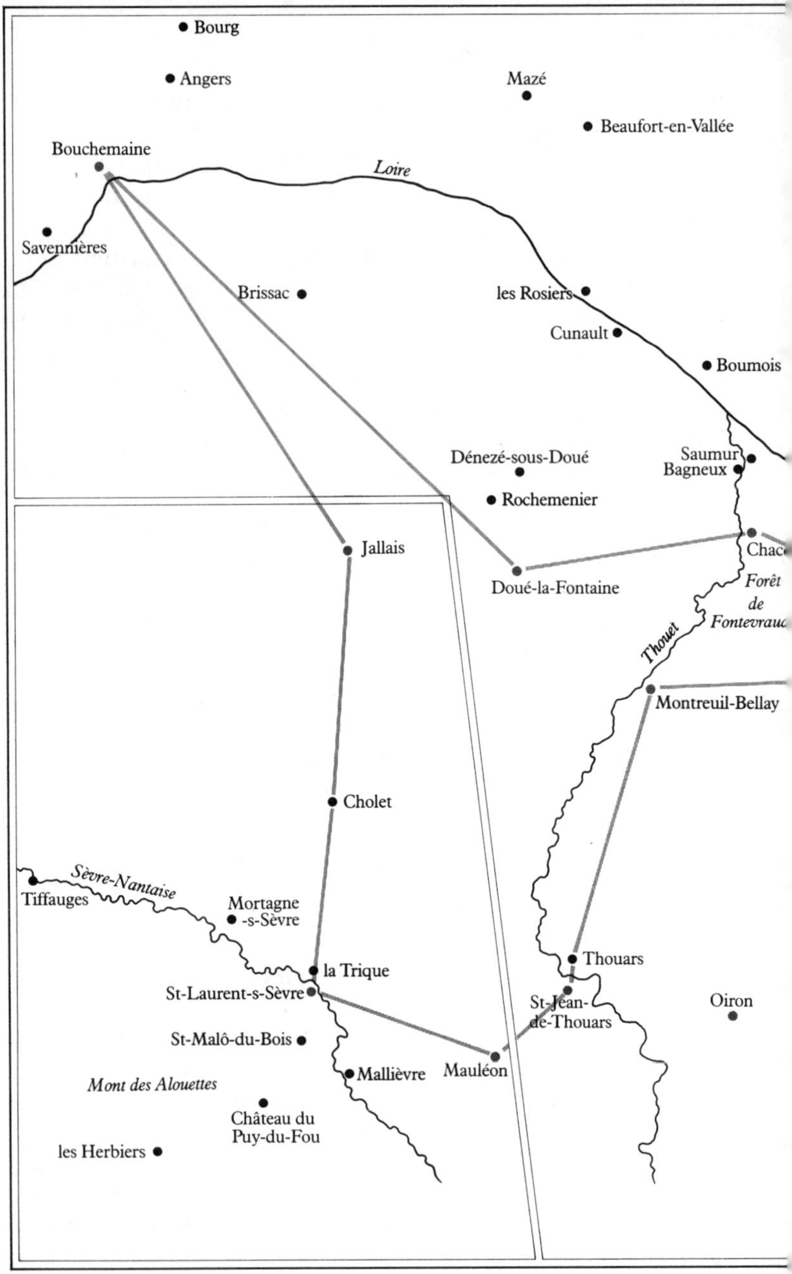
Bourg
Angers
Mazé
Beaufort-en-Vallée
Bouchemaine
Loire
Savennières
Brissac
les Rosiers
Cunault
Boumois
Dénezé-sous-Doué
Saumur
Bagneux
Rochemenier
Jallais
Doué-la-Fontaine
Forêt
de
Thouet
Montreuil-Bellay
Cholet
Sèvre-Nantaise
Tiffauges
Mortagne
-s-Sèvre
la Trique
St-Laurent-s-Sèvre
Thouars
St-Jean-
de-Thouars
Oiron
St-Malô-du-Bois
Mallièvre
Mauléon
Mont des Alouettes
Château du
Puy-du-Fou
les Herbiers

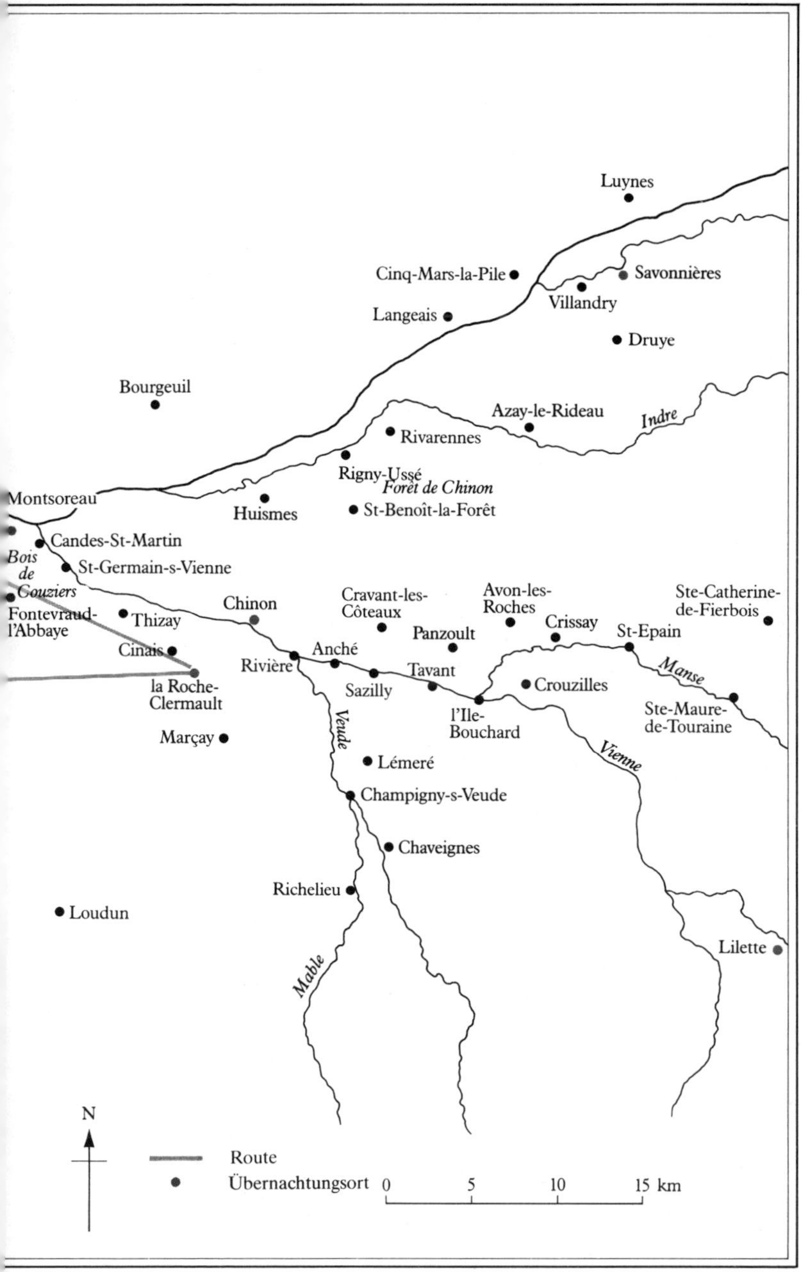
Luynes
Cinq-Mars-la-Pile
Savonnières
Villandry
Langeais
Druye
Bourgeuil
Azay-le-Rideau
Indre
Rivarennes
Rigny-Ussé
Forêt de Chinon
Montsoreau
Huismes
St-Benoît-la-Forêt
Candes-St-Martin
Bois de Couziers
St-Germain-s-Vienne
Chinon
Cravant-les-Côteaux
Avon-les-Roches
Ste-Catherine-de-Fierbois
Fontevraud-l'Abbaye
Thizay
Crissay
St-Epain
Panzoult
Cinais
Anché
Rivière
Tavant
Manse
la Roche-Clermault
Sazilly
Crouzilles
l'Ile-Bouchard
Ste-Maure-de-Touraine
Veude
Marçay
Vienne
Lémeré
Champigny-s-Veude
Chaveignes
Richelieu
Loudun
Lilette
Mable
N
Route
Übernachtungsort
0
5
10
15 km

Diese Vergangenheit ist allerorten gegenwärtig und unlösbar mit dem Erbe Englands verflochten. Den ungestümen, rastlosen englischen Königen aus dem Hause Anjou-Plantagenet – Heinrich II. (1133–89), Richard I. (1157–99; Richard Löwenherz) und Johann (1167–1216; Johann ohne Land) – war die Loire vertrauter als die Themse. Heinrich, in Le Mans geboren, war nicht nur König von England, sondern auch Graf von Anjou-Maine (in etwa das Gebiet des heutigen Départements Maine et Loire) sowie Herzog der Normandie und der Provinz Aquitanien. Seine Gemahlin, die bemerkenswerte Herzogin Eleonore von Aquitanien (1122–1204), ehelichte ihn zwei Monate nach ihrer Scheidung von Ludwig VII. von Frankreich – ein Schritt, den sie vermutlich bereute. Sie führte nämlich später eine Rebellion gegen ihren Gemahl an und stand danach 16 Jahre lang unter Hausarrest. Durch die Heirat gewann Heinrich so gut wie das gesamte westliche Frankreich – ein Gebiet, das größer war als das Territorium des französischen Königs. Fünf Generationen später wurde dieser Zusammenschluß zum Ausgangspunkt für den Hundertjährigen Krieg (1337–1453), den Edward II., der Ur-Ur-Urenkel Eleonores und Heinrichs, vom Zaun brach.
Heinrichs Mutter Mathilde, die Enkeltochter Wilhelm des Eroberers, war bereits Kaiserinwitwe, als sie den 15jährigen Grafen Gottfried von Anjou (1133–50) heiratete. Dieser Jüngling war der erste englische König des Hauses Plantagenet. Der Name Plantagenet entstand aus der Angewohnheit Gottfrieds, einen Zweig des in Anjou wild wachsenden Ginsters (lat.: planta genista; franz.: genêt) am Helm zu tragen.
Heinrich II. sollte einer der größten Könige Englands werden. Nach dem Tode seines Vaters nahm er zwar seine französischen Territorien in Besitz, mit der Besteigung des englischen Thrones mußte er jedoch noch eine Weile warten. Seinen Hof verlegte er von einer großen Stadt an der Loire in die andere, so beispielsweise nach Le Mans, Nantes und Chinon, Caen und Saumur. Angders als Machtzentrum des Hauses Plantagenet stand London in nichts nach, und zahlreiche ihrer prächtigsten Bauwerke hat die Stadt Heinrich zu verdanken; darunter das Hôpital Saint-Jean mit seinen hohen Gewölben, die Kathedrale

Saint-Maurice sowie die Kirchen Saint-Serge, de-la-Trinité und Saint-Martin. Charakteristisch für diesen angevinischen Baustil sind die herrlichen Gewölbe.
Nicht weit von Angers, in Montmirail, traf Heinrich mit dem streitbaren und unnachgiebigen Erzbischof Thomas Becket zusammen und unternahm den mißglückten Versuch, die zwischen ihm und Becket bestehenden Differenzen beizulegen. Als sichtbares Zeichen seiner Reue nach der Ermordung Beckets in der Kathedrale von Canterbury gründete er das Kartäuserkloster von Le Liget und die Priorei Pommiers-Aigres in Saint-Benoît-la-Forêt. Zahlreiche Schlösser dieser Gegend waren ihm in seinen ruhmreichen Tagen zugefallen. Zugrunde gerichtet in einer von seinem Lieblingssohn Johann angezettelten Rebellion, starb Heinrich als gebrochener, verbitterter Mann in Chinon. Später brachte man den Leichnam seines Sohnes Richard (Löwenherz), der mehr Krieger als König war, gleichfalls nach Chinon.
Johann ohne Land war ein listiger, hinterhältiger Mann. Er wurde Nachfolger Richards, nachdem dieser bei Limoges durch einen verirrten Pfeil aus einer Armbrust verwundet worden und daran gestorben war. Doch bereits zuvor hatte Johann versucht, den Thron seines Bruders an sich zu reißen. In den endlosen Machtkämpfen jener Zeit verlor Johann seine Besitzungen an der Loire. Seine Verbündeten hatten sich zumeist von ihm abgewandt, nicht zuletzt deshalb, weil er seinen Neffen Arthur (den sich Richard als Nachfolger auf dem englischen Thron gewünscht hatte) hatte grausam ermorden lassen. Die Grabmäler dieser hitzköpfigen Monarchen befinden sich in der eindrucksvollen Abtei Fontevraud westlich von Chinon. Dort können Sie die Steinplastiken Heinrichs II. und seiner Königin Eleonore sehen sowie das Bildnis ihres Sohnes Richard. Auch die für ihre Schönheit gepriesene Isabelle von Angoulême ruht in Fontevraud unter einem kunstvoll gearbeiteten Grabmal aus Holz. Als etwa Zwölfjährige wurde sie von Richards Bruder Johann entführt; er machte sie zu seiner Gemahlin und zur Königin von England. Nach seinem Tode kehrte Isabelle nach Frankreich zurück und heiratete den Mann, mit dem sie bereits als kleines Mädchen verlobt worden

war. Ihre glücklose Einmischung in die Politik von damals zwang sie zur Flucht zu den Nonnen von Fontevraud, bei denen sie bis zu ihrem Tode blieb. Ihr Sohn, Heinrich III., ließ nach einem Besuch an ihrem Grab ihren Leichnam vom Friedhof in die Kirche umbetten und ein Grabmal errichten. Sein Herz und das von Johann ohne Land wurden in der Krypta der Abtei beigesetzt.

An englischer Geschichte Interessierte sollten sich Fontevraud nicht entgehen lassen; und wer sich mit französischer Literatur befaßt und Jean Genet kennt, wird vielleicht wissen, daß das Kloster in jüngerer Vergangenheit als Gefängnis diente, in dem der Bühnendichter und Romanautor eingesperrt war. Erst im Laufe der letzten 25 Jahre wurde mit Restaurierungsarbeiten begonnen. Über die Zukunft der Abtei herrschen Meinungsverschiedenheiten; derzeitiger Besitzer ist ein kommerzielles Unternehmen, das – so fürchten manche – möglicherweise versuchen wird, sie in eine Art gallisches Disneyland umzuwandeln.

Zur Erkundung der Region bieten sich zwei Alternativen an: Entweder wählen Sie einen zentralen Stützpunkt und unternehmen von dort aus Tagestouren in die Umgebung, oder Sie radeln von Ort zu Ort. Zu sehen gibt es überall etwas – je nachdem, wie weit Sie täglich fahren wollen.

Ausgangspunkt für meine Ausflüge in die Region ist Montreuil-Bellay, eine ruhige mittelalterliche Kleinstadt, 15 km südlich von Saumur am Fluß Thouet. Das Château, von innen und außen gleichermaßen beeindruckend, wurde auf Geheiß Gottfrieds von Anjou, des Vaters von Heinrich II., zum Teil zerstört, nachdem sich der Schloßherr gegen ihn gestellt hatte. Die massiven Befestigungen und hohen Räume des heutigen Bauwerks stammen aus dem 15. Jh. und sind einen Besuch wert. Am Dienstag, dem Markttag in der Stadt, bleibt das Château geschlossen. Erhalten sind in Montreuil-Bellay auch noch drei der befestigten mittelalterlichen Tore.

Idealer Stützpunkt für Ferien mit dem Fahrrad ist das Splendid Hôtel in der Rue du Docteur Gaudrez. Seine Besitzer, Monsieur und Madame Berville, sind einzigartige Gastgeber und ungemein amüsant. Im Laufe eines zweiwöchigen Urlaubs mit

gemächlichen Radtouren durch wenig besuchte Gegenden könnte man sein Nachtlager, je nach Etappe, auch in Thouars, Mauléon und Saint-Laurent aufschlagen, in Jallais, Bouchemaine, Doué, Chacé und La Roche-Clermault.
Der direkte Weg nach dem 20 km entfernten Thouars führt über die D 938. Weit vergnüglicher aber ist die etwas längere Route querfeldein beiderseits der Straße. Im Mittelalter war Thouars eine Festung, und Teile davon sind noch erhalten. Heute beherbergt das Château eine Knabenschule. Margaret (1424–44), Tochter Jakobs I. von Schottland, Dichterin und unglückliche Gemahlin Ludwigs XI., den sie in Tours ehelichte, liegt in Saint-Laon begraben, einer ehemaligen Abteikirche, die sie hatte erbauen lassen. Im Hôtel des Trois Rois, einem der ältesten Häuser in der Stadt, nahm auch Ludwig XI. Quartier. Bei dem aus dem 12. Jh. stammenden Tour de Prince de Galles sind die im 17. Jh. gebauten Holzkäfige zu sehen, in denen Verbrecher gefangen gehalten wurden. Übernachtet wird außerhalb der Stadt in Saint-Jean-de-Thouars im Hôtel du Château. Monsieur Ramard, der redefreudige Besitzer, weiß mit einer unerschöpflichen Fülle an Wissen und Ratschlägen zu den einheimischen Weinen aufzuwarten.
Ein gemächlicher Tagesausflug von hier führt in das 13 km entfernte Oiron, und zwar zunächst auf der D 759 Richtung Loudun und dann rechts ab auf die D 162. In Oiron steht eines der ganz großen Renaissance-Schlösser Frankreichs, das der Comte de Carabas erbauen ließ. Madame de Montespan, Mätresse Ludwigs XIV., lebte hier, nachdem die königliche Zuneigung ihr gegenüber abgekühlt war. In der winzigen *auberge* Relais du Château am Hauptplatz wird hervorragend gekocht. Etwa 9 km weiter entlang der D 64 stoßen Sie auf die reich ausgestattete Kirche Saint-Jouin-de-Marnes und dazu auf einen See, der zum Schwimmen einlädt.
Radeln Sie von Thouars aus auf der D 759 in westlicher Richtung in das 45 km entfernte Landstädtchen Mauléon. Zu dem von Monsieur Michel Lemercier geführten, typisch rustikalen Hôtel de l'Europe gehört ein ausgezeichnetes Restaurant. In der Stadt, in der freitags Markt abgehalten wird, gibt es eine interessante Kirche sowie eine Abtei.

Westlich von Mauléon, 13 km entlang der N 149, liegt Saint-Laurent-sur-Sèvre, ein reizvolles Städtchen am Fluß Sèvre-Nantaise. Wem der Sinn nach Picknick steht, sollte sich dazu Delikatessen aus der hiesigen *charcuterie* holen. Von hier aus können Sie Ihren Weg gleich in Richtung Norden nach Cholet (11 km auf der D 752) fortsetzen und von dort weiter auf der D 752 und dann rechts ab auf der D 15 in das 17 km entfernte Jallais. Es lohnt sich aber, ein Weilchen hierzubleiben, die ländliche Stille in sich aufzunehmen und im L'Hermitage Hôtel in Saint-Laurent Quartier zu beziehen. Beim son-et-lumière in der Nähe von Saint-Laurent wirken Darsteller aus den umliegenden Gemeinden mit. Das Spektakel findet im Juni und Juli sowie von Mitte bis Ende August in den Ruinen des Schlosses von Puy-du-Fou statt, und wenn Sie es sehen möchten, können Sie zur Abwechslung einmal mit der Dampfeisenbahn von Mortagne-sur-Sèvre (5 km auf der N 149) nach Les Herbiers fahren.
Lohnenswert ist ein Ausflug in Richtung Westen durch das Flußtal nach Tiffauges (20 km). Das verfallene Schloß war einst Heimstatt von Gilles de Rais (1404–40), besser bekannt als der grausame Ritter Blaubart. Er kämpfte an der Seite von Jeanne d'Arc und war Marschall von Frankreich, ehe er sich in sein Château zurückzog und dort jene berüchtigten, widerwärtigen Orgien feierte, in deren Verlauf er vermutlich an die 200 Knaben ermordete. In Nantes wegen seiner Verbrechen vor Gericht gestellt, wurde er dann gehängt und verbrannt.
Eine der höchsten Erhebungen dieser Region ist der Mont des Alouettes. 15 km südwestlich von Saint-Laurent gelegen, führt der Weg dorthin auf gewundenen Sträßchen. Über Mortagne-sur-Sèvre und dann links ab die N 160 hinunter sind es 20 km. Während der lokalen Feindseligkeiten, die nach 1790 im Gefolge der Französischen Revolution ausbrachen, dienten die Windmühlen in dieser Gegend zur Übermittlung von geheimen Nachrichten. Les Bois de la Boulaye, das Schloß in Mallièvre, war Hauptquartier einer der an diesen Kämpfen beteiligten Streitkräfte. Leider ist es Besuchern nicht zugänglich, doch Mallièvre selbst ist auch einen Streifzug wert. Eingebettet in die Landschaft, neigen sich bejahrte Häuser über

uralte Straßen, und an einem kleinen Flußlauf stößt man auf eine langsam verfallende Wassermühle. Mallièvre ist 8 km von Saint-Laurent entfernt; radeln Sie entlang der D 752 südwärts nach Saint-Malô-du-Bois, und biegen Sie dann links in die D 72 ein. Wem Kulinarisches mehr am Herzen liegt als Historisches, der sollte einen 2 km langen Umweg auf der D 752 in Richtung Norden nach La Trique machen und dort im Restaurant La Chaumière einkehren.
Für einen Besuch der beiden interessanten Museen in Cholet sollten Sie nicht unbedingt den Samstag wählen, wenn dort der große Viehmarkt stattfindet. Das Musée des Guerres de Vendée erinnert an die Zerstörung der Stadt während der Revolutionswirren nach 1790, und im Musée des Beaux Arts, das in einem Gebäude aus dem 18. Jh. untergebracht ist, hängen Werke zahlreicher französischer Künstler, unter anderem von Toulouse-Lautrec und Matisse.
Im Hôtel La Croix Verte im Stadtzentrum von Jallais gibt es ein ausgezeichnetes Restaurant, und man ist dort überdies gut untergebracht. Markttag ist der Freitag.
Nächstes Ziel ist dann Bouchemaine, 40 km nordöstlich und via D 15, D 762 und D 111 zu erreichen. Dieses winzige Dorf liegt ganz in der Nähe von Angers. Im Hôtel l'Ancre de Marine mit seinem hervorragenden Restaurant empfiehlt Monsieur Bernhard Proust die Tagesgerichte; Übernachtungsgäste sind willkommen.
Angers, Machtzentrum der Plantagenets im 12. Jh., liegt nur 7 km weiter. Spuren ihrer einstigen Bedeutung sind in dieser geschäftigen Stadt noch heute zu finden, auch wenn sie mittlerweile vielleicht eher als Heimat des Likörs Cointreau bekannt ist. Angers ist eine Stadt der Blumen, und die Straßen dort sind mit Kamelienbüschen und Magnolienbäumen gesäumt. Ein Meisterwerk angevinischer Gewölbearchitektur ist die Kathedrale Saint-Maurice. Das Château, eine gewaltige Festung mit 17 Türmen, wurde Mitte des 13. Jh. erbaut, nachdem die Franzosen die Stadt von Johann ohne Land zurückerobert hatten. Heute beherbergt das Schloß eine Sammlung der weltweit schönsten Wandteppiche, darunter die ältesten erhaltenen Exemplare mittelalterlicher Teppichknüpf-

kunst: Der Zyklus »Apokalypse« entstand im ausgehenden 14. Jh. und stellt die Offenbarung des Heiligen Johannes dar. Modernere, nichtsdestoweniger aber gleichfalls wunderschöne Wandteppiche sind im historischen Hôpital Saint-Jean zu sehen, das zu Zeiten Heinrichs II. entstand und gleichfalls ein Zeugnis der großartigen angevinischen Gewölbebaukunst darstellt. Die groß angelegte Serie von Wandteppichen »Das Lied der Welt« wurde von Jean Lurçat (1892–1966) geschaffen, der diese alte Kunst wieder aufleben ließ.
Auf einer Straße entlang der Loire gelangt man nach Savennières, eine Kleinstadt mit reizvoller Kirche, 6 km südwestlich von Bouchemaine. Hier dehnen sich die besten Weingärten des Anjou aus, und Sie sollten es sich nicht entgehen lassen, den hiesigen Wein zu probieren.
Zu den bemerkenswerten Schlössern dieser Region zählt Plessis-Bourré, 22 km nördlich von Angers. Nehmen Sie die D 107 nach Bourg, biegen Sie nach rechts auf die D 108 und danach links auf die D 508 ab. Von Plessis-Bourré geht es in gemächlicher Querfeldeinfahrt zum Château Plessis-Macé (13 km nordwestlich von Angers). Ludwig XI. pflegte dann und wann in dem von einem Burggraben umgebenen Herrenhaus zu logieren.
Gleichfalls eine Anlage mit Schloßgraben ist das Château de Serrant, 16 km südwestlich von Angers. Ungemein reizvoll gelegen, spiegelt sich das Renaissance-Bauwerk im Wasser des Grabens und des angrenzenden Sees wider. Die Innenräume sind zum Teil erlesen ausgestattet, doch das Schönste bei dem Abstecher zu diesem zauberhaften Fleckchen Erde ist es, am See zu sitzen und den einheimischen Weißwein zu schlürfen – vermutlich den besten seiner Art im Anjou. Schloßherr war einst der Ire Anthony Walsh, Gefolgsmann von Bonnie Prince Charlie. Bildnisse von beiden hängen in der Bibliothek.
40 km südöstlich von Bouchemaine (D 748 und D 83) liegt Doué-la-Fontaine. Nach den ersten 15 km kommen Sie an dem in sieben Geschossen aufragenden Château Brissac vorbei. Seine beiden efeuüberzogenen Türme stammen noch aus dem 15. Jh., der dazwischen liegende Hauptbau wurde jedoch erst im 17. Jh. errichtet. Brissac hat 150 Räume, wurde aber niemals vollendet. Seit über 500 Jahren von derselben Familie bewohnt,

blieb das Château weitgehend unverändert. Die Residenz mit ihren Wandteppichen aus Flandern und Brüssel und ihren üppig verzierten Zimmerdecken gleicht nach wie vor einem Juwel.

Doué-la-Fontaine ist ein Paradies für Rosenzüchter. Inmitten einer faszinierenden Kalksteinlandschaft gelegen, wurden hier Häuser aus dem Fels herausgeschlagen und mehrere der zahlreichen Steinbrüche für andere Zwecke umfunktioniert. Im Zoo des Minières an der D 960 in Cholet leben die Bewohner teilweise in Freigehegen aus ehemaligen Steinbrüchen. In einem tummeln sich beispielsweise Emus, und ein anderer wurde zu einer riesigen Volière für Raubvögel umgestaltet. Andere Vogelarten sowie Affen bewegen sich frei im Gelände. In der Stadt selbst schlug man vor 500 Jahren aus einem Steinbruch Sitzreihen heraus und schuf so eine Arena, in der Freilichttheater-Aufführungen und Konzerte stattfinden können.

Noch ungewöhnlicher in dieser Gegend sind die Höhlenwohnungen. Teilweise sind sie aus dem Fels herausgehauen, teilweise unterirdisch um einen Hof herum angelegt. Erst im Laufe der letzten 50 Jahre gaben die Höhlenbewohner (Troglodyten) ihre Behausungen auf. Etwa 6 km nördlich von Doué-la-Fontaine befindet sich das Höhlendorf Rochemenier. Das unterirdische Dorf war einst größer als das heute an der Oberfläche sichtbare. Zwei unter der Erde liegende Bauernhäuser, Vorratskammern und eine Höhlenkapelle sind für Besucher zugänglich. Sehenswert ist auch die Höhle von Dénezé-sous-Doué nördlich von Rochemenier an der D 69. Ihre Wände sind mit bizarren, aus Steinen gehauenen menschlichen Figuren bedeckt, die vermutlich im 16. Jh. entstanden.

Empfehlenswert in Doué ist das Hôtel des France. Sie finden es in der Stadtmitte nahe dem großen Platz, auf dem der Montagsmarkt abgehalten wird. Die Stadt ist von Weingärten umgeben, und den hiesigen Wein, willkommene Abrundung für ein Picknick, können Sie für wenige Francs direkt beim Bauern erstehen.

In der Kirche Le-Puy-Notre-Dame, 9 km südlich von Doué (D 87), wird vom Gürtel der Heiligen Jungfrau eine Reliquie aufbewahrt, die vor 800 Jahren aus Jerusalem hierhergebracht

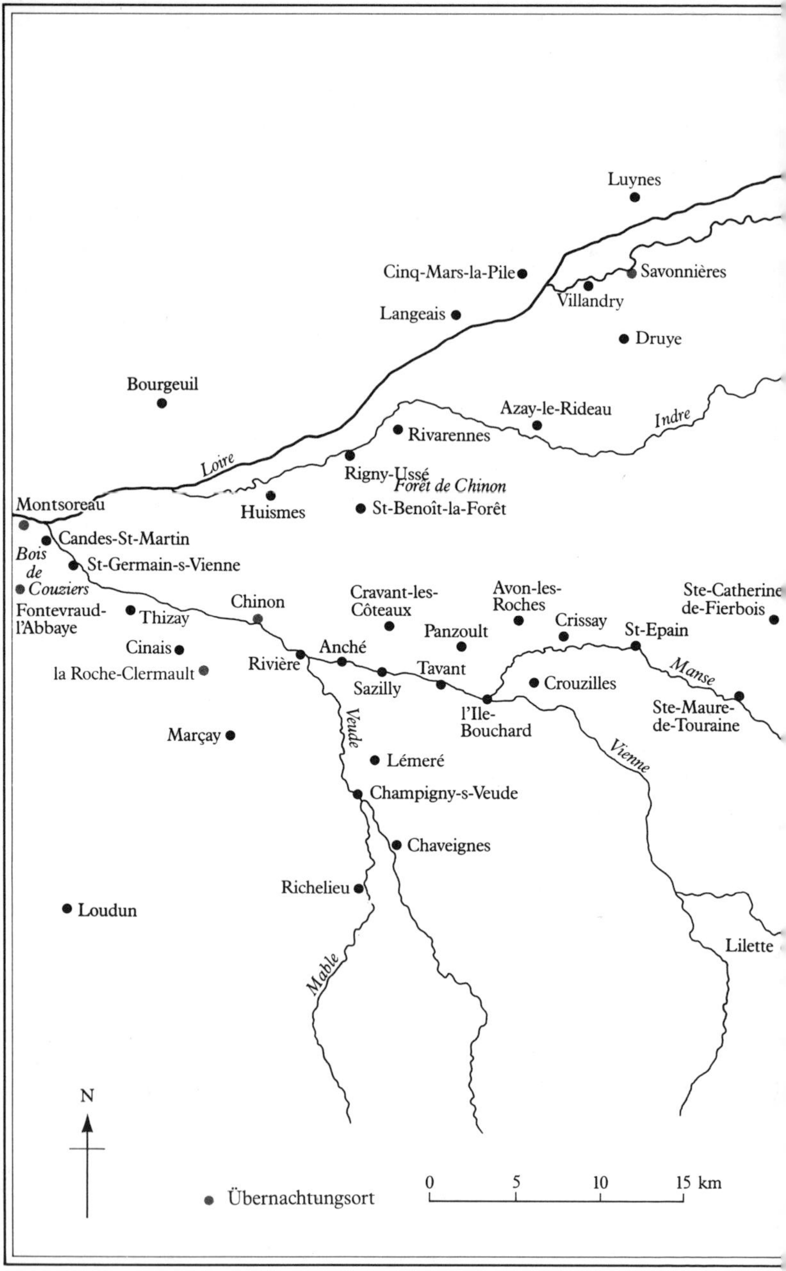
Luynes
Cinq-Mars-la-Pile
Savonnières
Villandry
Langeais
Druye
Bourgeuil
Azay-le-Rideau
Indre
Rivarennes
Loire
Rigny-Ussé
Forêt de Chinon
Montsoreau
Huismes
St-Benoît-la-Forêt
Candes-St-Martin
Bois de Couziers
St-Germain-s-Vienne
Cravant-les-Côteaux
Avon-les-Roches
Ste-Catherine-de-Fierbois
Chinon
Fontevraud-l'Abbaye
Thizay
Crissay
St-Epain
Panzoult
Cinais
Anché
la Roche-Clermault
Rivière
Tavant
Manse
Sazilly
Crouzilles
Ste-Maure-de-Touraine
l'Ile-Bouchard
Veude
Marçay
Vienne
Lémeré
Champigny-s-Veude
Chaveignes
Richelieu
Loudun
Lilette
Mable
N
Übernachtungsort
0
5
10
15 km

Amboise
Tours
le Gué-Péan
Montrichard
Cher
Chenonceaux
Montbazon
Veigné
Montrésor
Loches
Nouans-les-Fontaines
Bridoré
Descartes
Claise
le Grand Pressiguy
Aigronne

worden sein soll. Das Gotteshaus selbst ist ein bemerkenswertes Beispiel angevinischer Architektur. Von hier aus könnten Sie einen Abstecher nach Norden zur Abbaye d'Asnière machen (8 km östlich von Doué), einem in Waldland eingebetteten verfallenen Kloster aus dem 12. Jh.

Nächstes Ziel ist Chacé. Radeln Sie von Doué aus auf der D 960 zunächst 15 km in Richtung Saumur; biegen Sie dann nach rechts auf die D 160 ab, und folgen Sie dem Lauf des Thouet. Nach 4 km schwenken Sie links ein und überqueren den Fluß. Das kleine Dorf liegt nur 5 km von Saumur entfernt – weitab vom Lärm und der Geschäftigkeit der Stadt, aber nahe genug, um deren zahlreiche Sehenswürdigkeiten zu besichtigen. Für die Übernachtung in Chacé empfiehlt sich die Auberge de Thouet.

Saumur, einst größer und wohlhabender als heute, ist nach wie vor eine pulsierende Stadt. Diesem ehemaligen Zentrum der Hugenotten kehrten viele Einwohner den Rücken, als sie nach der Aufhebung des Edikts von Nantes im Jahre 1685 ihre Rechte verloren hatten. Die Loire ist hier durch eine Insel geteilt und erweckt den Eindruck, als strömten an dieser Stelle zwei Flüsse. Saumur selbst liegt auf einem langgezogenen Landstreifen zwischen der Loire und ihrem Nebenfluß Thouet, und auf einer Anhöhe erhebt sich drohend das Château über der Stadt. Mit seinen Zinnen, Türmen und wuchtigen Mauern erinnert es an eine Illustration in einer mittelalterlichen Handschrift. Ende des 14. Jh. auf den Fundamenten einer früheren Burg erbaut, wurde das Schloß im vergangenen Jahrhundert zu einem Gefängnis umgewandelt, in jüngerer Zeit jedoch restauriert. Heute besitzt es wieder etwas von der Pracht längst vergangener Tage.

Das Schloß beherbergt zwei Museen: das Musée des Arts Decoratifs mit einer Sammlung von Möbeln und Wandteppichen und das dem Pferd und der berühmten Kavallerie-Schule von Saumur gewidmete Musée du Cheval (Pferde-Museum). Mittlerweile wurde die Kavallerie zwar von Panzerfahrzeugen abgelöst, aber das Team des Cadre Noir der Nationalen Reitschule gibt nach wie vor am ersten Freitag jeden Monats Kostproben seiner Reitkünste. Der Reitschule ist ein eigenes

Kavallerie-Museum angegliedert, und im Armee-Museum der Stadt sind Panzer und Panzerfahrzeuge mehrerer am Zweiten Weltkrieg beteiligter Nationen zu sehen.
Saumur gilt als Zentrum der Pilzzucht, und den trockenen spritzigen Weißwein, der nach der Stadt benannt ist, führte Heinrich II. in England ein. Andere einheimische Weinsorten sind der Rosé Cabernet de Saumur und der Rotwein Saumur Champigny. Für die Rückkehr nach Chacé empfiehlt es sich, den Weg über die N 147 und D 160 via Bagneux zu nehmen. Er bietet Gelegenheit, ein megalithisches Monument zu bestaunen – einen tunnelförmigen, aus mächtigen Steinen gebildeten Dolmen von 20 m Länge. Aus Bourgueil am Nordufer der Loire, 20 km östlich von Saumur, kommt ein süffiger Wein, den bereits Rabelais erwähnte und den die Einheimischen als Breton bezeichnen, obwohl er nichts mit der Bretagne zu tun hat. Im Cave de la Dive Bouteille, einem Wein-Museum unmittelbar nördlich der Stadt, können Sie ihn probieren. Bourgueil selbst besitzt einen eindrucksvollen, von Arkaden gesäumten Marktplatz und eine befestigte Benediktinerabtei.
Rund 30 km nordwestlich von Saumur stößt man nach dem Verlassen der N 147 und nach wenigen Kilometern auf der D 74 auf das sehenswerte Château du Montgeoffroy, das seit seiner Errichtung und Ausstattung im Jahre 1772 so gut wie unverändert blieb. Dem Umstand, daß es sich seit jeher im Besitz der Familie befindet, die es erbauen ließ, ist es zu verdanken, daß die Räume noch heute mit ihrem Originalmobiliar und Gemälden führender Künstler jener Epoche ausgestattet sind. Flankiert wird das schlichte klassische Bauwerk mit seiner weißen Fassade, seinem Schieferdach und rosafarbenen Ziegelschornsteinen von zwei Türmen eines früheren Schlosses. Montgeoffroy ist von März bis Oktober geöffnet. Etwa 8 km ehe Sie dorthin gelangen, kommt das alte Städtchen Beaufort-en-Vallée mit seiner Burgruine, von der aus sich ein herrlicher Blick über das fruchtbare Land bietet.
Eine reizvolle Fahrt stromabwärts am Ufer der Loire entlang führt von Saumur nach Cunault (15 km auf der D 751). An der bemerkenswerten, im 11. Jh. begonnenen Kirche baute man mehrere hundert Jahre lang. Sie besitzt beachtliche Ausmaße

und war einst Mittelpunkt eines blühenden Benediktinerklosters. Radeln Sie nun weiter stromabwärts nach Gennes, von da über den Fluß nach Les Rosiers und dann am anderen Ufer entlang zurück nach Boumois mit seinem kleinen, unmittelbar an der Loire gelegenen Château. Im ausgehenden 16. und beginnenden 17. Jh. erbaut, zeigt sich hier der Übergang von der Gotik zur Frührenaissance. Auf der landschaftlich reizvollen D 229 geht es zurück nach Saumur.
Malerische abgelegene Sträßchen durch den Forêt de Fontevraud und den Bois de Couziers führen nach La Roche-Clermault, ein Dörfchen nahe Chinon und letzter Übernachtungsort dieser Tour. Wem es nichts ausmacht, ein wenig bergauf zu strampeln, der sollte südlich von Chinon die D 759 verlassen und den steilen gewundenen Weg hinauf zur Auberge du Haut Clos nehmen. Die Aussicht von hier oben ist großartig, und Sie könnten die *auberge* zum Ausgangspunkt für Abstecher zu den Loire-Schlössern Ussé und Villandry im Norden (siehe Seite 67) und zur Abtei Fontevraud im Westen (siehe Seite 44) machen.
Für Urlauber, die lieber von einem festen Standort aus auf Erkundungsfahrt ins Tal der Loire gehen, empfehlen sich allen voran die Städte Tours und Chinon. Tours liegt unmittelbar an der Loire, und Sie können von hier aus nicht nur die allernächste Umgebung durchstreifen, sondern auch die Täler ihrer Nebenflüsse Cher und Indre. Chinon, an dem Loire-Zufluß Vienne gelegen, ist auch nicht weit entfernt vom Thouet, der etwas weiter flußabwärts in die Loire mündet. Im Gebiet beider Nebenflüsse lassen sich genußreiche Touren durch eine herrliche Landschaft unternehmen, und man kann faszinierende Städte und Schlösser kennenlernen.
Tours ist heute eine geschäftige Industriestadt, versteht sich aber darauf, dieses Faktum nicht allzu deutlich werden zu lassen. Die Stadt mit ihren prächtigen alten Häusern und mittelalterlichen Gassen war einst berühmt für ihre Seidenherstellung; das Werk der einheimischen Weber ist im Städtischen Seiden-Museum noch zu bestaunen. Kernpunkt der Altstadt war das Grab des Heiligen Martin, Ende des 4. Jh. Bischof von Tours. Seine Grabstätte wurde mit übernatürlichen Erscheinungen in Zusammenhang gebracht und damit zu einer Wall-

fahrtsstätte. Während der Französischen Revolution nahm das ursprüngliche Grabmal Schaden und wurde später zerstört. Heute erhebt sich an dieser Stelle die im vergangenen Jahrhundert erbaute Basilika Saint-Martin.

Auch das von Heinrich II. errichtete Schloß, in dem Jeanne d'Arc nach ihrem Sieg bei Orléans von Karl VII. empfangen wurde, existiert nicht mehr. Die Kathedrale Saint-Gatien, im 12. Jh. begonnen und erst 400 Jahre später vollendet, ist Grabkirche der Kinder Karls VIII. und Anne de Bretagne. Balzac diente sie als szenischer Hintergrund für seinen Roman »Le Curé de Tours«. Ein Kunstmuseum ist heute der großartige erzbischöfliche Palast. Hier hängen unter anderem zwei der schönsten Gemälde des Italieners Andrea Mantegna. Und im Hof steht eine im Jahre 1808 gepflanzte Libanon-Zeder.

Tours ist auch mit dem Namen Pierre de Ronsard (1524–85) verknüpft. Ronsard, größter französischer Dichter seiner Zeit, wandte sich der Literatur zu, nachdem Taubheit seine Aussichten auf eine Karriere als Soldat und Diplomat zunichte gemacht hatte. Begraben liegt dieser bemerkenswerte Mann dort, wo er, von Gicht gemartert, starb – im Priorat Saint-Cosme. Den Weinen der Touraine gewidmet ist das Museum im Keller der einstigen Abtei Saint-Julien.

In Tours selbst gibt es eine Reihe guter Hotels. Wer jedoch lieber abseits von Lärm und Geschäftigkeit übernachtet, findet auch unmittelbar außerhalb der Stadt angenehme Quartiere. In Veigné beispielsweise, 9 km südlich von Tours (D 50), steht Le Moulin Fleuri, eine alte, zu einem ausgezeichneten kleinen Hotel umgestaltete Mühle, von deren Terrasse man über die Indre blickt. Und die Ferme la Martinière bei Savonnières, 12 km westlich von Tours (D 7), bietet *chambres d'hôte* – einfache, behagliche Gästezimmer, die in den Gebäuden des Bauernhofs eingerichtet wurden. Zwischen Savonnières und La Martinière ist die Straße sehr steil, und es empfiehlt sich deshalb, vom Dorf Druye aus dorthin zu fahren.

Nur ein wahrhaft leidenschaftlicher Radfahrer könnte sämtliche Schlösser der Touraine besichtigen (nach letzten Zählungen stehen 26 für Besucher offen), aber die sehenswertesten sind von Tours aus ohne weiteres erreichbar. In der Mehrheit liegen die der Öffentlichkeit zugänglichen Châteaux westlich und östlich der Stadt; zumeist in einer Entfernung von rund 20 km. Unternehmungslustige könnten auf zwei jeweils etwa 50 km langen Rundfahrten die prächtigsten Bauwerke dieser Region kennenlernen. Von Tours aus am Nordufer der Loire nach Westen radelnd (23 km entlang der N 152), gelangen Sie nach Luynes, Cinq-Mars-la-Pile und Langeais. Luynes, ein Dörfchen, das dicht neben der Hauptstraße an einem Hang klebt, hat eine mittelalterliche Burg. In Cinq-Mars-la-Pile, einem gleichfalls uralten Ort, steht ein seltsamer, 30 m hoher Turm aus gallisch-römischer Zeit; welchem Zweck er diente, weiß niemand. Die Schloßruinen entstammen dem 13. Jh., und es lohnt sich, die noch vorhandenen Türme hinaufzusteigen und den herrlichen Blick über das Tal zu genießen.

Mitten in der Stadt Langeais erhebt sich das gleichnamige Château. Im 15. Jh. erbaut, hat es sich seitdem kaum verändert. Sein Donjon (Bergfried) war vom Hauptbau getrennt und buchstäblich uneinnehmbar; heute führt ein Durchgang dorthin. Vom gedeckten Wehrgang dieser düsteren Festung aus konnten die Verteidiger, ohne selbst Schaden zu nehmen, die Angreifer mit allem, was verfügbar war, abwehren – von Steinen bis zu kochendem Öl. Karl VIII. vermählte sich 1491 auf Château Langeais mit Anne de Bretagne. Die Schloßräume sind mit Mobiliar und Dekorationen jener Epoche ausgestattet.

In Langeais überqueren Sie die Brücke zum südlichen Loire-Ufer. Von hier aus führen mehrere Wege zurück nach Tours; der erste folgt entlang der D 7 dem Fluß. Hauptanziehungspunkt östlich von Langeais ist das Château de Villandry. Mitte des 16. Jh. als letztes der großen Renaissance-Schlösser im Loire-Tal erbaut, besitzt es einen Wehrturm aus einer früheren Epoche, der die Harmonie der Anlage etwas beeinträchtigt. Einzigartig sind jedoch die Gärten von Villandry. Zu Beginn unseres Jahrhunderts wurden sie originalgetreu wieder ganz im Stil des 16. Jh. gestaltet. Angelegt sind sie in drei Ebenen. Auf der ersten ist das Wasser des Cher in Seen und Brunnenanlagen gefaßt. Die zweite Terrasse ist ein Ziergarten; niedrige Hecken und Kieswege grenzen hier die in geometrischen Formen angelegten Blumenbeete ab. Den Abschluß bildet die dritte Ebene in

Form eines kunstvoll gestalteten Gemüsegartens. Das Schloß mit seinem Interieur aus dem 18. Jh. ist von Mitte März bis Anfang November geöffnet, die Gärten kann man das ganze Jahr über besichtigen.
Nach weiteren 3 km entlang der D 7 in Richtung Tours gelangen Sie zu den Caves-Gouttières, den Tropfsteinhöhlen bei Savonnières mit ihren Unmengen von Stalaktiten und Stalagmiten. Und unmittelbar vor den Toren der Stadt liegt das Château de Plessis-les-Tours, wo Ludwig XI. seine glücklichsten Tage verbrachte.
Eine andere Alternative wäre, nach Überqueren der Brücke bei Langeais entlang der D 57 in das Tal der Indre zu radeln, und zwar nach Azay-le-Rideau mit seinem eleganten Schloß. In seiner heutigen Form stammt es aus dem frühen 16. Jh. und war mehr Residenz als Verteidigungsanlage. Dieses malerisch gelegene, grandiose Bauwerk, dessen Fenster und gotische Spitztürme sich im See spiegeln, wirkt ungemein beeindruckend. Seine Innenräume gleichen einem Renaissance-Museum. Im Sommer findet allabendlich ein son-et-lumière statt.
Weit bescheidener hingegen präsentiert sich das Château Saché am gegenüberliegenden Flußufer, 6 km weiter östlich entlang der D 17. Balzac, häufig zu Gast auf Château Saché, schrieb hier in den dreißiger Jahren des letzten Jahrhunderts »Le Père Goriot« und »Le Lys dans la Vallée«. Sein Arbeitszimmer sieht noch genauso aus wie damals, und das Haus birgt eine Fülle von Erinnerungsstücken aus seinem Leben.
Fahren Sie auf der dem gewundenen Lauf der Indre folgenden D 17 15 km weiter bis Montbazon mit den Überresten seiner im 11. Jh. errichteten Burg. Von hier aus sind Sie innerhalb kurzer Zeit zurück in Tours (9 km), und nach Veigné sind es ganze fünf Minuten.
Drei der berühmtesten Loire-Schlösser stehen östlich von Tours: Amboise (25 km), Chenonceaux (30 km) und Chambord (70 km). Ludwig XI. und Karl VIII. legten bei der Errichtung des Château d'Amboise ungemein viel Sorgfalt an den Tag; offenbar aber doch nicht genug, denn Karl starb, nachdem er mit dem Kopf gegen einen zu niedrigen Türsturz gestoßen war. Während der ersten Jahre seiner Regierung Anfang des 16. Jh.

lebte Franz I. auf Amboise. Er lud Leonardo da Vinci dorthin ein und stellte ihm den nahegelegenen Landsitz Clos-Lucé als Domizil zur Verfügung (heute 600 m vom Stadtzentrum entfernt). Leonardo da Vinci starb dort und wurde in der später während der Revolution zerstörten Stiftskirche beigesetzt. Im letzten Jahrhundert bettete man seine sterblichen Überreste in die gotische Hubertus-Kapelle um, die Karl VIII. nach 1490 auf dem Schloßareal hatte erbauen lassen. Das von Leonardo da Vinci bewohnte rote Backstein-Herrenhaus beherbergt heute ein Museum mit Modellen seiner zahlreichen erstaunlichen Erfindungen.
Auf Schloß Amboise ist der Royalismus noch lebendig. 1987 setzte hier der Comte de Paris, der sich nach wie vor als Anwärter auf den französischen Thron sieht, in einer Zeremonie seinen Enkel, Prinz Jean d'Orléans, zum Dauphin (Thronfolger) ein. Höhepunkt der Feierlichkeiten war ein üppiges Diner, auf dem Salm aus der Loire und die roten und Rosé-Weine von Amboise gereicht wurden.
Wahrhaft sportliche und kulturbeflissene Radler können von hier aus zum größten Renaissance-Schloß Frankreichs weiterfahren – zum Château de Chambord (40 km nordöstlich von Amboise), einem eindrucksvollen Bau, den Franz I. und Heinrich II. im 16. Jh. mit enormem Aufwand errichten ließen. Das Schloß liegt inmitten eines von Mauern eingefriedeten und heute als Reservat geschützten Wildparks und hat nicht weniger als 440 Räume, 365 Kamine und 74 Treppen. Ludwig XIV. hielt sich später besonders gerne hier auf. Während seiner Herrschaft spielte man in einem der Räume, der heute als Wachstube bezeichnet wird und früher Billardzimmer war, Theater. Hier gelangten Molières Komödien »Monsieur de Pourceaugnac« und »Der Bürger als Edelmann« zur Uraufführung, die den Monarchen jedoch offenbar nicht allzusehr belustigten.
Von Amboise aus in südlicher Richtung auf der D 81 über Land radelnd, gelangen Sie zum elegantesten Schloß, dem Château de Chenonceaux. Erbaut wurde es im frühen 16. Jh. auf dem Fundament einer ehemaligen Mühle über dem Cher, und es erstreckt sich, auf sechs anmutigen Brückenbögen ruhend, bis

zum jenseitigen Flußufer. Auch dieses Schloß war auf vielfältige Weise mit dem Königshaus verquickt. Heinrich II. von Frankreich schenkte es seiner Mätresse Diane de Poitiers als Wohnsitz. Später forderte es seine Witwe Katharina von Medici für sich und zwang Diane, es ihr zu überlassen. Sie ließ auch die Ziergärten anlegen. Nach der Ermordung Heinrichs III. im Jahre 1589 zog sich dessen Witwe Louise von Lothringen auf das Schloß zurück. Im 18. Jh. lebte hier Jean-Jacques Rousseau als Hauslehrer des Sohnes von Monsieur Dupin, dem ehemaligen Schloßherrn, und im literarischen Salon von Madame Dupin fanden sich zahlreiche der führenden Intellektuellen und geistigen Größen jener Zeit ein. Von Juni bis September wird allabendlich in einem son-et-lumière die Geschichte des Schlosses erzählt.

21 km östlich von Chenonceaux steht das Château du Gué-Péan; es ist das ganze Jahr über geöffnet. Der Weg dorthin führt über Montrichard und dann links auf die D 21. Sein Zugang wirkt wenig einladend, aber innen erinnert die um einen Hof mit Zierteich gruppierte Anlage eher an einen Landsitz. Eingerichtet ist das Château mit Louis-quinze- und Louis-seize-Möbeln und ausgeschmückt mit ansprechenden Wandteppichen und Gemälden. Auf dem Schloßgelände können Sie sich zum Picknick niederlassen. In Montrichard selbst sind die Überreste einer Burg aus dem 12. Jh. zu sehen, in denen heute ein Volkskunde-Museum untergebracht ist.

Auf Grange de Meslay, ein ausgedehntes befestigtes Landgut aus dem 13. Jh., stößt man nördlich von Tours (7 km entlang der N 10). Länger, aber genußreicher ist die Fahrt dorthin via D 77. Interessantes gibt es auch entlang der N 10 in südlicher Richtung zu entdecken. 23 km von Veigné entfernt liegt der mit dem Namen Jeanne d'Arc verknüpfte Weiler Sainte-Catherine-de-Fierbois und wenige Kilometer weiter die noch der Römerzeit entstammende Kleinstadt Sainte-Maure-de-Touraine. Außerdem finden sich in dieser Gegend auch prähistorische Relikte. Sainte-Maure-de-Touraine hat eine reizvolle überdeckte Markthalle, die um 1670 errichtet wurde. Zwei riesige, während der Revolutionszeit in Mitleidenschaft gezogene Tore führen hinein. Ein Teil der Markthalle dient als Rathaus; auf

dem restlichen Areal wird freitags wie eh und je Markt abgehalten. Etwa um 1060 entstand die Kirche, die sich aber im Laufe der Zeit stark verändert hat.
Unmittelbar östlich von Sainte-Maure (D 760) liegt die gleichfalls mit dem Namen Jeanne d'Arc verknüpfte altertümliche Stadt Loches. Heinrich II. und sein Sohn Richard Löwenherz lebten auf der Burg und ließen sie zu einer nahezu uneinnehmbaren Festung ausbauen. Richard war das Château so ans Herz gewachsen, daß er die Festung nach seiner Freilassung aus österreichischer Gefangenschaft augenblicklich wieder den Franzosen entriß, die sie zuvor erobert hatten. Loches wurde viele Male umgebaut und später zum berüchtigten Kerker des Königs, aus dem nur wenige je wieder zurückkehrten. Im Rundturm befindet sich eine Folterkammer, in der Gefangene in Holzkäfigen aufgehängt wurden. Jeanne d'Arc kam 1429 nach Loches und beschwor den Dauphin und späteren Karl VII., sich in Reims krönen zu lassen. Als König überließ Karl das Schloß später seiner bildschönen Mätresse Agnès Sorel. In der Klosterkirche befindet sich, bewacht von zwei Engeln, eine Alabasterstatue der Agnès.
Wer das Gefühl hat, an diesem Tage lange genug im Sattel gesessen zu sein, den erwartet in der mittelalterlichen Stadt das malerische Hôtel George Sand mit Blick auf die Indre. Vielleicht übernachtete George Sand hier einmal auf ihrem Weg nach Nohant-Vic, wo sie ein Haus besaß. Der direkte Weg von Sainte-Maure nach Tours führt entlang der N 143 (35 km).
Falls Sie in Loches bleiben, können Sie von hier aus allerlei lohnende Touren unternehmen. 18 km südlich liegt nahe der D 41 Bridoré mit seiner ansehnlichen Festung aus dem 15. Jh. An drei Seiten ist sie von einem tiefen Burggraben gesäumt, in dem sich heute kein Wasser mehr befindet. Das Bauwerk ist für die Öffentlichkeit nicht zugänglich, bietet aber ein ungemein malerisches Bild.
Östlich von Loches steht Schloß Montrésor (20 km entlang der D 760). Die von einer Festung aus dem 11. Jh. übriggebliebenen Mauern umschließen ein Herrenhaus, das zu Beginn des 16. Jh. erbaut wurde. In seiner Ausstattung spiegelt sich der Geschmack des polnischen Aristokraten wider, der es um 1850

restaurieren ließ. 9 km auf derselben Straße weiter können Sie in der Kirche des Dörfchens Nouans-les-Fontaines ein Meisterwerk des späten 15. Jh. bestaunen: ein Gemälde auf Holz mit einer Darstellung der Kreuzabnahme Christi. Sein Schöpfer, der in Tours geborene Künstler Jean Fouquet, galt als größter Renaissance-Maler Frankreichs. Im Nordosten von Loches (20 km entlang der D 764) tauchen die wuchtigen Türme des Château de Montpoupon auf. Sie datieren aus dem 13. Jh., das übrige Bauwerk entstand zwei Jahrhunderte später.
Chinon ist ruhiger als Tours und verfügt über mehrere gute Hotels. Das vom Quai Jeanne d'Arc zurückgesetzte Hôtel Diderot präsentiert sich als stilvoller, um einen Hof angelegter Bau, dessen Stallungen zu Schlafräumen umgestaltet wurden. Ein Restaurant gibt es hier nicht, dafür aber ein gemütliches Frühstückszimmer. Ganz in der Nähe befindet sich das Grand Hôtel de la Boule d'Or.
Chinon mit seinen drei, nur noch als Ruinen vorhandenen Schlössern ist eine ungemein faszinierende Stadt. Hier wurde auch das Ende des englischen Herrschaftsanspruchs in Frankreich besiegelt, als Jeanne d'Arc 1429 im Château de Milieu erstmals dem Dauphin begegnete; sie hatte ihn inmitten seiner Höflinge erkannt. Dicht daneben erhebt sich das von einem Schloßgarten umsäumte, heute über eine Steinbrücke zugängliche Château du Coudray, in dem sich Jeanne aufhielt. Und im dritten Schloß, dem Fort Saint-George, starb Heinrich II. als verbitterter Mann. Seine Erben hatten sich gegen ihn gestellt, und Trost fand er nur bei seinem unehelichen Sohn Gottfried. Möglicherweise starb auch noch ein weiterer englischer König in Chinon, nämlich Richard Löwenherz, und zwar in einem der mittelalterlichen, bis heute erhalten gebliebenen Häuser des Grand Carroi. Als sicher gilt, daß man ihn mit einer Schußverletzung in die Stadt brachte. Erlitten hatte er sie während einer Belagerung bei Chalus, wo er sich auf der Suche nach einem sagenhaften Schatz befunden hatte – nach zwölf goldenen, um einen runden Tisch sitzenden Rittern.
Als junger Mann lebte Rabelais in der Altstadt von Chinon. Geboren wurde er im 7 km entfernten Herrenhaus von La Devinière (zu erreichen über die landschaftlich schöne D 117),

wo man noch heute sein Zimmer besichtigen kann und es ein seinem Leben und seinen Büchern gewidmetes Museum gibt. Von dem kleinen Haus blickt man auf einen Hof mit Brunnen. Die Treppe zum ersten Stock läuft außen am Haus hinauf und ist durch einen überhängenden Vorbau abgeschirmt. Sie führt zum elterlichen Schlafzimmer mit dem 400 Jahre alten Pfostenbett und zum Schlafraum des großen Dichters. Das an der Wand neben dem Fenster verewigte Datum 8. April 1509 dürfte von dem damals 15jährigen eingekratzt worden sein.

Den einheimischen Rotwein sollten Sie auf alle Fälle probieren. Überdies findet sich in Chinon eine Fülle guter Restaurants und Teestuben, darunter die Bonbonnière am Ufer der Vienne. 11 km nordwestlich der Stadt stößt man auf ein Monument neueren Datums: die Avoine-Chinon Centrale Nucléaire, Frankreichs erstes Kernkraftwerk.

Radeln Sie von Chinon aus genau in Richtung Westen an der Vienne entlang in das kleine Fischerdorf Candes-Saint-Martin (14 km). Unterwegs kommen Sie durch Cinais. Das dortige sogenannte Römerlager ist in Wirklichkeit das Relikt einer gallischen Siedlung. Im wenige Kilometer entfernten Thizay finden sich Überreste aus prähistorischer Zeit. Wer sich für Kirchen interessiert, sollte kurz vor Candes in Saint-Germain-sur-Vienne vom Sattel steigen und sich dort das romanische Gotteshaus mit seinem wunderschönen Gewölbe ansehen.

Candes, am Zusammenfluß von Loire und Vienne gelegen, besitzt gleichfalls eine bemerkenswerte Kirche. Das wuchtige befestigte Bauwerk aus dem 13. Jh. steht an der Stelle, an der der Heilige Martin – einst römischer Legionär und später wundertätiger Bischof von Tours – im Jahre 397 starb.

Etwa 2 km weiter in westlicher Richtung der Loire folgend, kommen Sie zum Château Montsoreau. Es wurde um 1440 gebaut und bildete den szenischen Hintergrund für Alexandre Dumas Roman »La Dame de Montsoreau«, die Geschichte einer unglücklichen Liebe. An einer kleinen Straße hinter dem Schloß liegt am Fuß eines Hügels das Hôtel le Bussy mit seinem Restaurant Hostellerie Diane de Meridor (im Juni und September dienstags geschlossen). Bei Montsoreau können Sie in der Loire auch baden. Unmittelbar außerhalb des Ortes

steht die Moulin de la Herpinière, eine Windmühle aus dem 15. Jh. Umgeben ist sie von unterirdischen Gebäuden, in denen einst der Müller wohnte und seine Vorräte speicherte. Niemand, der nach Montsoreau kommt, sollte einen Besuch in der 5 km südlich gelegenen Abtei von Fontevraud mit den Grabstätten der Plantagenets versäumen (siehe Seite 44). Bisher scheint das Hôtel la Croix Blanche im Ort von der wachsenden Kommerzialisierung rund um die Abtei verschont geblieben zu sein. Um einen blumengeschmückten Hof herum angelegt, wirkt es wie eine stille Oase.
Ein winziges Dorf ist Tavant, 15 km östlich von Chinon (entlang der D 749 und D 760). Die Wände der dortigen Kirche und die Krypta zieren faszinierende Fresken aus dem 12. Jh. Und wenn es auch nichts Außergewöhnliches zu sehen gibt, sollten Sie jenseits des Flusses ostwärts nach Saint-Epain radeln. Der reizvolle Weg entlang der D 21 führt an Wäldern, Wasserläufen und kleinen Dörfern vorbei. Unterwegs kann man in Cravant einen Blick in das dortige Edelstein-Museum und in die Kirche aus dem 10. Jh. werfen. Außerdem finden sich in dieser Gegend zahlreiche Zeugnisse aus prähistorischer Zeit.
In Panzoult gibt es noch einen Taubenschlag, der im 17. Jh. gebaut wurde – zu einer Zeit, in der Tauben auf der winterlichen Speisekarte eine willkommene Bereicherung darstellten. Von hier aus fahren Sie entweder direkt nach Crissay – ein Dorf von kaum 200 Seelen, das von den Ruinen einer Festung aus dem 15. Jh. beherrscht wird und wo noch Häuser aus derselben Epoche erhalten geblieben sind –, oder Sie radeln entlang der D 221 nach Crouzilles und besichtigen dort die Kirche mit dem herrlichen angevinischen Gewölbe. Von Crouzille führt ein Sträßchen direkt nach Norden und mündet in die D 21 nach Crissay.
Für welche Route Sie sich auch entscheiden – auf alle Fälle sollte man von der D 21 aus einen Umweg entlang der D 138 nach Avon-les-Roches mit der Kirche aus dem 12. Jh. machen. Folgen Sie von dort der Straße nach Crissay, biegen Sie dann nach etwa 1 km links ab, und strampeln Sie zu den Überresten der im frühen 16. Jh. erbauten Stiftskirche von Roches-Tran-

chelion hinauf. Von hier aus bietet sich ein schöner Blick über das Tal. Wieder zurück auf der Straße nach Crissay, setzen Sie Ihren Weg nach Saint-Epain fort. Kurz dahinter, zunächst am Fluß Manse entlang und dann, links abzweigend, bergab radelnd, gelangt man zu der im 16. Jh. aus dem Felsen herausgehauenen Kapelle Notre-Dame-de-Lorette.
Von Chinon aus führt eine Zwei-Tages-Tour in Richtung Südosten nach Lilette (45 km entlang der D 749 und D 20), nur wenige Kilometer von Descartes entfernt und über eine gewundene Nebenstraße zu erreichen. Als Nachtquartier empfiehlt sich hier die freundliche kleine Auberge de l'Islette. Le Grand-Pressigny, am Zusammenfluß der Aigronne und Claise in ein zauberhaftes Tal eingebettet, ist nur 12 km entfernt (D 42 in Richtung Südosten). Den hier gemachten Funden nach zu schließen, war diese Gegend in der Steinzeit ungemein beliebt. Zu sehen sind heute diese Schätze, und dazu eine Vielzahl von Fossilien, in einem Museum im verfallenen Schloß auf dem Hügel. Rund 7 km westlich von hier erhebt sich, von Karl VII. erbaut, das uneinnehmbare wuchtige Château de la Guerche.
Für Unternehmungslustige zu empfehlen wäre auch eine Rundfahrt in südlicher Richtung – von Chinon nach Richelieu und wieder zurück. Hier bieten sich mehrere Möglichkeiten an. Der schnellste Weg führt entlang der D 749 und ist insgesamt 40 km lang. Richelieu, ein außergewöhnlicher Ort, ist einen Besuch wert. Die Stadt am Ufer des Flusses Marble und Beispiel aristokratischer Stadtplanung, wurde 1631 von Kardinal Richelieu erbaut, als dieser der eigentliche Herrscher Frankreichs war. Von der Anlage her – rechteckig und befestigt – erinnert Richelieu an das Modell der französischen *bastide*, einer bemerkenswerten Variante mittelalterlicher Stadtplanung. Die Architektur allerdings wirkt vornehm und klassisch – zugeschnitten auf einen Hofstaat, von dem man annehmen konnte, daß er sich im pompösen, in einem weitläufigen Park gelegenen Château Richelieus einfinden würde.
Richelieus Zeitgenosse, der brillante, wenn auch frivole Dichter Jean de la Fontaine, nannte die Stadt »das schönste Dorf der Erde«. Das Schloß, das Richelieu voller Stolz und Eifersucht für sich erbauen und dessentwegen er benachbarte herrschaftli-

che Domizile zerstören ließ, die mit seiner Residenz hätten wetteifern können, ist heute selbst verwüstet. Im letzten Jahrhundert verwendete man einen Großteil seiner Steine als Baumaterial, und das Schloßgelände ist nun öffentlicher Park. Doch die Stadt hat überdauert, und noch heute sind zahlreiche prächtige Häuser zu sehen, insbesondere an der Hauptstraße, der Grande Rue. Wer will, kann sein Stahlroß auch einmal für einige Zeit stehen lassen – von Mai bis September verkehrt nämlich auf der kurzen Strecke zwischen Chinon und Richelieu eine Dampfeisenbahn.

Landschaftlich schöner ist die Route via Marçay und Champigny-sur-Veude (D 116), wo es Häuser aus dem 16. Jh. gibt und dazu die Überreste eines eindrucksvollen Schlosses, das zu jenen zählt, die Richelieu zerstören ließ. Dank päpstlicher Intervention überlebte wenigstens die Sainte-Chapelle. Ihre wunderbaren farbigen Glasfenster mit Bildfolgen aus dem Leben des Heiligen Ludwig gelten als die schönsten der französischen Renaissance.

Setzen Sie Ihren Weg von Champigny aus südwärts nach Richelieu fort. Für die Rückfahrt empfiehlt sich die D 757 oder die ihrem Lauf folgende Nebenstraße. Halten Sie sich links in Richtung Chaveignes und Champigny, und fahren Sie von dort auf der D 114 nach Lémeré und zu der von einem Burggraben gesäumten mittelalterlichen Festung Rivau. Jeanne d'Arc bemühte sich hier um die Beschaffung von Pferden und Waffen für die Belagerung von Orléans. Die Decken von Rivau datieren aus dem 15. Jh.

Der D 749 folgend, kann man zurück nach Rivière radeln und sich in der dortigen Kirche die interessanten romanischen Fresken ansehen. Sie können aber auch an der Kreuzung der D 749 und D 760 nach rechts einbiegen und den kurzen Umweg über Anché und das Château de Bretignolles machen. Eine dritte Variante führt zunächst nach Rivière (D 749) und dann via D 760 nach Anché, Sazilly mit seiner aus dem späten 12. Jh. stammenden angevinischen Kirche, Tavant und L'Ile-Bouchard, einer alten, sich zu beiden Seiten des Flusses ausdehnenden Hafenstadt. Von hier aus geht es schließlich auf der D 757 durch eine hübsche Gegend nach Richelieu.

Lohnend ist auch ein Ausflug von Chinon in Richtung Norden nach Huismes (7 km entlang der D 16) mit seiner Kirche aus dem 12. Jh. und von dort 4 km weiter zum Schloß von Rigny-Ussé am Ufer der Indre. Château Ussé wirkt wie ein Schloß aus einem Märchenbuch; kein Wunder also, daß es Charles Perrault als Vorlage zu seinem »Dornröschen« diente. Die befestigten Mauern und Türme entstanden im ausgehenden 15. Jh., und auch die gedeckten Galerien sind noch vorhanden, von denen aus man kochende Flüssigkeiten oder Felsbrocken auf die Angreifer regnen ließ. In der auf dem Schloßareal stehenden Kapelle hängt ein Aubusson-Wandteppich mit einer Darstellung der Lebensgeschichte von Jeanne d'Arc.
Fahren Sie von Rigny-Ussé aus weiter auf der D 7 nach Rivarennes (6 km), biegen Sie dort nach rechts auf die Waldstraße ein, und kehren Sie durch den Forêt de Chinon und via Saint-Benoît-la-Forêt nach Chinon zurück.
Zu Recht gilt das Tal der Loire als Garten Frankreichs, und wer die ausgetretenen Touristenpfade meidet, kann so mancherlei entdecken, was anderen entgeht. Andere Gegenden mögen mit architektonischer Pracht zwar nicht so reich gesegnet sein wie diese Region, stehen ihr aber, was verborgene Schönheiten angeht, in nichts nach.

LA VENISE VERTE (Marais Poitevin)

Südlich von Nantes und landeinwärts von La Rochelle liegt ein Landstrich, der so ganz anders aussieht als die übrigen Regionen Frankreichs. Dieses Gebiet mit der offiziellen Bezeichnung Marais Poitevin war einst salziges Marschland, das bereits im 12. Jh. durch ein Netz von Kanälen trockengelegt wurde. La Venise Verte – das »grüne Venedig« Frankreichs, wie man diese Region volkstümlich nennt, – zählt zu den friedlichsten und malerischsten Gegenden des Landes; ein fruchtbarer grüner, von stillen Wasserläufen durchzogener Landstrich.
Nach wie vor transportieren die Einheimischen auf den ruhigen Kanälen Güter und Menschen in ihren traditionellen Flachbooten. Stundenlang könnte man hier sitzen und dem leisen Plätschern des Wassers zuhören, die Sonnenstrahlen betrachten, wie sie durch das Blattwerk der Bäume huschen, die die Ufer säumen, und sich vom bedächtigen Rhythmus einschläfern lassen, mit dem die Bewohner dieser Gegend ihre Kähne durch das Wasser staken. Lautestes Geräusch ist das Flügelschlagen eilig davonfliegender oder auf dem Gewässer aufsetzender Wasservögel, die hier in großer Vielzahl heimisch sind. Im Venise Verte bietet sich so mancher ungewöhnliche Anblick – beispielsweise eine Kuh oder Ziege an Bord eines Kahns, die sich, geduldig wartend, an Wiesen und Pappeln vorbei von einer Weide auf die nächste bringen läßt.
Wie zu erwarten, ist das Marais Poitevin ein wichtiges Milchwirtschaftsgebiet; saftige Weiden sorgen für eine ergiebige Produktion von Butter, Käse und Rahm. Und aus den Kanälen selbst kommt so manche Spezialität der einheimischen Gastronomie, zum Beispiel Aale, Frösche und Fische. Zu den Tafelfreuden der Region zählen *Matelote d'anguilles* (Aal in Weinsauce), *Mojettes à la maraichine* (dicke, in dieser Gegend angebaute Bohnen) und *Torteau fromage* (Käsekuchen). Die einheimi-

schen trockenen Weißweine passen gut zu jedem Gericht und sind preiswert. Angeboten werden meist Fiefs-Vendeens oder Haut-Poitou, evtl. auch die süßeren Vins du Thouarsais. Man bekommt aber ohne weiteres auch Weine aus dem nahegelegenen Loire-Tal. Zu meinen Lieblingssorten zählen der rote Saumur-Champigny und der weiße, mitunter perlende Savennières.

Abseits der Kanäle ziehen sich Zuckermais- und goldene Sonnenblumenfelder bis zum Horizont hin. Romanische Kirchen finden sich hier zwar genauso häufig wie andernorts in Südwestfrankreich, wirken aber von ihrer Größe her bescheidener, dafür in Form und Ausstattung geschlossener und damit insgesamt besonders ansprechend. Auch die Schlösser präsentieren sich weniger aufwendig und sind häufig kaum mehr als leicht befestigte Landsitze.

Insgesamt herrscht ein angenehmes Klima mit über 2000 Sonnenstunden pro Jahr. Im Sommer kann es heiß und schwül werden, aber überall stehen schattenspendende Bäume, und im großen und ganzen sorgen die Kanäle für etwas Abkühlung.

Hauptstadt der Region ist Niort, eine alte Hafenstadt an der Sèvre am östlichen Rand des Venise Verte. In ihren Anfängen geht die Stadt auf die Römerzeit zurück und durchlebte seither eine stürmische Geschichte. Von dem mächtigen Château, das Heinrich II. und Richard Löwenherz erbauten, als diese englischen Könige noch Herren von Südwestfrankreich waren, ist nur noch der Donjon erhalten – zwei viereckige Türme aus der Zeit um 1180 – sowie ein im 16. Jh. hinzugekommenes Gebäude. Die übrige sich über ein ausgedehntes Areal erstreckende Festung verschwand im Laufe der Jahrhunderte. Heute beherbergt das Château ein Heimatmuseum, wo unter anderem die interessante Nachbildung einer bäuerlichen Heimstatt zu sehen ist. Vom Festungswall aus bietet sich ein schöner Blick über Fluß und Landschaft.

Zu den anderen interessanten Gebäuden in Niort zählt die Kirche Notre-Dame mit ihrem eleganten, über 75 m hohen Glockenturm und dem großartig ausgearbeiteten gotischen Nordportal. Sehenswert ist auch ein befestigtes Haus aus dem 16. Jh., das einstige Rathaus, in dem sich heute das Musée du

Pilori mit Funden aus vorgeschichtlicher Zeit befindet. Im Musée des Beaux-Arts gibt es gleichfalls allerlei zu sehen, darunter ein Portrait der Madame de Maintenon, der gottesfürchtigen Witwe des Dichters Paul Scarron und zweiten Gemahlin Ludwigs XIV. Geboren wurde sie 1635 in Niort, als ihr nichtsnutziger Vater hier im Gefängnis saß. Nahe beim Museum stehen mehrere reizvolle alte, teilweise aus Holz erbaute Häuser aus der Zeit der Madame Maintenon. Seit langem ist Niort aber auch als Anbauzentrum für Angelika bekannt, die in den einheimischen Restaurants häufig in Desserts Verwendung findet. Einst als Schutz gegen Gift und Pestilenz hochgeschätzt, dient diese aromatische Pflanze heute meist zum Würzen oder kandiert als Dekoration auf Kuchen und Puddings. Darüber hinaus ist sie Grundstoff für die Herstellung des charakteristischen Angelikalikörs Angelique de Niort.

Anstatt in Niort, sollte man besser in Saint-Maixent-l'Ecole übernachten (24 km östlich), einer viel kleineren, mittelalterlichen Marktstadt mit zahlreichen Häusern aus dem 16. und 17. Jh. Bekannt wurde Saint-Maixent vor allem durch seine 1879 gegründete Militär-Akademie. Die Auberge du Cheval Blanc, eine ehemalige Postkutschenstation, wurde modernisiert und großzügig erweitert und verfügt zudem über ein ausgezeichnetes Restaurant, in dem man vorzüglich ißt. Saint-Maixent-l'Ecole entstand rund um eine im 5. Jh. gegründete Abtei, deren herrliche Kirche allerdings in den Religionskriegen weitgehend zerstört wurde. Erhalten geblieben sind das aus dem 11. Jh. stammende Portal und die Krypta. Der größte Teil des heutigen Bauwerks wurde um 1670 erbaut, und das Kircheninnere stellt ein Meisterwerk gotischer Architektur im Flamboyant-Stil dar. Uralt ist auch die Kirche Saint-Léger, deren Krypta auf das 7. Jh. zurückgeht. In Saint-Maixent gibt es ein Schwimmbad, Tennisplätze und Reitställe. Markt wird samstags abgehalten, und Feste finden in der ersten Juniwoche und am 20. Juni statt.

Während eines mehrtägigen Aufenthalts in Saint-Maixent kann man, ohne sich dabei zu übernehmen, allerlei interessante Orte aufsuchen. So könnten Sie beispielsweise einen Tagesausflug in Richtung Südwesten nach Niort machen oder auf der D 938

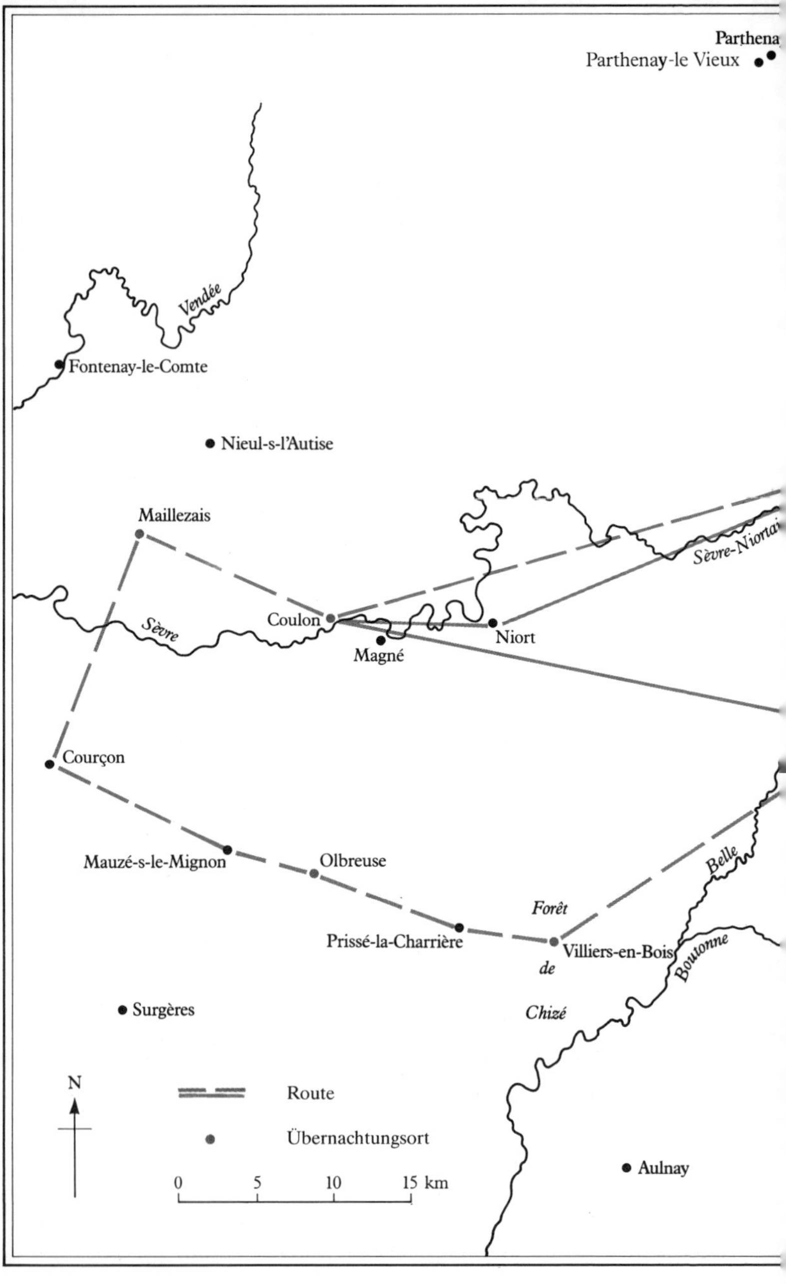
Parthena
Parthenay-le Vieux
Vendée
Fontenay-le-Comte
Nieul-s-l'Autise
Maillezais
Sèvre-Niortai
Sèvre
Coulon
Niort
Magné
Courçon
Mauzé-s-le-Mignon
Olbreuse
Belle
Forêt
de
Chizé
Prissé-la-Charrière
Villiers-en-Bois
Boutonne
Surgères
N
Route
Übernachtungsort
0
5
10
15 km
Aulnay

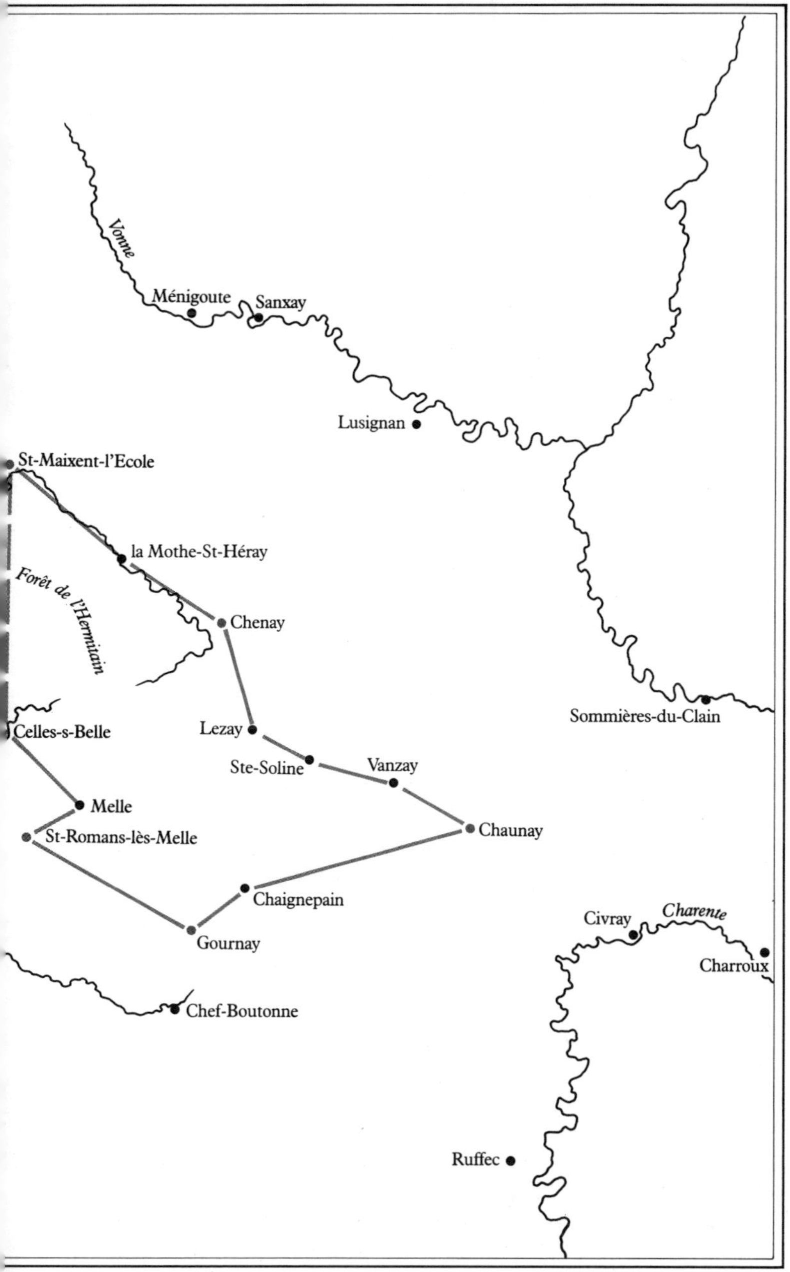

Vonne
Ménigoute
Sanxay
Lusignan
St-Maixent-l'Ecole
la Mothe-St-Héray
Forêt de l'Hermitain
Chenay
Lezay
Celles-s-Belle
Ste-Soline
Vanzay
Sommières-du-Clain
Melle
St-Romans-lès-Melle
Chaunay
Chaignepain
Gournay
Civray
Charente
Charroux
Chef-Boutonne
Ruffec

nach Parthenay nördlich von Saint-Maixent radeln. Diese uralte befestigte Stadt lag einst an der Straße, über die Tausende von Pilgern aus ganz Europa zum Grab des heiligen Jakob nach Compostela in Nordspanien zogen. Ihren Spuren kann man noch heute folgen: durch die Porte Saint-Jacques, ein von zwei majestätischen Türmen flankiertes Tor am Ende einer alten Bogenbrücke, dann über die Brücke und weiter durch Straßen, die von altehrwürdigen Häusern gesäumt sind. Tor und Brücke wurden im 12. Jh. erbaut. Nicht weit entfernt von der Stadt, in Parthenay-le-Vieux an der D 743 nach Niort, steht die aus dem 11. Jh. stammende Kirche Saint-Pierre mit ihrer wunderbaren Fassade und einigen schönen Zeugnissen der Bildhauerkunst im Innenraum.

Ein Vorschlag für den Rückweg nach Saint-Maixent wäre die Route über Ménigoute (D 21 in Richtung Südosten) mit seiner reizvollen romanischen Kapelle. Nach weiteren 5 km gelangt man nach Sanxay, wo umfangreiche Überreste eines Amphitheaters sowie eines Tempels und von Bädern aus der Römerzeit zu sehen sind. Von hier bis Saint-Maixent sind es noch 20 km. Diese Rundfahrt geht über 70 km, und obwohl man sich in leichtem Gelände bewegt, werden sie vermutlich nur sehr Sportliche in einem Tag machen.

Wer Saint-Maixent als Stützpunkt wählt, könnte in zehn bis 14 Tagen die weitläufige Landschaft im Südosten durchstreifen, mit Übernachtungen in Chenay, Chauney und Gournay, in Saint-Romans-lès-Melle und Melle, und sich dann in Richtung Westen nach Coulon aufmachen. Möglich wäre es aber auch, längere Zeit im Herzen des Venise Verte zu verbringen und die Gegend um Coulon, Maillezais und Olbreuse sowie um Villiers und Celles zu erkunden.

Chenay ist ein kleines Dorf 20 km südwestlich von Saint-Maixent. Nehmen Sie die D 737 nach La Mothe-Saint-Héray und dann die malerische D 30 durch das herrliche Tal der Sèvre. Zu beiden Seiten ziehen sich Äcker und Felder hin, und man kann stundenlang radeln, ohne eine Menschenseele zu sehen. Das Hôtel les Trois Pigeons in Chenay ist eine ausgesprochen ländliche Bleibe; von den rückwärtigen Schlafräumen aus wandert der Blick über Felder. *Le Patron* räuchert den Schinken höchstpersönlich und bringt auch *Torteau fromage*, die köstliche einheimische Spezialität, auf den Tisch, der man kaum widerstehen kann. Um die Mittagszeit ist hier viel los, insbesondere am Sonntag, wenn sich zehnköpfige Familien um einen Tisch scharen und den Nachmittag mit Essen und Trinken vertreiben.

Auf dem Weg nach Chenay sollte man in La Mothe-Saint-Héray anhalten und einen Blick auf die Kirche aus dem 15. Jh. werfen. Außerdem gibt es dort die Ruinen zweier Schlösser und eine Orangerie zu sehen. Besonders reizvoll ist die Fahrt von Saint-Maixent hierher entlang der D 10, D 103 und D 5 durch den herrlichen Forêt de l'Hermitain.

Nordöstlich von Chenay (17 km entlang der D 950 und D 150) liegt an einen Hang gebaut die alte Stadt Lusignan. Von hier aus blickt man über die Vonne, in der man baden und bootfahren kann. Die Promenade de Blossac, im 18. Jh. angelegt, führt zu den Ruinen des herrlichen Schlosses, das in der berühmten kolorierten, im 14. Jh. entstandenen Handschrift »Les Très Riches Heures du Duc de Berry« in all seiner Pracht dargestellt ist. Der Sage nach wurden die wuchtigen Mauern und hohen Türme dieses romantischen Château in einer einzigen Nacht von der Fee Melusine erbaut, der späteren Gemahlin des dortigen Barons. Ob nun verzaubert oder nicht – feststeht, daß die Barone von Lusignan im Mittelalter ungemein mächtig und Herren über Armenien, Böhmen, Zypern und Jerusalem waren. Heute wird die Stadt von ihrer Kirche Notre-Dame-et-Saint-Junien beherrscht. Sie wurde im 12. Jh. erbaut und enthält mehrere faszinierende Tierplastiken.

Nächstes Etappenziel ist Chaunay, 26 km südöstlich von Chenay. Radeln Sie auf der D 950 nach Süden und dann links ab entlang der D 45, D 15, D 55 und D 35 durch Lezay (siehe Seite 76), Sainte-Soline und Vanzay. Das liebenswert altmodische Hôtel Central steht an der Hauptstraße von Chaunay, auf die sich aber dank einer Umgehungsstraße heute nur hin und wieder ein Auto verirrt. Nach Süden radelnd (20 km entlang der N 10), gelangen Sie nach Ruffec, einer Marktstadt mit mehreren Häusern aus dem 15. Jh. und einer romanischen Kirche.

Sie können aber auch südostwärts nach Civray fahren. Sehens-

wert in dieser reizvollen, am Ufer der Charente gelegenen Ortschaft ist die bemerkenswerte, im 12. Jh. erbaute Kirche Saint-Nicolas. Die Skulpturen an der gewölbten Fassade symbolisieren verschiedene biblische Themen, und die neun dazugehörenden Statuen stellen möglicherweise Heilige oder Apostel dar. Kurz nach ihrer Vermählung im Jahre 1615 statteten Ludwig XIII. und Anna von Österreich Civray einen Besuch ab. Das Haus, in dem sie abstiegen, das Maison Louis XIII., ist bis heute erhalten geblieben.
Wer bis nach Civray kommt, sollte noch 11 km anhängen (auf der D 148 Richtung Osten) und die Überreste der Abtei Saint-Sauveur in Charroux besichtigen. Dieses eindrucksvolle Kloster, im ausgehenden 10. Jh. erbaut und Aufbewahrungsstätte einer Reliquie des Heiligen Kreuzes, die ein Kreuzfahrer nach Frankreich gebracht hatte, gewann mit der Zeit enorm an Reichtum und Macht. In den Religionskriegen wurde Saint-Sauveur fast vollständig zerstört, doch sein gewaltiger achteckiger Turm beherrscht noch heute den Ort. Im Museum des Kapitelsaals können Sie einen Teil der einstigen Klosterschätze bestaunen, darunter mehrere Statuen, die früher die Fassade zierten. Im Dorf gibt es außerdem einen Markt aus dem 16. Jh. und mehrere mittelalterliche Häuser.
Nordöstlich von Chaunay (16 km entlang der D 25) erhebt sich in Sommières-du-Clain der kühl-formale Bau des Château de Vareilles. Auf einem Umweg über die D 28 während der Rückfahrt kommt man am Château d'Epanvilliers vorbei. Das um 1550 erbaute und 100 Jahre später weitgehend umgestaltete, befestigte Herrenhaus war Wohnsitz der Madame d'Epanvilliers, einer Mätresse Ludwigs XV.
Von Chaunay aus verläuft die Rundfahrt wieder in westlicher Richtung; zunächst nach Gournay. Das dortige elegante Château des Touches ist heute Hotel und wird von einem ehemaligen Direktor der Pariser Ecole Cordon Bleu geleitet. Die 29 km lange Strecke führt zunächst in Richtung Süden entlang der N 10 und dann auf der D 948 nach Westen; in Chaignepain müssen Sie links abbiegen.
Bei Chef-Boutonne (6 km südlich von Gournay) entspringt der gleichnamige Fluß. Das malerische Dorf mit einer Kirche aus

dem 12. Jh. und mehreren alten Häusern ist weithin für seine hier hergestellten Gänsefleischkonserven bekannt. Ein Stückchen weiter westlich taucht das aus dem 16. Jh. stammende Château de Javarzay auf. Sein Rundturm ist seltsam bauchig geformt und schließt mit einem hohen Spitzdach ab.

Berühmt für ihren Ziegenkäse und *Torteau fromage* ist die Marktstadt Lezay (13 km entlang der D 105 in Richtung Norden). Herden von braunen und weißen Ziegen gehören in dieser Region Frankreichs zum vertrauten Bild, und wer sie in der Nähe eines altertümlichen befestigten Bauernhofes grasen sieht, fühlt sich in längst vergangene Zeiten zurückversetzt.

Nächster Übernachtungsort nach Gournay ist Saint-Romans-lès-Melle, 13 km nordwestlich auf der D 301. In dem stillen Dorf im Tal der Béronne gibt es einen Laden und eine Kirche, und die Chambres d'Hôte mit ihrem hübschen Garten gleichen eher einem Gästehaus als einem Hotel; gegessen wird dort *en famille*. Nehmen Sie die aus dem Dorf hinausführende Straße in Richtung Melle, und biegen Sie scharf rechts ab; das Haus steht auf der linken Seite.

In Melle selbst (4 km entlang der D 101) legten die Römer Silberminen an, und vom 7. Jh. an wurden dort 300 Jahre lang Münzen geprägt. Was von den Minen in den Hügeln südlich des Ortes übrigblieb, kann man besichtigen. Als Zwischenstation auf der Pilgerstraße nach Compostela gelangte Melle zusätzlich zu Wohlstand. Seine drei Kirchen entstanden im 12. Jh. Am bekanntesten ist Saint-Hilaire, insbesondere wegen der seltsamen Plastik über dem mit kunstvollen Reliefarbeiten verzierten Nordportal. Sie stellt einen Reiter dar, vor dessen Pferd ein alter Mann hockt und emporblickt. Über die Bedeutung der Gruppe weiß man nichts mehr. Saint-Savinien, eines der beiden anderen Gotteshäuser, diente lange Jahre, bis nach 1920, als Gefängnis. Mittlerweile wurde es restauriert, und im Mai und Juni findet dort ein Musikfestival statt. Schlichter, aber ansprechend in ihren Proportionen präsentiert sich die Kirche Saint-Pierre.

Melle liegt auf dem Weg zum nächsten Etappenziel Celles-sur-Belle (11 km entlang der D 948), eine andere Kleinstadt, die vom Bau einer Umgehungsstraße profitierte. Heute kann man

dort am Hauptplatz stehen und in aller Ruhe die eindrucksvolle Abtei und die Kirche aus dem 11. Jh. betrachten. Als Nachtquartier empfiehlt sich das Hôtel le National.
Coulon, 32 km nordwestlich von Celles-sur-Belle, ist die letzte Station. Am einfachsten ist es, entlang der D 948 nach Niort und von dort an der D 9 durch Magné zu radeln. Das kleine Dorf am Rande des Venise Verte zählt zu den wenigen Orten, an denen man noch Bauern sehen kann, die im Flachkahn zum Melken fahren und wenig später mit der Milchkanne an Bord zurückkehren. Zum Übernachten bieten sich zwei winzige Hotels an – das Hôtel le Central und das Hôtel au Marais. Die Dorfkirche, im 11. Jh. erbaut, lohnt einen Besuch; desgleichen das von Fischen der einheimischen Flüsse und Kanäle bevölkerte Aquarium. Im Juli finden sich in Coulon Schauspiel- und Volkstanzgruppen zu einem Festival ein.
Diese von Wasserläufen durchzogene Landschaft ist reich an Vögeln, Blumen und allerlei Arten von Tieren. Selbst konditionsschwache Urlauber tun sich hier mit dem Radeln leicht. Man kann sein Stahlroß aber auch für ein oder zwei Stunden am Tag mit einem Flachboot vertauschen. Gemächlich in einem solchen Kahn an üppig bewachsenen Ufern vorbeigleitend, hat man Gelegenheit, Winkel zu erkunden, in die keine Straße führt.
Zu empfehlen wäre auch ein Tagesausflug nach Fontenay-le-Comte, 25 km entlang der D 1 und N 148 in nordwestlicher Richtung. Sich an beide Ufer der Vendée schmiegend, stand diese Kleinstadt mit ihren altehrwürdigen Häusern immer wieder in besonderer Beziehung zu literarischen Kreisen. Anfang des 16. Jh. galt Fontenay als künstlerischer und intellektueller Mittelpunkt der französischen Renaissance; und der Satiriker François Rabelais trat als Novize in das hiesige Kloster ein. Rund 250 Jahre danach schrieb der Marquis de Sade in Fontenay seinen Skandalroman »Justine«, und in jüngster Vergangenheit ließ George Simenon seine Romanfigur, den Kommissar Maigret, hier agieren. Das unmittelbar westlich der Stadt gelegene Château Terre-Neuve ist für die Öffentlichkeit zugänglich. Für den Rückweg von Coulon nach Saint-Maixent via Niort (D 9 und N 11) müssen Sie einen Tag rechnen.

Ein anderer Vorschlag wäre eine Tour, bei der Sie über Coulon hinaus in Richtung Westen noch weiter ins Venise Verte vordringen. Zunächst fährt man von Saint-Maixent nach Coulon und von dort weiter nach Maillezais (18 km). Geradelt wird dabei auf kleinen Nebenstraßen, die entweder dem Lauf der Kanäle folgen oder sich zwischen ihnen hindurchschlängeln. Kreuz und quer durchziehen diese Wasserläufe das Gebiet, und an Möglichkeiten, ein Flachboot zu mieten, herrscht kein Mangel. In der Hostellerie Saint-Nicolas in Maillezais sind die Schlafräume zum Teil um einen kleinen Garten an der Rückseite des Hauses angeordnet. Abendliche Mahlzeiten werden hier nicht mehr angeboten, aber das Restaurant Le Collibert gegenüber ist zu empfehlen.
Kaum vorstellbar ist, daß Maillezais einst eine bedeutsame Rolle in der Welt spielte. Im Mittelalter und bis hinein ins 17. Jh. übten die Herzöge von Aquitanien von dieser befestigten Insel aus, zu der auch noch eine gewaltige Benediktinerabtei sowie eine Kathedrale gehörten, ihre Macht aus. Als Rabelais wegen des Besitzes subversiver Bücher 1523 aus Fontenay-le-Comte verjagt wurde, nahm er bei den Mönchen von Mallezais Zuflucht. Übriggeblieben von der aus dem 14. Jh. stammenden Abtei ist nur eine Ruine, umgeben von den Überresten einer Festungsmauer. Noch heute ist aber Rabelais »Kerker« zu sehen – eine kleine Zelle, in die ihn die Mönche angeblich verbannten, als sie von seinem Übermut genug hatten. Allzu hart können sie jedoch mit ihm nicht umgegangen sein. Rabelais jedenfalls schickte dem Abt einige der Pflanzen und Samen, die er während eines späteren Romaufenthalts im päpstlichen Garten heimlich gesammelt hatte. Und deshalb schreibt man heute den Mönchen die Einführung von Tomate, Melone und Artischocke in Frankreich zu. Sie waren es auch, die die Sümpfe rund um die Insel entwässerten; sie hoben eine Reihe von Kanälen aus und schufen so die reizvolle Gegend, wie wir sie heute kennen. Im Gegensatz zu der im 11. Jh. erbauten und heute gleichfalls nur noch als Ruine vorhandenen Kathedrale hat die aus dem 12. Jh. datierende Dorfkirche Saint-Nicolas überlebt. Sehenswert sind dort vor allem die ungemein lebendig gestalteten steinernen Fabelwesen an den Kapitellen des Por-

tals. Im Juli und August findet vor der Kirche ein son-et-lumière statt.
Nicht weit von Maillezais, in Nieul-sur-l'Autise, wurde 1122 Eleonore von Aquitanien geboren. Durch ihre verhängnisvolle Vermählung mit Heinrich II. von England nach ihrer Scheidung von Ludwig VII. von Frankreich geriet fast ganz Südwestfrankreich unter englische Herrschaft – ein Faktum, das letztendlich zum Ausbruch des Hundertjährigen Krieges führte. Wahrzeichen ihres Geburtsorts ist heute die ehemalige, im letzten Jahrhundert restaurierte Abtei Saint-Vincent. Der Gedanke, daß dieser anmutige Klosterbau bei ihrer Geburt gerade erst errichtet worden war, mutet seltsam an.
Die nächste Etappe der Rundfahrt führt nach Olbreuse, 45 km in Richtung Süden über die Sümpfe. Radeln Sie von Maillezais aus auf der D 15 und D 116 durch das Netzwerk der Kanäle und über die Sèvre nach Courçon und von dort durch den nördlichen Zipfel des Forêt de Benon nach Mauzé-sur-le-Mignon. Hier nehmen Sie dann die D 101 nach Olbreuse. Die Strecke ist zwar ziemlich lang, doch keineswegs anstrengend. Sehenswert sind in Mauzé das Renaissance-Schloß und die im 12. Jh. entstandene Kirche Saint-Pierre, und es lohnt sich deshalb, anzuhalten oder dorthin zurückzukehren. René Caille – berühmter französischer Forscher und erster Europäer, der in den zwanziger Jahren des vergangenen Jahrhunderts nach Timbuktu am Rande der Sahara kam – wurde in Mauzé geboren.
Als Bleibe in Olbreuse bietet sich das uralte, seit 1335 von der Familie Desmier bewohnte Schloß an. Es wurde in den siebziger Jahren restauriert und 1983 von Monsieur und Madame Arrive, Mitgliedern der alten Familie, zu einem Hotel umgewandelt. Die geschichtsträchtige Atmosphäre des Château d'Olbreuse teilt sich allein schon beim Anblick der Pfostenbetten mit, in denen man morgens durch das Krähen von Hähnen wach wird. Als kleines Museum präsentiert sich die alte Küche, und aus dem Stall ist ein Restaurant geworden.
Machen Sie von hier aus einen Ausflug nach Surgères (12 km auf der D 911). Ein Turm, abbröckelnde Mauern und ein Burggraben sind alles, was von der dortigen Burg übriggeblieben ist. Sehenswert an der aus dem 12. Jh. stammenden Kirche

Notre-Dame sind die mit Reliefs reich verzierte Fassade und der achteckige Glockenturm.

Ein Quartier für die folgende Nacht findet sich in Villiers-en-Bois in der winzigen Auberge des Cedres, einer rustikalen Herberge inmitten grüner Felder und herrlicher Waldlandschaft. Sie hat nur fünf Zimmer, aber im Restaurant geht es hoch her, insbesondere an den Wochenenden, und Gäste werden immer herzlich willkommen geheißen. Fahren Sie von Olbreuse auf der D 109 10 km ostwärts nach Prossé-la-Charrière und von dort 7 km entlang der D 53. Auf dem letzten Stück radelt man unter dem überhängenden Laubdach des Forêt de Chizé hindurch; hier war bereits im Jahre 1350 königliches Jagdgebiet, und noch heute sind zwischen den Bäumen Hirsche zu erspähen. Unmittelbar außerhalb des Dorfes befindet sich das europäische Zoorama, ein ausgedehnter, reizvoller Tierpark inmitten einer Waldlandschaft, in dem sich an die 600 Tiere in natürlicher Umgebung tummeln – darunter Bisons, Ziegen und Rotwild, Schwarzwild und Wildkatzen, Eidechsen und Schlangen. Ganz in der Nähe gibt es ein Schmetterlingsmuseum.

Auch in Aulnay, 20 km weiter südlich (D 1 und D 950), legte so mancher Pilger auf seinem Weg nach Santiago de Compostela in Nordspanien eine Rast ein. Die gewaltige, im 12. Jh. erbaute romanische Kirche Saint-Pierre-de-la-Tour erhebt sich inmitten eines uralten Friedhofs. Ebenso schön wie die reliefgeschmückten Kapitelle im Kircheninnern ist der phantasievolle Zierrat über der Portalwölbung.

Celles-sur-Belle (siehe Seite 76), nächster Übernachtungsort nach Villiers-en-Bois, ist 22 km entfernt (entlang der D 119 und D 103 in Richtung Norden). Von dort aus sind es nur noch 19 km nach Saint-Maixent-l'Ecole, dem Ausgangs- und Endpunkt dieser Radtour durch eine ungemein friedvolle Landschaft, die der Seele gut tut und in Europa selten geworden ist – durch ein Land der grünen Stille.

COGNAC UND DIE DORDOGNE

»In Frankreich kann alles geschehen...«, meinte François Herzog von La Rochefoucauld, Zierde am Hofe Ludwigs XIV. und scharfer Beobachter der menschlichen Natur. Wer einmal durch das ländliche Frankreich geradelt ist, weiß, wie recht er hatte. Und insbesondere erfahren dies vielleicht jene, die diesen Teil des Landes durchstreifen, in dem es so viele verborgene Winkel und manches Unvermutete gibt.

Da fährt man gemächlich dahin und hat plötzlich von einem Augenblick zum anderen ein Erlebnis, an das man sich noch monatelang gerne erinnert. Ein Radlerpaar beispielsweise fand sich in Mareuil-sur-Belle unversehens in einem dörflichen Festzug wieder. Alle Teilnehmer waren im Stil des 19. Jh. gekleidet, die Dorfschönen in ihren langen Röcken und hübschen Hauben saßen in ausladenden Pferdefuhrwerken, und säbelschwingende Gendarmen zu Pferde sorgten für Ordnung.

Freunde von mir pflegten auf ihren Tagesausflügen einen der vielen Wasserläufe zu überqueren, sich zum Picknick niederzulassen und dann auf anderen Wegen und über eine andere Brücke zu ihrem Hotel zurückzukehren. Eines Tages klappte es damit nicht; die Brücke, mit der sie gerechnet hatten, war nicht vorhanden. Dafür tauchte an einer Flußbiegung ein Flachboot auf; ein alter Mann stakte den Kahn durch das Wasser und sein Enkeltöchterchen blies dazu auf der Mundharmonika. Ohne viel zu fragen, setzte er die beiden samt ihren Rädern über den Fluß.

Bei ihrer Ankunft in Bourdeilles fanden zwei Fahrradurlauber flaggengeschmückte Straßen vor, und viele Menschen in Karnevalstimmung säumten die Hauptstraße. Polizisten tauchten auf, fuchtelten mit Fähnchen herum und ließen ihre Trillerpfeifen ertönen. Doch noch ehe die beiden absteigen konnten, flitzten an die 30 Radfahrer an ihnen vorbei. Die Urlauber folgten dem Pulk

langsam die steile Anhöhe zur Ortsmitte hinauf – begleitet von den lautstarken Anfeuerungsrufen der Leute, die sich hier zu einem lokalen Radrennen eingefunden hatten.
Ein günstiger Ausgangspunkt für die Erkundung der Region ist La Rochefoucauld, wo der gleichnamige Herzog, der sechste seines Geschlechts, ein Schloß besaß. Seine 1665 veröffentlichten »Maximen« mit ihren prägnanten Betrachtungen machten ihn unsterblich. Unter anderem bemerkte La Rochefoucauld, daß »wir alle genügend Kraft haben, die Leiden anderer Menschen zu tragen« und »Heuchelei die Ehrerbietung sei, die das Laster der Tugend zolle«.
Der Ort La Rochefoucauld selbst besitzt nichts von der Strenge seines Namengebers. Diese reizvolle, rührige Kleinstadt liegt, von dem prächtigen Familienschloß bewacht, inmitten der wunderschönen Landschaft des Poitou-Charente. Die Region erstreckt sich von Bordeaux bis Poitiers und gehörte einst zu Aquitanien, jenem Territorium, um das England und Frankreich im 14. Jh. so unentwegt stritten. Lebensader dieses landschaftlich abwechslungsreichen Gebiets von oft grandioser Schönheit ist die Charente, die sich träge zunächst in Richtung Norden, dann nach Süden schlängelt und schließlich westwärts gemächlich zum Atlantik strömt. Wogende Felder gehen in bewaldetes Terrain und Weinberge über. Rund um Cognac im Westen ziehen sich die Weinberge bis in die Ferne hin; hier wachsen jene Trauben, die später zu goldfarbenem Weinbrand werden. Schmale Straßen folgen dem gewundenen Lauf von Bächen und Flüssen, deren Ufer mit Pappeln und Weiden gesäumt sind. Zwischen den in die Landschaft gestreuten Dörfern und Weilern erinnert dann und wann ein düster aufragendes Château an längst vergangene, durchaus nicht friedvolle Zeiten.
Mit dem Radeln tut man sich hier meist leicht; etwas bergauf geht es nur an den niedrigen Hügelkämmen, welche die Flußtäler voneinander trennen. Gegen Osten wird das Gelände allmählich hügeliger, und wer weit in die Dordogne vordringt, bekommt es hin und wieder mit steilen Anstiegen zu tun. Das Klima ist mild, und der warme Frühling zieht früh ins Land. Im Sommer kann es allerdings sehr heiß werden. Schönste Jahreszeit ist vielleicht der Herbst. Um diese Zeit ist es noch warm, und die Hügel sind mit

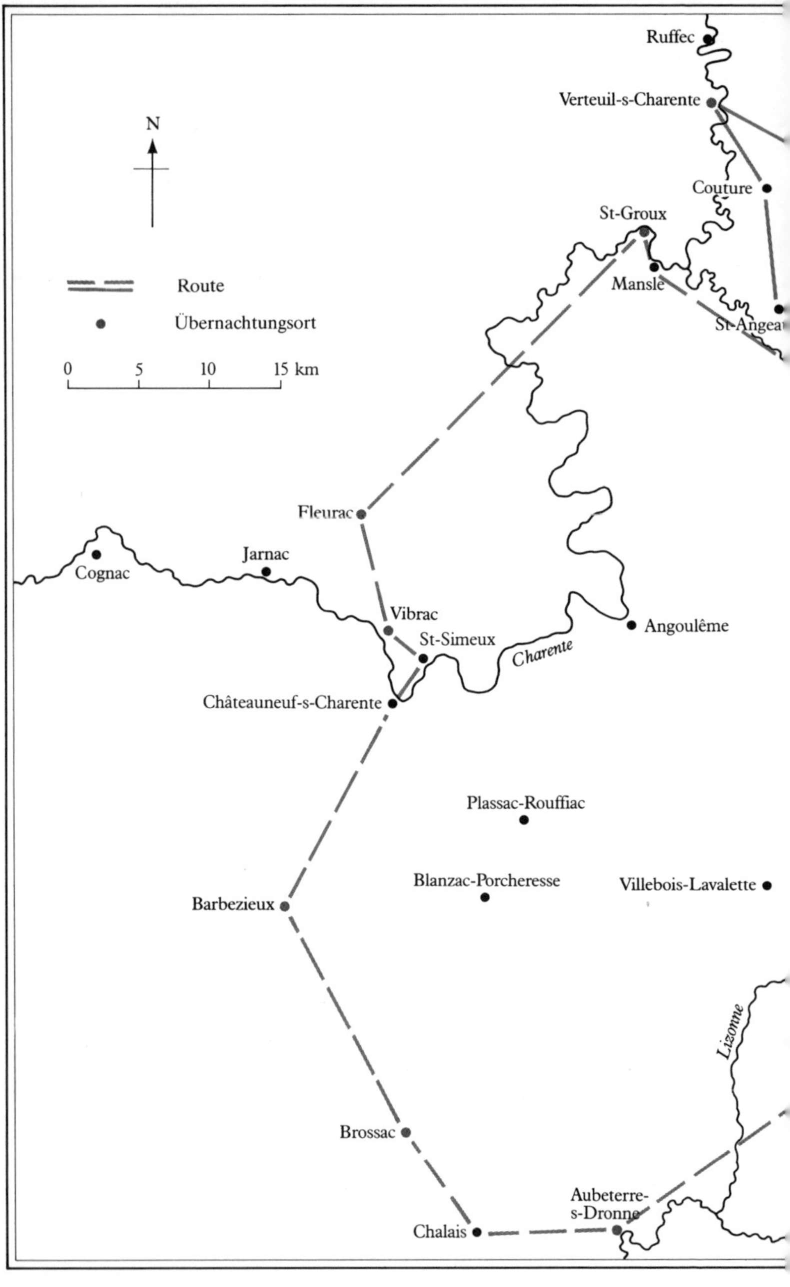
Ruffec
Verteuil-s-Charente
N
Couture
St-Groux
Mansle
St-Angea
Route
Übernachtungsort
0 5 10 15 km
Fleurac
Cognac
Jarnac
Vibrac
St-Simeux
Charente
Angoulême
Châteauneuf-s-Charente
Plassac-Rouffiac
Blanzac-Porcheresse
Villebois-Lavalette
Barbezieux
Lizonne
Brossac
Aubeterre-
s-Dronne
Chalais

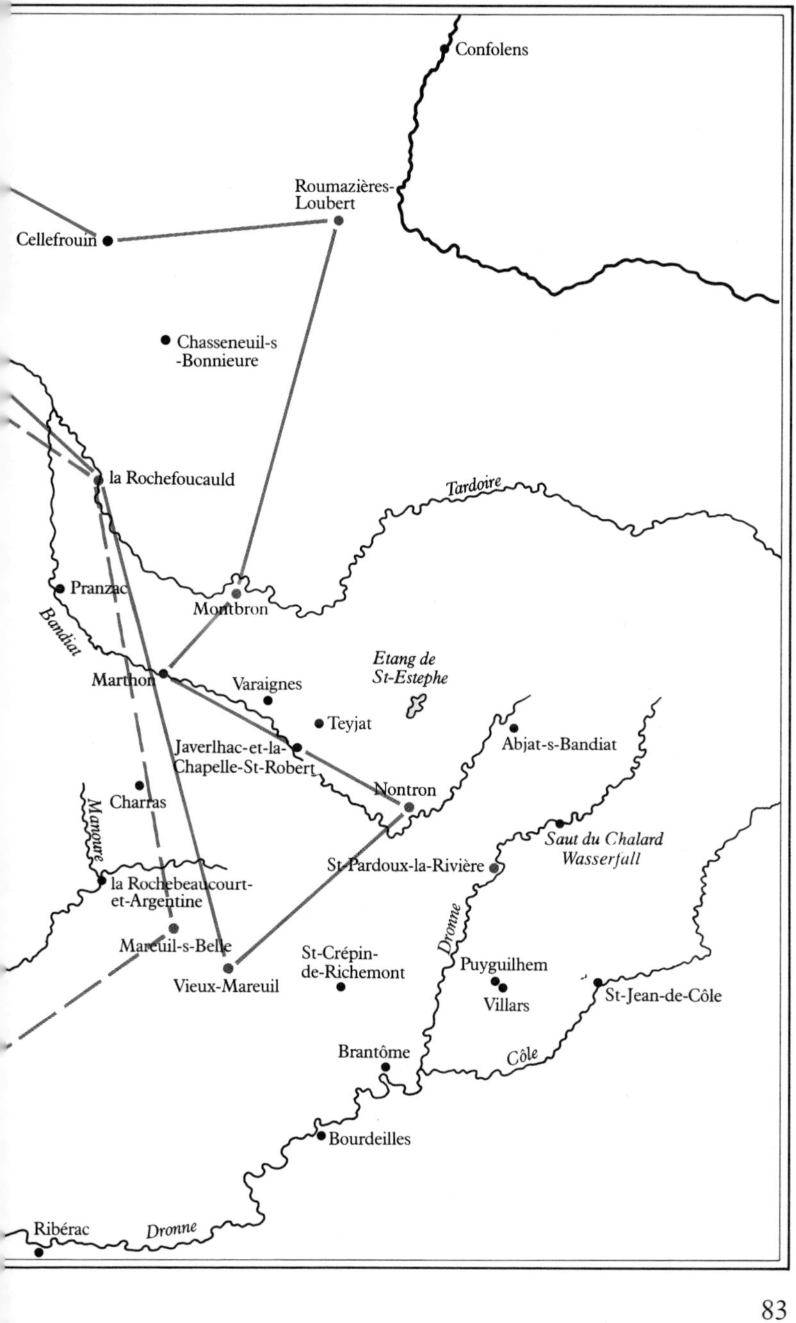
Confolens
Roumazières-
Loubert
Cellefrouin
Chasseneuil-s
-Bonnieure
la Rochefoucauld
Tardoire
Pranzac
Montbron
Bandiat
Etang de
St-Estephe
Marthon
Varaignes
Teyjat
Javerlhac-et-la-
Chapelle-St-Robert
Abjat-s-Bandiat
Nontron
Charras
Mangoure
Saut du Chalard
Wasserfall
St-Pardoux-la-Rivière
la Rochebeaucourt-
et-Argentine
Mareuil-s-Belle
Vieux-Mareuil
St-Crépin-
de-Richemont
Dronne
Puyguilhem
Villars
St-Jean-de-Côle
Brantôme
Côle
Bourdeilles
Ribérac
Dronne

dem purpurnen Schimmer blühender Heide überzogen. Stellen Sie sich aber auch auf Regentage ein; die Region liegt zwar im Binnenland, doch die Atlantikwinde können das ganze Jahr über Niederschläge bringen.

Das Château von La Rochefoucauld erhebt sich auf einem Hügel *(la roche)* über dem Fluß Tardoire und hieß ursprünglich La Roche-à-Foucauld. Erbaut wurde es im Mittelalter, und über die Jahrhunderte kamen neue Flügel und Türme hinzu. Es befindet sich nach wie vor in Familienbesitz. In der Nacht des 28. Januar 1960 stürzte ein großer Teil des Bergfrieds ein; der Fluß hatte die Fundamente unterspült. Alljährlich im Juli findet auf dem Schloß ein son-et-lumière statt. Die Gärten und das Château selbst mit seinem Renaissance-Treppenaufgang sind das ganze Jahr über für das Publikum zugänglich. Weitere Sehenswürdigkeiten in der Stadt sind die aus dem 15. Jh. stammenden Kreuzgänge im ehemaligen Karmeliterinnenkloster, das heute als Schule genutzt wird, sowie die im gotischen Stil erbaute Kirche Saint-Cybard.

La Rochfoucauld genießt keineswegs den Ruf einer Weinstadt, aber die einheimische Genossenschaft keltert einen guten Tropfen und beliefert zahlreiche Hotels in der Gegend mit ihren Hausweinen. Übernachten sollten Sie in La Vieille Auberge, einem kleinen Landgasthof in einer ruhigen Straße, wenige hundert Meter von der Ortsmitte entfernt.

Südwestlich von La Rochefoucauld (20 km auf der N 141) liegt Angoulême, die größte Stadt der Region und durchaus einen Ausflug wert. Diese uralte befestigte Stadt über der Charente existierte bereits in der Römerzeit und besitzt noch zahlreiche altehrwürdige Gebäude. Prächtig ist die Kathedrale Saint-Pierre; sie wurde im 12. Jh. erbaut, und die Skulpturen an der Fassade stellen das Jüngste Gericht dar. In den umliegenden Straßen stößt man immer wieder auf wunderschöne Häuser aus dem 16. Jh.

Ein anderer Tagesausflug führt von La Rochefoucauld nach dem 8 km entfernten Chasseneuil (N 141 in Richtung Nordosten), wo ein Denkmal für die Mitglieder der französischen Résistance und eine interessante alte Kirche stehen.

Von La Rochfoucauld aus könnten Sie, ohne sich dabei zu verausgaben, innerhalb einer Woche in Richtung Norden nach Verteuil und Roumazières-Loubert und dann südwärts nach Montbron, Nontrom und Mareuil radeln. Rund zwei Wochen dauert die etwas anstrengendere Rundfahrt von La Rochefoucauld nach Mareuil, Aubeterre und Brossac und dann weiter via Barbezieux, Vibrac und Fleurac nach Saint-Groux.
Verteuil liegt 32 km nördlich von La Rochefoucauld. Nehmen Sie die D 6 nach Saint-Angeau und dann die D 15 und D 26 über Couture; der Innenraum der dortigen Kirche stammt aus dem 12. Jh. Nach wenigen Kilometern weiter auf der D 26 gelangt man nach Verteuil mit seinem herrlichen, hoch über dem Ufer der Charente gelegenen Schloß aus dem 14. Jh. Leider ist dieses spektakuläre Bauwerk der Öffentlichkeit nicht zugänglich. Im Dorf selbst stehen eine im 12. Jh. erbaute Kirche sowie ein uraltes Kloster. Halten Sie Ausschau nach Wegweisern zu dem etwa 1 km entfernten Hôtel la Paloma. Diese winzige Herberge inmitten von Feldern, Hühnern und gutmütigen Ziegen ist das Richtige zum Ausspannen. Wenn es warm ist, schlürft man seinen Aperitif im Freien, ehe man sich dann in dem ländlichen Restaurant zu einem köstlichen Abendessen niederläßt.
Machen Sie von Verteuil aus einen Abstecher nach Ruffec (Richtung Norden auf der D 26). In dem malerischen Dorf mit seinen engen Straßen, in denen betagte Häuser in der Sonne vor sich hinbröckeln, erhebt sich die alte Kirche Saint-André.
Nach Roumazières führt der Weg in Richtung Südosten 30 km lang durch eine reizvolle Landschaft und nette kleine Dörfer. Fahren Sie auf der D 26 und dann auf der D 739 via Cellefrouin, wo eine Klosterkirche aus dem 11. Jh. überdauert hat. Noch ein Stück auf der D 739 weiterradelnd, biegt man anschließend links auf die D 172 in Richtung Roumazières ab. In der reizenden Kleinstadt gibt es drei Kirchen, die allesamt aus dem 12. Jh. datieren. Das Hôtel du Commerce steht in einem ruhigen Garten abseits betriebsamer Straßen (nach meinen Feststellungen ist man in Hotels mit der Bezeichnung commerce im Namen meist gut aufgehoben). Gegessen wird in rustikaler Atmosphäre in einem Speiseraum mit Natursteinbo-

den und Holzbalkendecke. Zu den Spezialitäten der ausgezeichneten Küche zählen *Escargots à la charentaise* und *Tournedos périgourdin*. Markt wird in diesem Dorf jeweils am Sonntag abgehalten.
Sehr lohnend ist ein Ausflug von Roumazières am Ufer der Vienne entlang in Richtung Norden nach Confolens (14 km). Das Städtchen ist berühmt für sein im August stattfindendes Volksfest, zu dem sich – in farbenfrohe Landestrachten gekleidet – Tänzer und Musikanten aus aller Welt einfinden und die engen Straßen bevölkern. Während des übrigen Jahres geht es in Confolens ruhiger zu, und man kann gemächlich durch die mittelalterlichen Straßen schlendern.
Von Roumazières aus fährt man, zumeist auf der D 16, weiter in Richtung Süden nach Montbron im schönen Tal der Tardoire. Das dortige Schloß wurde im 15. und die Kirche im 13. Jh. erbaut. Als angenehme Überraschung entpuppt sich das Hôtel des Trois Marchands am Stadtplatz. Auf den ersten Blick wie ein kleines Café mit gut besuchtem Restaurant wirkend, verfügt es im rückwärtigen Teil des Hauses über moderne, geschmackvoll eingerichtete Schlafzimmer. Montbron hat ein Schwimmbad, und Anfang Juli findet drei Tage lang ein großer Markt statt. Von hier aus könnten Sie die Grottes du Quéroy westlich der D 699 besuchen und sich die Tropfsteinformationen in den Höhlen ansehen. Unterwegs kommt man durch Pranzac am Fluß Bandiat. Neben einer Renaissance-Kirche gibt es dort noch eine *lanterne-des-morts*, wo die Toten am Vorabend der Bestattung zu ruhen pflegten.
Nächster Übernachtungsort ist das auf einer Anhöhe zwischen dem Tal des Bandiat und einer tiefen Schlucht sitzende Städtchen Nontron. Am besten fahren Sie über Marthon (8 km südwestlich von Montbron auf der D 16), wo am Bandiat ein verfallenes Schloß auftaucht. Erstaunlich ist, daß Nontron überhaupt noch existiert. Zunächst von den Römern und später von den Goten erobert, verwüsteten schließlich die Sarazenen das Städtchen. Um 840 metzelten dann die Normannen nach langer Belagerung jeden Mann nieder, dessen sie habhaft wurden. Noch heute finden sich in Nontron Spuren der ursprünglichen Befestigungen; doch dort, wo einst eine düstere Burg

aufragte, baute man im 18. Jh. ein elegantes Château. Heute ist es ein Puppen-Museum. Von der großen Terrasse mit dem Kriegerdenkmal neben dem Schloß bietet sich ein herrlicher Blick hinunter auf die am Hang klebende Stadt und die Schlucht. Das umliegende Gelände ist zerklüftet und felsig, und zum Teil sind die ausgewaschenen Felsformationen zu merkwürdig verzerrten Gebilden verwittert. Markt ist in Nontron am Mittwoch und Samstag, und das empfehlenswerte Grand Hôtel finden Sie in der Stadtmitte. Halten Sie sich im Ort auf der oberen Straße, sonst geht es bergab, und Sie müssen auf der anderen Seite wieder hinaufstrampeln. Seit Generationen befindet sich das Hotel in Familienbesitz und wird heute von den drei Brüdern Pélisson und deren Frauen geführt. Das ausgezeichnete Restaurant bietet Gerichte aus dem Périgord.
Empfehlenswert für einen Tagesausflug wäre eine Fahrt zum 18 km östlich gelegenen Wasserfall Saut du Chalard, wo die Dronne über die Felsen schäumend in eine enge Schlucht stürzt. Auf dem Weg dorthin kann man einen Abstecher nach Saint-Pardoux-la-Rivière (D 83) machen und dort einen Blick auf das verfallene Kloster aus dem 13. Jh. werfen.
Der nördlich von Nontron gelegene stille See Saint-Estephe lädt zum Schwimmen oder Bootfahren ein. Radeln Sie 8 km auf der D 675 und biegen Sie dann links ab. Ein Stückchen jenseits des Sees braust der Wasserlauf durch bewaldetes Gelände über ein felsiges Bett und bildet eine Reihe kleiner Wasserfälle. Bei einem Rundgang durch Abjat-sur-Bandiat östlich des Sees stößt man auf zwei Schlösser: das mittelalterliche Château de la Malignie und das Château Balleran aus dem 16. Jh. Interessant ist auch die Kirche, die im 13. Jh. erbaut und 400 Jahre später erneuert wurde.
Sie können aber auch vom See Saint-Estephe in Richtung Westen nach Teyjat radeln und die Grotte de la Mairie besuchen, in der einst prähistorische Menschen hausten. Die Zeichnungen von Hirschen und Pferden an den Höhlenwänden entstanden vor ungefähr 30 000 Jahren. Von hier aus gelangt man auf die D 75. Sie führt in das noch weiter westlich gelegene Varaignes. Das dortige Schloß aus dem 15. Jh. ist heute ein Volkskundemuseum, und im Rahmen des Jahrmarkts findet all-

jährlich am ersten Sonntag im August im Schloßhof ein Fest statt. Leckermäulchen werden hocherfreut feststellen, daß Makronen und Meringen dort eine einheimische Spezialität sind. Auf dem Rückweg von Varaignes nach Nontron (D 75) empfiehlt sich ein Abstecher nach Javerlhac-et-la-Chapelle-Saint-Robert, einem nach einer Klosterkirche aus dem 13. Jh. benannten Ort. Zum Château de Javerlhac gehört ein mächtiger Rundturm.
Auf direktem Weg über die D 708 und D 93 ist Vieux-Mareuil nicht weit von Nontron entfernt. Viel reizvoller aber ist es, sich etwas Zeit zu lassen und einen Umweg in Richtung Osten über Puyguilhem, Brantôme und andere nahegelegene Ortschaften zu machen. Allerdings dürfte diese Tagesstrecke von rund 70 km vermutlich nur etwas für Unternehmungslustige sein. In Puyguilhem, südöstlich von Nontron (D 3), steht ein großartiges Château. Vollendet wurde es um 1530, und nach der Restaurierung in den fünfziger Jahren zeigt sich der schöne Renaissance-Bau mit einem wuchtigen Rundturm und einem vieleckigen Treppenhaus heute wieder in alter Pracht. Das nahegelegene Dorf Villars besitzt malerische alte Häuser und eine im 16. Jh. erbaute Kirche. Und in den Grottes de Villars (D 82 Richtung Norden) stößt man auf prähistorische Malereien sowie bizarre Felsformationen. Unmittelbar außerhalb von Villars finden sich die Überreste der Abtei Boschaud. Zisterziensermönche erbauten sie 1154 dicht an einer der Pilgerstraßen nach Compostela in Spanien. Im Hundertjährigen Krieg wurde das Kloster zwar verwüstet, doch die Ruinen sind noch ausgezeichnet erhalten – vermutlich, weil der Ort so abgelegen ist.
Radeln Sie auf der D 707 wenige Kilometer weiter Richtung Osten nach Saint-Jean-de-Côle, ein für diese Region ausgesprochen charakteristisches Dorf. Altehrwürdige Häuser, eine bejahrte Bogenbrücke über den Fluß Côle und die im 12. Jh. erbaute romanische Kirche verleihen dem Ort zeitlosen Charme. Die Türme des Château de la Marthonie stammen noch aus dem 14. Jh., die übrigen Bauten kamen größtenteils 100 bis 200 Jahre später hinzu. Besichtigen kann man das Schloß im Juli und August.
Von Saint-Jean führt die D 78 am Côle entlang nach Brantôme, einem einzigartigen Städtchen am Ufer der Dronne, das sich an

die bis zum Fluß reichenden Felsen anschmiegt. Seine prächtige, heute säkularisierte Abtei wurde um 780 von Karl dem Großen gegründet. Er übergab dem Kloster auch den Leichnam eines der von König Herodes ermordeten Kinder; woher er diese heilige Reliquie hatte, ist allerdings nicht bekannt. Eine merkwürdige Bogenbrücke nahe der Abtei führt in einem Winkel über den Fluß. Hinter dem Kloster sind aus dem Felsen Grotten herausgehauen; ihre Wände zieren eindrucksvolle Flachreliefs mit Darstellungen der Kreuzigung und des Jüngsten Gerichts. Brantôme hat mehrere gute Restaurants und gilt als eine Art Mekka für Feinschmecker.
Etwas weiter südlich liegt, gleichfalls an der Dronne, Bourdeilles mit seiner mächtigen Burg. Die am Fluß entlangführende Straße ist außergewöhnlich reizvoll und auf einer Seite von Kalksteinfelsen gesäumt. Zum Teil sind diese Felsen mit wabenförmig angeordneten Höhlen durchsetzt, die einstmals als Behausungen dienten. Beherrscht wird Bourdeilles ganz und gar von seiner Burg, einem imposanten Gefüge aus Festungswällen und Gebäuden. Von der Plattform des mittelalterlichen achteckigen Bergfrieds bietet sich ein herrlicher Blick über das Tal. Zum Gesamtkomplex gehört auch ein Renaissance-Schloß. Erbaut wurde es Mitte des 16. Jh. und sollte Katharina von Medici, der ehemaligen Königinmutter Frankreichs, als Logis dienen, während sie die Region bereiste. Sie jedoch zog es vor, andernorts Quartier zu nehmen, und das Schloß wurde niemals vollendet. Dennoch gibt es mehrere sehenswerte Räume dort, insbesondere das mit kunstvollen Malereien ausgeschmückte Goldene Zimmer. Heute ist das Château ein Museum, insbesondere für französische und spanische Möbel des 16. und 17. Jh.
Eingebettet zwischen Burgmauern und der nahegelegenen mittelalterlichen Brücke steht eine bejahrte, efeuberankte Mühle mit einem steinernen bootsähnlichen Bug, an dem zu beiden Seiten das Wasser vorbeiströmt. Im frühen 14. Jh. befand sich die Burg eine Weile im Besitz der Engländer, bis sie dann Bertrand du Guesclin, einer der großen französischen Helden des Mittelalters, zurückeroberte. Hier wurde auch Pierre de Bourdeilles, Seigneur de Brantôme, im Jahre 1540 geboren. Nach einem Sturz vom Pferd verkrüppelt, zog sich der ehemalige

aktive Soldat in die Abtei von Brantôme zurück und schrieb dort jene skandalumwitterten Memoiren nieder, die noch heute ein lebendiges Bild seiner Zeit vermitteln. Veröffentlicht wurden sie 1659, etwa 45 Jahre nach seinem Tod. Bourdeilles wurde 74 Jahre alt und liegt in der Kapelle des Château de Richemont begraben, das er 7 km nördlich von Brantôme hatte erbauen lassen. Nehmen Sie den Weg dorthin über die D 939, und biegen Sie rechts Richtung Saint-Crépin-de-Richemont ab.
Sämtliche Orte, die hier für die von Nontron ausgehende Rundfahrt vorgeschlagen werden, können Sie auch auf Ausflügen besuchen, die Sie von der Auberge de l'Etang Bleu aus unternehmen. Die Herberge liegt 2 km außerhalb von Vieux-Mareuil, einem Dorf abseits der ausgetretenen Pfade an der D 93. Wie der Hotelname bereits andeutet, befindet sich im Park, der das Haus umgibt, ein blauschimmernder See, der zum Baden einlädt. In der komfortablen Bleibe mit ihren schönen Schlafräumen und den gemütlichen, stilvollen Empfangsräumen ist man gut untergebracht. Und in einem Bähnchen können sich Gäste durch den Park kutschieren lassen. Vieux-Mareuil selbst hat eine von drei Kuppeln gekrönte Wehrkirche aus dem 13. Jh. La Rochfoucauld im Norden ist eine Tagesreise von hier entfernt.
Erster Übernachtungsort auf einer längeren, von La Rochefoucauld ausgehenden Rundreise ist Mareuil-sur-Belle westlich von Vieux-Mareuil – ein hübsches kleines Dorf am Ufer des Flusses Belle und einst blühender Fischerhafen. Mit nur drei Schlafräumen ist die Auberge du Moulin Fontverte eine winzige Herberge. Sie entstand aus einer verlassenen Mühle, und das alte Inventar dient heute als phantasievolle Dekoration. Unter dem Restaurant liegt das Mühlgerinne, und aus der Küche kommen viele einheimische Spezialitäten, darunter Gerichte mit Walnüssen und Reis. Neben Saint-Paradoux, der kleinen romanischen Dorfkirche mit Kuppel und schönem Glockenturm gibt es hier noch ein weiteres Gotteshaus aus dem 12. Jh. Château Mareuil war einst Sitz einer der vier Baronien des Périgord, doch vom ursprünglichen Schloß, in dem 1150 der Troubadour Arnaud de Mareuil geboren wurde, ist nichts übriggeblieben. Der heutige Bau stammt aus dem 15. und

16. Jh. Zwei imposante Türme bewachen das herrliche Pförtnerhaus, und die Brücke überspannt einen mittlerweile nicht mehr vorhandenen Burggraben. Im Schloß selbst gibt es unterirdische Verliese und eine bemerkenswerte gotische Kapelle – ein Juwel der Flamboyant-Architektur.
Darüber hinaus stößt man in dieser Gegend auf mehrere andere sehenswerte Châteaux, darunter die Schlösser von Beaulieu und Beauregard unmittelbar südlich von Mareuil an der D 708. Zwei quadratische Türme aus dem 14. Jh. und ein im 17. Jh. hinzugekommener Schießplatz bestimmen das Bild des reizvollen Château de Beauregard. Halten Sie auch Ausschau nach dem sehenswerten nahegelegenen Taubenschlag. Château le Repine im Südosten von Mareuil ist von der Grande Randonnée 36 aus zu sehen, einem Teilstück des ausgezeichneten Wanderwegenetzes, das sich über ganz Frankreich zieht.
Ein ziemlich langer Ausflug führt zunächst nach Rochebeaucourt-et-Argentine, 10 km nordwestlich von Mareuil (D 939) am Zusammenfluß der Lizonne und Manoure. Die dortige Kirche entstand im 13. Jh. Von hier aus geht es auf der D 5 in Richtung Westen weiter in das 8 km entfernte Villebois-Lavalette, ein vor etwa 700 Jahren erbautes befestigtes Dorf auf einer Anhöhe. Anstelle dieser Tour kann man aber auch von Mareuil-sur-Belle entlang der D 939 und D 25 in Richtung Norden nach Charras radeln (15 km) und dort die Wehrkirche und das Château besichtigen, die im 12. bzw. 17. Jh. entstanden.
Südlich von Mareuil liegt Aubeterre-sur-Dronne (D 708, D 100 und D 78), ein uraltes, in die Landschaft eingebettetes Dorf mit Blick über einen kleinen Fluß. Seinen Namen – wörtlich »weiße Erde« – verdankt es den Kreidefelsen, auf denen es erbaut wurde. Übernachten kann man entweder in dem in der Flußniederung gelegenen Hôtel du Périgord oder, oberhalb des Flusses, im Dorf selbst in der Auberge du Château. Interessant sind die beiden Kirchen: Saint-Jean, ein monolithischer Bau, wurde im 12. Jh. aus dem Felsen herausgehauen, und die Kirche Saint-Jacques gehörte einst zu einer Benediktinerabtei. Wem nach Baden zumute ist, der geht ins öffentliche Schwimmbad.
Einen Abstecher wert ist auch Ribérac, wenige Kilometer flußaufwärts. Unter den rund 4000 Einwohnern des hübschen

Landstädtchens finden sich auch zahlreiche zugewanderte Briten. Mit Ausnahme einer umfassend restaurierten Kirche aus dem 12. Jh. erinnert hier – obwohl der Ort sehr alt ist – nur wenig an seine geschichtsträchtige Vergangenheit. Der Turm aus gallisch-römischer Zeit am jenseitigen Ufer der Dronne gehört heute zum Château de la Rigale. Im Herbst und Frühwinter, das heißt von Oktober bis Dezember, findet allwöchentlich am Mittwoch ein Walnußmarkt statt, und die einheimischen Korbflechter bieten während des Sommers am selben Tag ihre Erzeugnisse feil. Freitags ist gleichfalls Markt, und überdies wird von Juli bis Oktober am ersten Freitag des Monats eine Art Jahrmarkt abgehalten.
Im mittlerweile verschwundenen Château Ribérac wurde Arnaut Daniel geboren, ein für sein Können berühmter und von späteren Dichtern wie Dante und Petrarch vielbewunderter Troubadour. Daniel wurde Mitglied am Hofe von Richard Löwenherz und machte sich einen Namen als Verfasser der ausdrucksvollsten Minnedichtungen seiner Zeit.
Von Aubeterre geht es weiter nach Chalais (11 km auf der D 2), ein gleichfalls uraltes, sich an einen Hang schmiegendes Dorf. Zu sehen sind dort die Überreste einer Schmiede aus gallisch-römischer Zeit, dazu ein Château aus dem 16. Jh. mit drei mächtigen Türmen. In Brossac, dem nächsten Etappenziel, 11 km nordwestlich von Chalais (D 731), steht eine im 12. Jh. erbaute Kirche. Einquartieren können Sie sich in den Chambres d'Hôte, für die ein reizvolles Haus zu einem Hotel umgewandelt wurde. Die Zimmer sind ordentlich, es gibt Etagenbäder, aber kein Restaurant. Zum Essen geht man am besten ins Dorf in das Hôtel du Commerce.
Berühmt für seine *Marrons glacés* ist Barbezieux, 20 km nördlich von Brossac (D 731). Enge, gewundene Straßen, alte Häuser und das jüngst restaurierte Château aus dem 13. Jh. bestimmen das Bild des Ortes. Das Hôtel la Boule d'Or in der Stadtmitte mit seinen hübschen altväterlichen Dekorationen im Empfangsraum und Restaurant hat seit 25 Jahren denselben Besitzer.
Eine Tagestour von Barbezieux führt nach Blanzac-Porcheresse (16 km auf der D 5). Das Château dort diente der Familie La Rochfoucauld einst als Festung. Interessant sind auch die

beiden Kirchen, Saint-Arthemy aus dem 12. Jh. und die mit einer Kuppel überdeckte Kirche Saint-Cybard de Porcheresse, die 100 Jahre früher erbaut wurde. Biegen Sie nach weiteren 2 km links auf die D 436 in Richtung Plassac-Rouffiac ab. Das Portal des romanischen Gotteshauses aus dem 12. Jh., einem wunderschönen Steinbauwerk mit kleinem Kirchturm, ist in drei Rundbögen übereinander gegliedert.
Auf dem Weg von Barbezieux nach Vibrac (22 km nach Norden entlang der D 14 und D 22) liegt Châteauneuf-sur-Charente mit seiner sehenswerten Kirche. Ein Umweg von hier auf der landschaftlich schönen D 84 führt über Saint-Simeux, wo eine alte Wassermühle überlebt hat. In Vibrac, einem idyllisch gelegenen kleinen Dorf, gibt es – wie üblich – ein Schloß und mehrere, aus dem 12. Jh. übriggebliebene Häuser. Halten Sie sich bei der Suche nach dem Hôtel les Ombrages, einer hübschen kleinen Herberge mit eigenem Swimmingpool und Tennisplatz, an die Wegweiser. Ein Abstecher in das nette Städtchen Jarnac (10 km nordwestlich) empfiehlt sich auf der Fahrt in das winzige Dorf Fleurac. Im 14. Jh. erbaut und vor etwa 100 Jahren restauriert, präsentiert sich das Château de Fleurac heute als Hotel. Das wunderschön eingerichtete Haus ist von einem weitläufigen Garten umgeben.
Rund um Fleurac dehnen sich die Weinberge in sämtliche Himmelsrichtungen aus – ein untrügliches Anzeichen für die Nähe jener Region, in der der Cognac zu Hause ist. Dieses edle Getränk ist das Ergebnis eines im 17. Jh. durchgeführten Experiments mit einem damals minderwertigen Wein. Zunächst wird leichter trockener Weißwein in einem Kupferkessel bis zum Siedepunkt erhitzt und der alkoholhaltige Dampf durch ein S-förmiges Rohr in ein Kondensationsgefäß geleitet. Am Tag darauf entsteht durch langsames Wiedererwärmen eine hochprozentige Flüssigkeit, die nun in Eichenfässer abgefüllt wird, wo sie reifen muß. Für einen Liter Cognac oder »Branntwein« benötigt man etwa neun Liter Wein. Seine wohlbekannte Bernsteinfarbe erhält das Getränk durch das im Holz enthaltene Tannin. Brennereien wie Hennessy, Hine und Martell – von Engländern oder Iren gegründet – veranstalten heute Führungen, in deren Verlauf die Besucher Gelegenheit haben, die

Umwandlung von Wein in edelsten Cognac zu beobachten. Gründer der Firma Hennessy beispielsweise war ein Ire, der in der französischen Armee diente und um 1760 damit begann, seinen Verwandten in der Heimat Cognac zu schicken.

Beliebt bei den Einheimischen ist ein Nebenprodukt der Cognac-Herstellung, der Aperitif Pineau. Es gibt den nach meinem Geschmack zu süßen roten Pineau und einen weißen. Nach der Stadt Cognac – einen Tagesausflug von Fleurac entfernt – hat man den qualitativ besten Branntwein benannt. Er wird aus destilliertem Wein hergestellt und reift dann in Eichenfässern heran, deren Holz aus den Wäldern des Limousin kommt und dem Getränk seine charakteristische Farbe verleiht.

Cognac ist eine geschäftige Kleinstadt an der Charente mit zahlreichen mittelalterlichen Gebäuden. Auch die Porte Saint-Jacques, das alte, im 16. Jh. errichtete Stadttor am Fluß, hat bis heute überdauert, und seine beiden gedrungenen Rundtürme bewachen den engen Zugang. Inmitten altehrwürdiger Häuser erhebt sich die aus dem 12. Jh. stammende Kirche Saint-Léger, und im Château – mittlerweile längst keine höfische Wohnstatt mehr – wurde 1494 König Franz I. geboren. Bemerkenswert in dieser Region ist, daß viele Gebäude in und um Cognac durch einen Pilz dunkel geworden sind, der sich von dem aus den hölzernen Cognacfässern verdampfenden Alkohol ernährt.

Saint-Groux, ein Dorf am Ufer der Charente, liegt 30 km nordöstlich von Fleurac. Wegweiser führen zum Hôtel les Trois Saules in der Nähe des Flusses. Nach 3 km auf der D 361 in Richtung Süden kommt man nach Mansle, einem hübschen, gleichfalls an die Charente angrenzenden Städtchen. Das hochaufragende, im 15. Jh. entstandene Château de Goue wurde, als Festungen aus der Mode kamen, 300 Jahre später umgebaut. Und hier nun, wo der Fluß durch eine grüne Landschaft gemächlich dahinströmt, wo altehrwürdige Gebäude das Bild kriegerischer und glanzvoller Zeiten gleichermaßen heraufbeschwören und die Welt ringsum noch überschaubar und in sich geschlossen scheint – in dieser Gegend also, in der sich der gesamte Reiz der Region offenbart, endet die Rundfahrt. Die letzte Etappe zurück nach La Rochefoucauld ist kurz und führt über die D 6 in Richtung Südosten.

BORDEAUX UND GARONNE

Drei große Flüsse – Lot, Garonne und Dordogne – durchziehen diese ausgesprochen ländliche Region Frankreichs. Der von diesen Strömen bewässerte Boden ist fett und fruchtbar, und angebaut wird hier so ziemlich alles, was denkbar ist – vom Spargel über Melonen bis hin zu prallen Tomaten. Nichts in dieser Gegend wirkt gigantisch, alles ist überschaubar und die Landschaft ungemein abwechslungsreich. Noch eben an Gemüsefeldern oder von wogendem Getreide bedeckten Hügeln vorbeiradelnd, führt der Weg unvermittelt durch bewaldetes Terrain oder Obstplantagen, denen dieser Landstrich seinen Spitznamen »Klein-Kalifornien« verdankt. Die wärmenden Sonnenstrahlen kommen nicht nur den berühmten Bordeaux-Trauben zugute, sondern auch einer enormen Vielfalt an Früchten wie Äpfeln, Kirschen und Pfirsichen, Birnen, Pflaumen und Nektarinen. Beerenobst gedeiht im Überfluß und wird nicht selten am Wegesrand feilgeboten.

Auf den regionalen Speisekarten spiegelt sich der ganze Reichtum dieses Landstrichs wider. Die einheimischen Bauern mästen ihre Gänse und Enten für die Herstellung von *Pâté de foie gras*, und für eine Delikatesse mit der Bezeichnung *Confit* werden ausgewählte Stücke von Geflügelfleisch gegart und im eigenen Fett eingelegt. Gebratenes *Confit* findet sich auf fast jeder Speisekarte. Gastronomisches Nonplusultra dieser Region ist jedoch die berühmte Trüffel, die unter der Erde wächst und von Hunden oder Schweinen aufgespürt wird. Mit ihren feinen Nasen sind sie imstande, das zarte Aroma dieser erlesenen Pilze wahrzunehmen. Gleichfalls köstlich, insbesondere als Omelettefüllung, schmecken *Cèpes*, die großen Steinpilze. Sie wachsen allerorten und stehen bei manchen Leuten als Delikatesse höher im Kurs als die Trüffel. Steak oder Nieren kommen meist *à la bordelaise* auf den Tisch, das heißt, mit einer Sauce aus Schalotten und Bordeaux-Wein. Bei dem reichhaltigen Angebot von Flußfischen auf der Speisekarte schätzen die Einheimischen vor allem das Neunauge, eine Aal-Art, die im Frühjahr gefangen und üblicherweise im eigenen Blut und Wein zubereitet wird.

Ebenso vielfältig wie die Küche ist auch die Palette einheimischer Weine. Die leichten und klaren roten Bordeaux-Weine kommen aus einem kleinen Anbaugebiet rund um die gleichnamige Stadt, die etwa 20 bis 30 km westlich der Region liegt, von der in diesem Kapitel die Rede ist. Doch die Weinberge dehnen sich viel weiter aus, und, wenn auch vielleicht weniger berühmt, sind die dort angebauten Weine gleichfalls wohlschmekkend und auch häufig recht preiswert. Besonders zu empfehlen ist der Buzet aus der Gegend um Nérac, aber Sie sollten auch noch einige andere Sorten probieren: beispielsweise den Côte de Duras, die Weine aus dem Gebiet um Marmande und Bruilho, ganz zu schweigen von den köstlichen Tropfen aus der Region um Bergerac.

Bereits auf die Zeit um 1150 geht die englische Vorliebe für Bordeaux-Weine zurück; damals vermählte sich Heinrich II. mit Eleonore von Aquitanien. Als eine Art Vermächtnis aus dieser Zeit der englischen Herrschaft tragen zahlreiche Weinberge noch heute englische Namen wie Talbot, Brown, Palmer und Boyd. 300 Jahre lang transportierte eine Flotte alljährlich im Herbst die Weine nach England. Aber auch hervorragende Weißweine werden in dieser Ecke Frankreichs gekeltert – vom Graves und Entre-deux-Mers bis hin zum süßen Sauternes und Barsac, die ausgezeichnet zu Obst oder Puddings passen (nach Überzeugung der Franzosen trinkt man sie aber am besten zu der für das Périgord typischen *Pâte*).

Die reizvolle hügelige Landschaft ist wie geschaffen für nicht allzu strapaziöse Radtouren durch fruchtbare Fluren und ausgedehnte Wälder, in denen allerlei Arten von Wild heimisch sind. Das Klima ist mild, der Sommer häufig sehr heiß, und den frühmorgendlichen Nebel zehrt die aufgehende Sonne rasch auf. Wenn möglich sollten Sie im Frühling zur Obstbaumblüte hierher kommen oder im Herbst, wenn die reifen Trauben an

den Weinstöcken hängen. Juli und August sind die ungünstigsten Monate.
Eine besondere Attraktion in diesem Teil Frankreichs sind die bereits vor rund 700 Jahren entstandenen sogenannten »neuen Städte«. Der Bau dieser als *bastides* bezeichneten befestigten Städte wurde von den Plantagenets und den französischen Königen gleichermaßen gefördert. Sie versuchten, auf diese Weise ihre Territorien abzustecken und die Grenzen zu verteidigen. Als hilfreich erwies sich dieses Verfahren jedoch insbesondere für die Engländer bei der Festigung ihrer Herrschaft über die Dordogne. Noch heute gibt es zwischen Dordogne und Garonne 17 von den Franzosen und zwölf von den Engländern erbaute *bastides*. Zahlreiche dieser außergewöhnlichen Beispiele mittelalterlicher Stadtplanung sind auch jetzt noch von ihren äußeren Mauern umfriedet, und manche, beispielsweise Monpazier, nahezu vollständig erhalten geblieben.
Unter der Oberherrschaft der englischen Könige schob sich die Grenze des gewaltigen Territoriums Aquitanien im Südwesten Frankreichs mehr als 100 Jahre lang hin und her. 1337 erhob dann Edward III. als Sohn Isabellas von Frankreich Anspruch auf den französischen Thron und entfachte so den Hundertjährigen Krieg. Zunächst sah es nach einem Erfolg für die Engländer aus. Sie errangen berühmt gewordene Siege, zum Beispiel 1346 bei Crécy, als englische Langbogenschützen über die schwerbewaffneten französischen Ritter triumphierten, und 1356 bei Poitiers, wo Edward der Schwarze Prinz König Johann von Frankreich gefangennahm. Später jedoch wendete sich das Blatt. Mit Unterbrechungen dauerten die Auseinandersetzungen bis 1453. Mit Ausnahme von Calais hatte England seine gesamten Territorien in Frankreich eingebüßt.
Ausgangspunkt für die Radtouren ist Villeréal, etwa in der Mitte zwischen Dordogne und Lot. Die alte Stadt wurde um 1260 als Teil der französischen Verteidigungsanlagen als *bastide* erbaut, befand sich aber während des Hundertjährigen Krieges in englischer Hand. Sämtliche *bastides* entsprechen in ihrem Baukonzept einer einfachen geometrischen Vorlage, wobei die Straßen in Gitterform angelegt wurden. Enge Gäßchen zwischen den Häusern dienten als Feuerschneisen – eine unver-

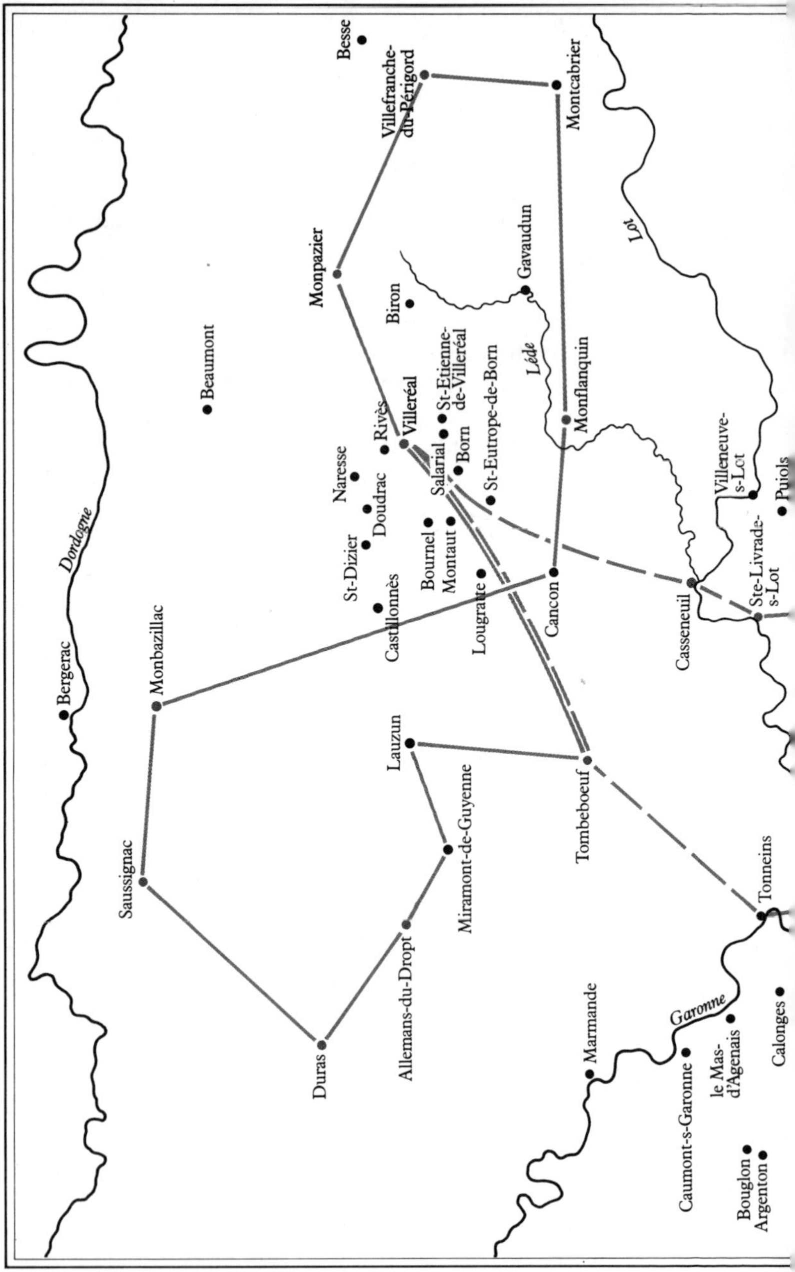
Dordogne
Bergerac
Monbazillac
Saussignac
Duras
Allemans-du-Dropt
Miramont-de-Guyenne
Lauzun
Beaumont
Monpazier
Villefranche-du-Périgord
Besse
Montcabrier
Biron
Gavaudun
Lède
Lot
Monflanquin
St-Etienne-de-Villeréal
Villeréal
Rivès
Naresse
Doudrac
St-Dizier
Castillonnès
Salarial
Born
St-Eutrope-de-Born
Bournel
Montaut
Lougratte
Cancon
Casseneuil
Villeneuve-s-Lot
Pujols
Ste-Livrade-s-Lot
Tombeboeuf
Tonneins
Garonne
Marmande
Caumont-s-Garonne
le Mas-d'Agenais
Calonges
Bouglon
Argenton

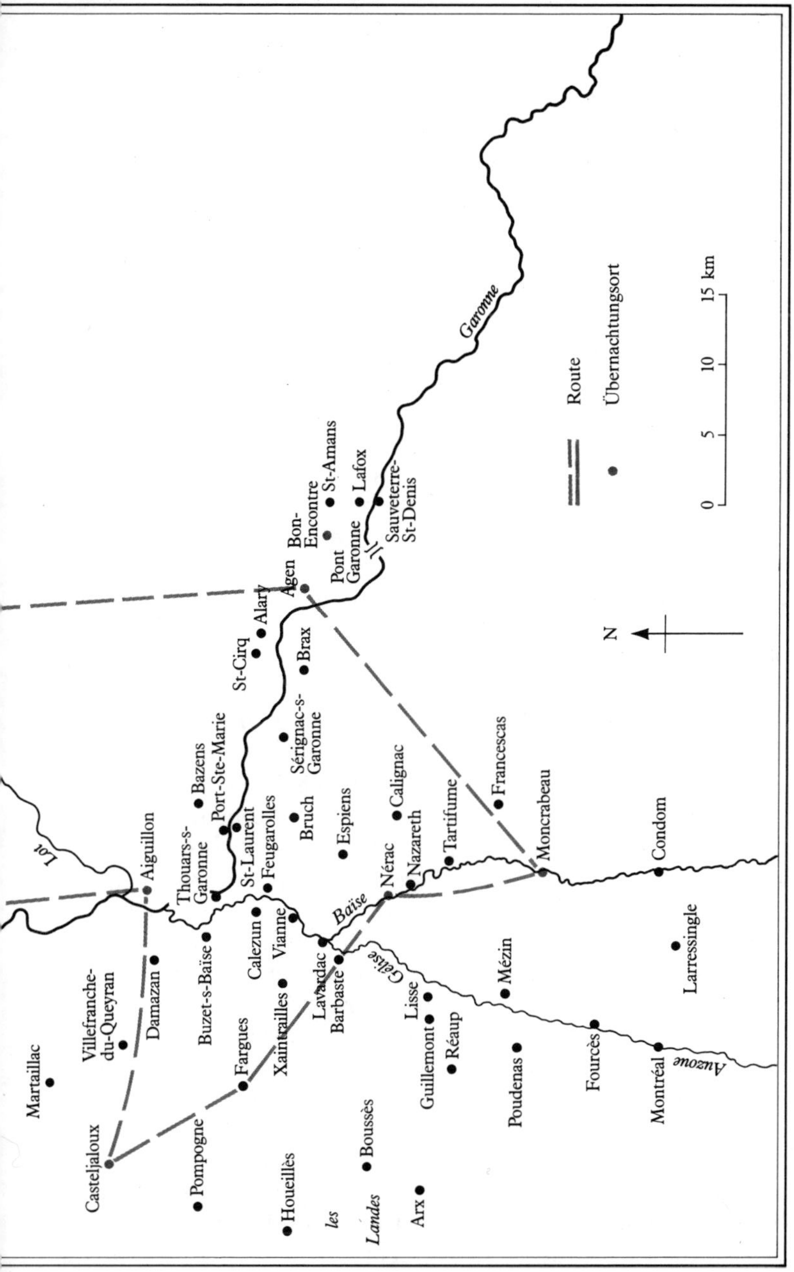

Route
Übernachtungsort
0
5
10
15 km
N
Garonne
Lot
Baïse
Gélise
Auzoue
les
Landes
Agen
Bon-
Encontre
St-Amans
Lafox
Sauveterre-
St-Denis
Pont
Garonne
Alary
St-Cirq
Brax
Sérignac-s-
Garonne
Port-Ste-Marie
Bazens
St-Laurent
Feugarolles
Bruch
Espiens
Calignac
Francescas
Tartifume
Nazareth
Nérac
Moncrabeau
Condom
Larressingle
Mézin
Aiguillon
Thouars-s-
Garonne
Calezun
Vianne
Lavardac
Barbaste
Buzet-s-Baïse
Damazan
Villefranche-
du-Queyran
Martaillac
Xaintrailles
Fargues
Lisse
Guillemont
Réaup
Poudenas
Fourcès
Montréal
Casteljaloux
Pompogne
Houeillès
Boussès
Arx

zichtbare Vorsichtsmaßnahme in einer Stadt, die Gefahr lief, angegriffen oder belagert zu werden. Mittelpunkt war ein großer viereckiger Platz, in der Regel mit überdeckter Markthalle. Daneben erhob sich die Kirche. Rund um die *bastide* zog sich eine Mauer, in die Türme und befestigte Stadttore eingefügt waren. In Villeréal haben zahlreiche Häuser ihren mittelalterlichen Charakter bewahrt, und noch heute läßt sich die ursprüngliche Anlage der Stadt erkennen. Neben der Wehrkirche mit ihren beiden Türmen hat auch die von Eichenbalken getragene Markthalle im Herzen der Stadt bis in unsere Tage überlebt. Zum Übernachten empfiehlt sich die Hostellerie du Lac am Stadtrand. Sie liegt in einem ausgedehnten Park, nicht weit von einer Pferde- und Hunderennbahn, und verfügt über einen Swimmingpool. Baden können Sie aber auch im nahegelegenen Lac de Pasquie.
Von Villeréal aus in einem Umkreis von 30 km gibt es noch andere *bastides*, darunter Monflanquin und Villeneuve-sur-Lot im Süden, Castillonnès im Westen und nach Norden zu Monpazier und Beaumont. Sie alle entstanden ab 1255 im Abstand von 30 Jahren. Einige Tage lang – mit Villeréal als Stützpunkt – diese außergewöhnlichen Städte zu besuchen, dürfte jeden faszinieren, den das Mittelalter interessiert.
Monpazier, 16 km nordöstlich von Villeréal (D 104 und D 2), ist die am vollkommensten erhaltene *bastide* überhaupt. Von Edward I. erbaut, litt die Stadt im Hundertjährigen Krieg unter Engländern und Franzosen gleichermaßen und auch später noch in den Religionskriegen des 16. Jh. Noch heute stehen die Mauern, dazu drei Stadttore, und an der rechtwinkligen Ausrichtung der Straßen hat sich nichts geändert. Wie in Villeréal wurden die Häuser in schmalen Abständen voneinander erbaut, um die Ausbreitung von Feuersbrünsten zu begrenzen. Gleichfalls noch vorhanden ist die holzüberdachte Markthalle von Monpazier, gesäumt von gedeckten Arkaden. Um 1630 richtete man hier den Anführer eines Bauernaufstandes hin; er wurde aufs Rad geflochten. Die umfassend restaurierte Kirche und das nahegelegene Stiftshaus datieren noch aus der Zeit der Stadtgründung. Gut aufgehoben ist man im Hôtel de France in der Rue Saint-Jacques, einer der Hauptstraßen der ursprüngli-

chen *bastide*. Zierde des Hauses ist ein prächtiges Treppenhaus aus dem 15. Jh., und Lawrence von Arabien weilte hier einmal als Gast. Einheimische Spezialitäten wie *Cèpes*, *Pâté de foie gras* und Forelle stehen auf der Speisekarte.

Von einer günstigen Stelle aus die Stadt überschauend, erhebt sich 8 km weiter südlich und über die landschaftlich schöne D 53 zu erreichen das Château de Biron. Es zählt zu den umfangreichsten Burganlagen dieser Gegend und bietet von allen Seiten einen furchterregenden Anblick. Auf einer Anhöhe erbaut, stammt dieser gewaltige, weitläufige Gebäudekomplex teils aus dem Mittelalter und teils aus der Renaissance. Die ausgedehnten Schloßküchen erwecken den Eindruck, als könne man hier die gesamte Bevölkerung der Gegend versorgen. Vom Schloßturm aus bietet sich ein ausgezeichneter Blick über Monpazier und das Umland, das heute fast noch genauso geschlossen wirkt wie in jenen Tagen, in denen die Festungswachen gespannt Ausschau hielten nach anrückenden Feinden. Von seiner strategischen Lage her ungemein wichtig, war Biron im Mittelalter viel umkämpft. Das Dorf zu seinen Füßen diente ausschließlich der Aufrechterhaltung des Burglebens, und einige der Häuser kauern sich innerhalb der Mauern zusammen.

Fahren Sie von Monpazier aus weiter Richtung Nordwesten (16 km auf der D 660) nach Beaumont. Dies ist eine ehemalige englische *bastide*, deren Befestigungen allerdings größtenteils verschwunden sind. Die Kirche Saint-Front, um 1270 erbaut, diente der Verteidigung und dem Beten gleichermaßen, wirkt aber seit ihrer Erneuerung weniger trutzig. Nach dem Einschwenken rechts auf die D 25 folgt man 12 km lang jenem Weg, den einst Pilger zu der aus dem 12. Jh. stammenden Abtei Cadouin nahmen. Seinen Wohlstand verdankte das ehemals reiche Zisterzienserkloster dem Besitz eines Linnentuches, das aus Antiochien hierher gebracht worden war und das Haupt des gekreuzigten Christus verhüllt haben soll. Richard Löwenherz zählte zu jenen, die zur Verehrung des Tuches nach Cadouin pilgerten. Während des Hundertjährigen Krieges brachte man die Reliquie zum Schutz vor den Engländern nach Toulouse, und Cadouin hatte Mühe, sie zurückzubekommen. Leider stellte sich bei einer Begutachtung durch Experten in den

dreißiger Jahren heraus, daß das Leinen erst im 11. Jh. gewoben worden war. Das Geschäft mit den Pilgern verebbte, doch die großartige Abtei, die eindrucksvollste in der Dordogne, ist geblieben. Die aus honigfarbenen Steinen erbaute Klosterkirche wirkt gediegen und schlicht. Mit dem Kreuzgang begann man 1468; er wurde erst 100 Jahre später vollendet und ist reicher geschmückt als das Gotteshaus.
Von Villeréal direkt nach Süden radelnd, gelangt man nach Monflanquin (13 km entlang der D 676). Der von den Franzosen auf einer Anhöhe als *bastide* erbaute Ort besitzt eine Wehrkirche, und der Hauptplatz – die Place des Arcades – ist von gedeckten Arkaden umsäumt. Unmittelbar außerhalb von Monflanquin, an der Straße nach Cancon, liegt die Moulin de Boulède, eine empfehlenswerte Unterkunft. In den siebziger Jahren wurde die Mühle zu einem Hotel umgebaut, und der dazugehörige Garten erstreckt sich bis hinunter zum Fluß, der einst das Mühlrad angetrieben hatte. Im Sommer platzt das Lokal zur sonntäglichen Mittagessenszeit aus allen Nähten, und dann wird auch im Freien serviert.
13 km östlich von Monflanquin liegt im Tal des Flusses Léde das Dörfchen Gavaudun. Ein mächtiger, auf einem Felsauswuchs sitzender Bergfried aus dem 12. Jh. wacht hier über das Land. Jenseits des Dorfes steht das Kloster Saint-Sardos – in gewissem Sinne die Keimzelle des Hundertjährigen Krieges. An den Feindseligkeiten zwischen dem England-freundlichen Lehensherrn und den pro-französischen Mönchen entzündete sich der erste Konflikt. Nachdem die Abtei befestigt worden war, griff der Baron die Klostergemeinschaft an, metzelte sie nieder und ließ Saint-Sardos als Ruine zurück.
Von Monflanquin aus 17 km entlang der D 676 in Richtung Süden radelnd, gelangt man nach Villeneuve-sur-Lot, einstmals eine der mächtigsten *bastides* der Franzosen. Heute sind dort nur noch zwei befestigte Stadttore zu sehen; die restlichen Wehranlagen verschwanden mit dem Anwachsen der Stadt. Den Pont Vieux über den Lot erbauten die Engländer im ausgehenden 13. Jh. Halten Sie Ausschau nach dem Musée de la Prune – mit Sicherheit eines der wenigen einer einzigen Frucht gewidmeten Museen. Pflaumen spielen in dieser Region

eine ganz bedeutsame Rolle und werden zumeist zu Backpflaumen verarbeitet.
Unmittelbar südlich von Villeneuve-sur-Lot, abseits der D 118, stößt man auf das uralte Dorf Pujols. Seine steinernen Wehranlagen über dem Tal des Lot gehen auf das 13. Jh. zurück, und vom Turm der Kirche Saint-Nicolas führt ein höchst merkwürdiger unterirdischer Gang zum ältesten Teil des Dorfes.
Gleichfalls uralt und einen Besuch wert ist Casseneuil (siehe Seite 109), 10 km nordwestlich von Villeneuve am Lot gelegen und auf der D 242 entlang dem Fluß zu erreichen. Von hier aus können Sie einen Abstecher nach Sainte-Livrade-sur-Lot machen (7 km entlang der D 217 in Richtung Süden), einer ehemaligen *bastide*, die aus ihrer ursprünglichen Umfriedung längst herausgewachsen ist. Heute ist Sainte-Livrade-sur-Lot ein blühendes Landstädtchen und besonders betriebsam am Freitag, wenn der Markt Heerscharen von Händlern aus dem Tal des Lot anlockt. An die geschichtsträchtige Vergangenheit des Ortes erinnern die gedeckte Markthalle, ein Turm und eine Kirche aus dem 12. Jh. sowie ein Château. Gut untergebracht ist man im kleinen Hôtel le Midi.
In den Grottes de Lestournelles nahe der D 220 (8 km in Richtung Süden) haben Wasserläufe im Laufe der Jahrhunderte bizarre Tropfsteingebilde entstehen lassen.
Bastides gibt es überall in der Dordogne zu sehen, dazu andere interessante Orte und großartige Landschaften. Innerhalb einer Woche könnten Sie von Villeréal aus nach Monpazier fahren, von dort weiter in die Dordogne hinein in das hübsche Dorf Villefranche und dann nach Montcabrier, Monflanquin und Monbazillac. Auf dieser Tour sind einige kleinere Anhöhen zu bewältigen, aber keine Etappe ist übermäßig strapaziös. Bei zehn Tagen bliebe genügend Zeit für Abstecher nach Saussignac, Duras, Allemans und Tombebœuf.
Nach Süden und Westen zu radelt es sich leichter. Von Villeréal als Stützpunkt aus führt eine siebentägige Erkundungsfahrt nach Tombebœuf, Aiguillon und Agen, Sainte-Livrade und Casseneuil. Und wer eine zweite Woche anhängt, kann noch weiter in Richtung Westen nach Casteljaloux, Nérac und Moncrabeau fahren.

Bei Ihren Planungen sollten Sie sich nicht zuviel auf einmal vornehmen, auch wenn Sie im Notfall normalerweise auf Hilfe zählen können. Zwei Urlauber, die die Dörfer um Villeréal durchstreiften, hatten sich vor lauter Begeisterung überschätzt. Bei Einbruch der Dunkelheit waren sie nach insgesamt 90 km noch 17 km von ihrem Hotel entfernt. Erschöpft erkundigten sie sich in einer Kneipe nach einem Taxi. Die Besitzerin kam ihnen zu Hilfe und veranlaßte ihren Sohn, die beiden im Wagen zurückzubringen.

Erste Station auf der Tour durch die nördliche Umgebung ist wiederum der hervorragend erhalten gebliebene Ort Monpazier. Von hier aus geht es weiter in Richtung Osten (20 km auf der D 660) nach Villefranche-du-Périgord, wo die überdeckte Markthalle und der von Arkaden gesäumte Hauptplatz der einstigen *bastide* bis heute erhalten geblieben sind. Aus dem Brunnen auf dem Platz dürften sich die Einwohner während der zahlreichen Belagerungen mit Wasser versorgt haben. Auf der Speisekarte des Hôtel les Bruyeres finden sich häufig Gerichte aus dem Périgord, wie *Foie gras* oder *Confit de canard*.

Rund um Villefranche ist die Landschaft ausgesprochen reizvoll. Schmale gewundene Pfade schlängeln sich durch üppige Wälder und malerische Weiler. Eine der hübschesten kleinen Ansiedlungen in dieser Ecke ist Besse, 10 km nördlich von Villefranche (D 57). In diesem in einen Wald eingebetteten 200-Seelen-Ort steht eine bemerkenswerte Wehrkirche; berühmt ist vor allem die Westfront mit ihren kunstvoll gestalteten, teilweise aus dem 12. Jh. stammenden Skulpturen. Das Kirchendach ist mit Steinplatten gedeckt.

21 km südlich von Villefranche-de-Périgord liegt Montcabrier. Fahren Sie 10 km auf der D 660 Richtung Frayssinet-le-Gélat, und biegen Sie dann auf die D 673 ab. Das kleine, von knapp 400 Menschen bewohnte Dorf besitzt gleichfalls eine interessante alte Kirche. Nicht weit von hier, allerdings nur auf gewundenen Pfaden zu erreichen, erhebt sich das sehenswerte wuchtige Château de Bonaguil. Radeln Sie dorthin ein Stück weiter auf der D 673, biegen Sie dann bei Saint-Martin-le-Redon rechts ab und anschließend nochmals nach rechts auf die D 158.

Bonaguil ist eine monumentale, im späten 15. Jh. erbaute Festungsanlage, die vor allem dem Beschuß durch Kanonen standhalten sollte. Rund 40 Jahre beschäftigte sich der vielgehaßte Beranger de Roquefueil mit dem Ausbau der Befestigungen – zu einer Zeit, in der ein Großteil seiner Zeitgenossen ihre Burgen in wohnliche Herrensitze umgestaltete. Bonaguil besitzt dicke Außenmauern, innerhalb der Umfriedung einen gewaltigen Wachtturm und dazu weitere wuchtige Türme. Und der Bergfried ist so konstruiert, daß er bei Attacken nur wenig Angriffsfläche bot. Für die Versorgung der Burgbesatzung mit Trinkwasser ließ Beranger einen Brunnen durch den Fels bohren. Ob die Burganlage tatsächlich uneinnehmbar war, weiß niemand – sie wurde niemals angegriffen.
Auf der D 673 und D 124 gelangt man nach Monflanquin (siehe Seite 103), 29 km westlich von Montcabrier. Von hier aus sind es 45 km nach Monbazillac. Nehmen Sie die D 124 nach Cancon (siehe Seite 108), und biegen Sie rechts auf die N 21 nach Bouniagues ab. Schwenken Sie dort links ein, und radeln Sie dann via Robagnac nach Monbazillac. Berühmt ist dieser Ort für seinen süßen Spätlesewein. Man läßt die Trauben hier bis zur Edelfäule an den Weinstöcken hängen. Erst wenn sie etwas geschrumpft und eingetrocknet sind, werden sie geerntet und zu dem goldfarbenen Monbazillac gekeltert.
Mitten in den sich nach allen Richtungen ausdehnenden Weinbergen steht das Château Monbazillac – eine stattliche, von einem ausgetrockneten Burggraben umgebene Residenz mit grauen Mauern und braunem Ziegeldach, die um die Mitte des 16. Jh. errichtet wurde. Sehenswert sind der prächtige Große Saal und die in den Kellern untergebrachte Sammlung antiker Gerätschaften zum Keltern. Nicht weit entfernt – entlang der D 14 und dann links ab auf der D 107 – liegt das Château de Bridoire, ein ähnliches Bauwerk in fast gleicher Kulisse, das der Öffentlichkeit allerdings nicht zugänglich ist.
In Monbazillac gibt es ein gemütliches Restaurant; übernachten sollten Sie jedoch im Relais de la Diligence unmittelbar nördlich des Ortes an der Straße nach Bergerac. Von hier aus wandert der Blick weit über die Landschaft und die Weinberge.

Jenseits der Dordogne, rund 6 km nördlich von Monbazillac, liegt Bergerac. Bekannt wurde die Stadt vor allem durch die von dem Dramatiker Edmond Rostand 1897 geschaffene Figur des langnasigen Cyrano de Bergerac und nicht zuletzt durch ihre Weine, wie beispielsweise den roten Pecharmont. Bergerac, ein bedeutendes Agrarzentrum, dehnt sich an beiden Dordogne-Ufern aus und verdankt seinen Wohlstand zum Teil auch dem hier angebauten Tabak. Diesem Kraut wurde sogar ein eigenes Museum gewidmet, das zusammen mit einem Heimatmuseum in einem Gebäude aus dem 17. Jh. untergebracht ist.
Wer Zeit hat, könnte von Monbazillac aus nach Saussignac fahren (20 km Richtung Westen). Die Dörfer in dieser Gegend sind meist aus wenigen Häusern zusammengewürfelt, in deren Gärten prachtvolles Gemüse gedeiht; dazu gesellen sich oft ein Château, ein kleines Hotel und ein Kramlädchen. Abseits ausgetretener Pfade und eingebettet in die Landschaft lädt die Herberge Relais de Saussignac zum Übernachten ein.
Nach Duras im Südwesten von Saussignac radeln Sie zunächst 10 km auf der D 4 Richtung Margueron und biegen dann links auf die D 708 ab. Von dem Ort, dessen Häuser sich um seine auf einer Anhöhe thronende Burg scharen, schweift der Blick über Weinberge und wogende Felder. In Duras, einem bedeutenden landwirtschaftlichen Zentrum, wird montags Markt abgehalten, und Feste finden im August und September statt. Mittelpunkt des Interesses ist jedoch das Château des Ducs, das dem Volksmund nach von einem Engländer entworfen wurde. Ursprünglich besaß es acht wuchtige Türme, und die mit Zinnen bewehrten Mauern umschlossen ein Areal von 100 m Länge und 30 m Breite. Im Hundertjährigen Krieg hielten es die Burgherren mit den Engländern, und das Château wurde mehrmals belagert. Mit der Zeit wurde es zu einem Landsitz umgestaltet und während der Französischen Revolution schließlich geplündert. Die Steine von sieben Türmen verwendete man zum Bau von Schleusenkammern am nahegelegenen Kanal. Erfreulicherweise wird dieses Château derzeit erneuert. Und wer über seine turbulente Geschichte nachsinnen möchte, tut dies am besten bei einem guten Essen und einem ausgezeichneten einheimischen Tropfen in der Hostellerie des Ducs.

Allemans-du-Dropt, eine Stadt mit beschaulicher Atmosphäre, liegt 17 km südöstlich von Duras (D 668). Zum Übernachten empfiehlt sich L'Etape Gascogne, ein kleines Hotel am Stadtrand. Sehenswert sind in der Kirche die aus dem 15. Jh. stammenden Fresken.
Von Allemans aus geht es weiter nach Miramont (8 km entlang der D 668 Richtung Osten), wo Sie sich ganz nach Lust und Laune im öffentlichen Schwimmbad abkühlen können und dann an der D 1 entlang nach Lauzun weiterradeln. Das hiesige Schloß, das auf das 15. Jh. zurückgeht und an das bis in das 19. Jh. hinein immer wieder Neues angefügt wurde, gehörte einst einem Günstling Ludwigs XIV.
Über Feld-, Wald- und Wiesenwege oder entlang der D 667 zu erreichen ist das Dorf Tombebœuf, 20 km südlich von Lauzun. Das Hôtel du Nord ist gleichzeitig Dorfcafé, in dem sich die Einheimischen im Laufe des Tages zu einem Gläschen und zum Plaudern einfinden. Vom Restaurant aus bietet sich ein herrlicher Blick.
17 km weiter östlich, in Cancon (D 124), kann man baden. Wie viele Städtchen dieser Region liegt auch Cancon, überragt von einer Schloßruine, an einem Hügel und hat noch Häuser aus dem 16. Jh., die sich über enge Gassen neigen.
Tombebœuf ist auch die erste Zwischenstation auf einer von Villeréal ausgehenden Erkundungsfahrt. Von hier aus machen Sie sich auf in Richtung Süden nach Aiguillon; zunächst 19 km auf der D 120 nach Tonneins und dann weitere 11 km auf der N 113. Aiguillon liegt wunderschön mit Blick auf den Zusammenfluß von Lot und Garonne. Teile des dortigen Château des Ducs stammen noch aus dem 11. Jh. Zu empfehlen ist das Hôtel les Cynges an der zur Stadt führenden D 666, und die Schwäne, die majestätisch durch den Teich im Hotelgarten gleiten, machen dem Namen des Hauses alle Ehre. Damazan, 6 km westlich von Aiguillon (D 8), eine gleichfalls gut erhaltene *bastide*, hat sich einen Großteil seiner uralten Mauern, Türme und bejahrten Häuser bewahrt.
Ein reizvoller Ausflug führt über Nebenstraßen ostwärts nach Bazens, dessen verfallenes Schloß aus dem 15. Jh. einst Wohnsitz der Bischöfe von Agen war. Zu ihnen zählte der Italiener

Matteo Bandello. Er schrieb nebenbei Geschichten, aus denen Dichter des Elisabethanischen Zeitalters, darunter auch Shakespeare, »Anleihen« für ihre eigenen Stücke machten. Neben dem Château steht eine restaurierte Kirche, die einen Besuch lohnt. Ostwärts der N 113 folgend, gelangt man in die Marktstadt Agen, bekannt für ihre Backpflaumen und ihr Rugby-Team. In dem hübschen Ort mit dem malerischen Zentrum leben rund 30000 Menschen. Das Musée des Beaux-Arts ist in mehreren Herrschaftshäusern aus dem 16. Jh. untergebracht. Zu seiner Sammlung zählen unter anderem eine griechische Venus-Statue, die im letzten Jahrhundert von einem Bauern ausgegraben wurde; ein ausdrucksvolles Selbstbildnis von Goya; ferner eines der schönsten Gemälde Jean Corots, eines französischen Landschaftsmalers aus dem 19. Jh.; sowie mehrere Werke des Impressionismus. Die Kathedrale Saint-Caprais wurde im 11. Jh. erbaut. Auch in Agen sollten Sie sich am Stadtrand einquartieren – in der in einem hübschen Garten stehenden Hostellerie de la Rigalette. Der Weg dorthin führt zunächst auf der N 113 Richtung Aiguillon und dann weiter auf der D 302. Gut untergebracht ist man auch im Hôtel le Parc in Bon-Encontre (2 km auf der N 113 südwärts Richtung Toulouse). Der entzückende kleine Steinbau liegt am Ende eines gleichfalls kleinen öffentlichen Parks, hat aber kein eigenes Restaurant.
Von Agen sind es 30 km bis Sainte-Livrade-sur-Lot (siehe Seite 104). Auf der N 21 Richtung Norden radelnd, können Sie unterwegs einen Abstecher zu den Grottes de Fontirou bei Castella machen; allerdings führt der Weg zu diesen Höhlen steil bergauf. Jenseits von Sainte-Livrade (6 km auf der D 217) liegt eingebettet zwischen Lot und Léde das Dörfchen Casseneuil. Sehenswert in seiner aus dem 12. Jh. datierenden Kirche sind die dekorativen Friese am Hauptschiff. Und ein Nachtlager findet man in der netten kleinen Auberge la Résidence.
Villeréal ist nun noch eine Tagesreise entfernt. Wer mehr Zeit hat, könnte von Aiguillon aus weiter Richtung Westen nach Casteljaloux radeln (25 km entlang der D 8 und D 11), einem betriebsamen Städtchen am Rande des Landstrichs Les Landes. Bestimmt wird das Bild der Landes von ausgedehnten Kieferwäldern und Sandstränden an der Atlantikküste. Es heißt, Hirten

bewegen sich hier auf Stelzen durch das holprige und trügerische Terrain. Markttag ist in Casteljaloux der Samstag, und baden kann man im nahegelegenen See oder im Schwimmbad. Die Stadt hat ein gut erhaltenes mittelalterliches Viertel und ist im Sommer reich mit Blumen geschmückt. Ein typisches Provinzhotel ist das gastfreundliche Hôtel aux Cadets de Gascogne; hier serviert man Ihnen das Frühstück auch gerne im Garten.
Ziemlich stramm, aber lohnend ist die Fahrt von Casteljaloux nach Marmande und zurück – eine Strecke von insgesamt 70 km. Radeln Sie zunächst auf der D 252 aus der Stadt, und biegen Sie dann rechts auf die D 106 nach Argenton ab. 2 km nach Argenton – in Bouglon – wechseln Sie auf die D 147 über, fahren 3 km bis Guérin und schwenken dann auf die C 1 ein. Nach Le Bois schließlich biegen Sie erneut rechts ab, und zwar auf die D 116 Richtung Marmande. Diesem Städtchen wurde über die Jahrhunderte hinweg übel mitgespielt – von den Westgoten und Sarazenen bis hin zu den Franzosen und Engländern während des Hundertjährigen Krieges. Reste der Befestigungen sind noch am Ufer der Garonne zu sehen, und der ursprünglich aus dem 13. Jh. datierenden Kirche Notre Dame wurden im 15. und 17. Jh. neue Teile angefügt. Zu den Restaurants von Marmande zählen unter anderem das Hôtel de Bretagne neben dem Bahnhof und die Auberge du Guyenne.
Der Rückweg von Marmande nach Casteljaloux führt zunächst entlang der D 933 und dann links ab auf die D 143 nach Caumont (10 km). Von hier aus geht es auf derselben Straße weiter nach Le Mas-d'Agenais (5 km) mit seiner alten Markthalle aus Holz und einer im 12. Jh. erbauten Kirche. Wer will, nimmt von Le Mas den kürzesten Weg entlang der D 6 und via Martaillac zurück nach Casteljaloux (17 km). Fühlen Sie sich hingegen noch fit genug, können Sie auf der D 143 bleiben, in Calonges einen Blick auf das aus dem 17. Jh. stammende Château werfen und dann nochmals 12 km entlang der C 5 zur einstigen *bastide* Damazan radeln. Und falls Sie der Hunger plagt, kehren Sie dort am besten im Hôtel du Commerce ein. Von Damazan radelt man schließlich auf der D 108 nach Villefranche-du-Queyran (8 km) und dann die letzten 9 km auf der D 261 zurück nach Casteljaloux.

Nächster Übernachtungsort ist Nérac, 30 km südöstlich von Casteljaloux entlang der D 655 – eine Fahrt durch Wald und Flur. Wenige Kilometer vor der Stadt kommt man durch Barbaste am Ostrand der Landes, dessen Wohlhabenheit sich einstmals auf die in den Wäldern wachsenden Korkeichen gründete. Die Moulin d'Henri IV., eine befestigte Mühle mit vier verschieden hohen Türmen am Fluß Gélise, soll ein Lieblingsplätzchen des Königs gewesen sein.
Heinrichs Name ist auch mit dem Château de Nérac verknüpft, das als eine Hochburg höfischer Liebe einst in hohem Ansehen stand. Und wenn der Glanz früherer Zeiten auch verblaßt ist und die Ausstattung des Schlosses enttäuscht, haftet ihm nach wie vor ein romantischer Zauber an. Dort, wo Heinrich unter schattigen Bäumen am Flußufer zu lustwandeln liebte, dehnt sich heute ein öffentlicher Park aus. Eine Statue nahe einem kleinen Teich erinnert an ein Bauernmädchen, das sich hier ertränkte, nachdem es von dem jungen Heinrich verführt worden war.
Wer Melonen – eine der einheimischen Spezialitäten – liebt, tut gut daran, sich im Hôtel d'Albret einzuquartieren. Oder übernachten Sie in dem im Stadtzentrum gegenüber dem prächtigen Schloß gelegenen Hôtel du Château. Markttag ist der Samstag, und als Ausgleich zum Radeln können Sie auch einmal ins Schwimmbad gehen.
Moncrabeau, ein Dörfchen 12 km südlich von Nérac (D 930), scheint zwischen Hier und Nirgendwo zu liegen. Stille Sträßchen, grüne Felder und die nur von Weilern und vereinzelten interessanten Bauwerken durchbrochene Weitläufigkeit der Landschaft machen diese Gegend zu einem Paradies für Radfahrer. Nach dem Verlassen des Ortes findet sich so gut wie kein Laden, und man kauft besser bereits vor dem Aufbruch alles Nötige für ein Picknick ein. Baden kann man im Dorfweiher und übernachten im reizvollen Hôtel le Phare.
Lohnenswert ist eine Stippvisite in Mézin (11 km westlich entlang der D 219 und D 117) mit seiner Kirche aus dem 12. Jh. und einer Armagnac-Niederlage. Außerdem in dem 4 km von hier entfernten Poudenas, wo es neben einem Schloß ein ausgezeichnetes Restaurant gibt.

Von Moncrabeau geht es durch abwechslungsreiche Landschaft querfeldein nach Agen, und von hier aus könnten Sie dann der Route der kürzeren Rundfahrt (siehe Seite 109) folgen. Ebenso vergnüglich wäre es, Stützpunkte zu wählen und die Dordogne auf Tagestouren kennenzulernen. Ideale Ausgangsorte für solche Ausflüge abseits ausgetretener Touristenpfade sind Agen und Nérac.

Gelegenheit zu genußreichen Rundfahrten bietet sich auch von Villeréal selbst aus, wie etwa folgende 40-km-Tour: Radeln Sie auf der D 207 1 km nach Rivès, und werfen Sie dort einen Blick auf die Kirche Saint-Pierre. Ein Stückchen weiter ist rechter Hand das Château de Jouandous zu sehen und auf der linken Seite das aus dem 16. Jh. stammende Château de Fonrives. Beide Schlösser sind der Öffentlichkeit nicht zugänglich. Nach dem Dorf Naresse nehmen Sie die erste Straße links nach Doudrac und radeln dann entlang der D 250 durch das reizvolle Tal des Dropt Richtung Saint-Dizier. Von hier aus geht es südwärts nach Bournel und weiter auf der D 218 nach Montaut. Hier bietet sich ein schöner Blick nach Norden zu über das Tal des Dropt, während im Osten das Château Biron zu sehen ist. In Montaut selbst gibt es die Überreste einstiger Befestigungsanlagen zu besichtigen, außerdem mittelalterliche Häuser und eine Kirche mit einer Tür aus dem 13. Jh.

Setzen Sie nun Ihren Weg Richtung Westen nach Lougratte fort, und biegen Sie an der dritten Straße links nach Saint-Eutrope ab. Der Weg führt durch die Wälder von Cluzélou. Auf der ersten Straße, die hinter dem Dorf links abzweigt, gelangen Sie zum Château de Séandaillac. Im 13. Jh. begonnen, wurde es 300 Jahre später umgestaltet und vor kurzem restauriert.

Nach diesem Abstecher kehren Sie auf die von Saint-Eutrope kommende Straße zurück und radeln weiter nach Saint-Vivien. Von dort führt die D 153 nordwärts durch Born, wo ein im 13. Jh. entstandenes Château auftaucht. An der Kreuzung mit der D 676 biegen Sie links ein, nehmen dann die erste Abzweigung rechts und radeln durch die winzigen bejahrten Dörfchen Salarial und Saint-Etienne zu einer schattigen Landstraße, auf der Sie wieder nach Villeréal gelangen.

Auch von Nérac aus läßt sich die nähere Umgebung durchstreifen. Allerdings reichen einige Tage nicht aus, um alle Schönheiten zu entdecken. Vielleicht stoßen Sie auf Ihren Ausflügen auf nur wenige der berühmten Sehenswürdigkeiten, insgesamt aber lernen Sie fernab vom Touristentrubel das ländliche Frankreich von seiner schönsten Seite kennen. Auf Fahrten zu dem befestigten Dorf Larressingle, in das alte Städtchen Barbaste und zum Château Buzet-sur-Baïse oder durch das Tal des Flüßchens Baïse brauchen Sie sich nicht zu verausgaben. Etwas strammeres Radeln hingegen erfordern Streifzüge nach Agen, Casteljaloux oder Aiguillon.
Der Weg nach Larressingle führt auf der D 930 zunächst nach Condom (21 km). Dort schwenken Sie nach rechts in die D 15 ein, und nach 5 km zweigt links eine Straße nach Larressingle ab. Kehren Sie anschließend zurück auf die D 15 und radeln Sie 10 km weiter nach Montréal, wo Hungrige im Restaurant einkehren können. Ab Montréal folgt man 6 km lang dem Lauf des Flusses Auzoue nach Fourcès. Von hier aus radeln Sie auf der D 5 Richtung Norden, biegen auf die nach Mézin (siehe Seite 111) führende D 656 ab und kehren, auf derselben Straßen weiterfahrend, in das 13 km entfernte Nérac zurück.
Stationen einer kürzeren, etwa 40 km langen Rundfahrt sind Buzet-sur-Baïse mit seinem Schloß aus dem 15. Jh.; Calezun, wo eine Kirche aus dem 11. Jh. steht; sowie Vianne, ein Ort, in dem sich Überreste mittelalterlicher Befestigungen finden; und Barbaste mit einer befestigten, aus dem 14. Jh. stammenden Mühle und einer Brücke aus der Römerzeit.
Von Nérac aus geht es auf der D 136 nach Espiens und anschließend westwärts Richtung Lavardac. Hier biegen Sie rechts auf die D 930 ab, radeln nach Trenqueleon mit seinem Schloß aus dem 17. Jh. und setzen dann Ihren Weg via Feugarolles nach Thouars an der Garonne fort. Bis Buzet-sur-Baïse sind es nun noch 3 km auf der D 12. Ein Genuß sind die Rot-, Weiß- und Rosé-Weine der umliegenden Weinberge, und eine kleine Weinprobe, vielleicht in Verbindung mit einem Mittagessen im La Table Buzequaise, wäre gewiß keine schlechte Idee. Fahren Sie anschließend auf der D 642 nach Calezun und Vianne, anschließend weiter nach Lavardac und von dort rechts ab auf

der D 655 die restlichen 2 km nach Barbaste. Auf Nebenstraßen dem Flüßchen Baïse folgend, und zwar am anderen Ufer als bei der Hinfahrt, gelangen Sie zurück nach Nérac.
Abwechslungsreich wäre auch eine andere leichte 34-km-Tour am Ufer der Baïse nach Nazareth, wo es eine Kirche aus dem 13. Jh. und einen verfallenen Bergfried zu sehen gibt, und weiter nach Moncrabeau mit seinem aus derselben Epoche stammenden Gotteshaus. Verlassen Sie Nérac auf der nach Agen führenden D 656 und schwenken Sie dann auf die C 1 Richtung Nazareth ein (2 km). Entlang der D 131 und D 232 geht es weiter nach Tartifume und Francescas (rund 9 km). Hier könnte man noch einen 3 km langen Umweg entlang der D 112 zum Château Lasserre einlegen und erst danach von Francescas auf der C 1 Richtung Süden nach Moncrabeau weiterfahren (9 km). Auf der C 1 bleibend, biegen Sie an der Einmündung der D 930 rechts ab und gelangen so, dem Lauf der Baïse folgend, wieder nach Nérac (12 km).
Etwas anstrengender ist die Fahrt von Nérac nach Agen (28 km auf der D 656). Der Rückweg bringt mehr Abwechslung, wenn Sie nach dem Überqueren der Garonne rechts in die D 119 einschwenken und via Brax (ca. 7 km von Agen) nach Sérignac (6 km von Brax) radeln. Dort erwarten Sie eine Kirche aus dem 11. Jh. sowie Le Relais Landais, ein ganz passables Restaurant. Von Sérignac geht es links ab auf die D 286 und dann nach dem Rechtseinbiegen auf die D 656 via Calignac zurück nach Nérac.
Noch mehr Kondition erfordert der 80 km lange Ausflug nach Casteljaloux, auf dem man drei Dörfer mit Wehrkirchen kennenlernt – Houeillès, Pompogne und Fargues – sowie das Château in Lisse, das teils im Mittelalter, teils in der Renaissance erbaut wurde. Kräfte sammeln kann man unterwegs im Restaurant des Landes in Houeillès und in Casteljaloux im Restaurant de la Gare. Starten Sie in Nérac auf der D 656 Richtung Mézin und biegen Sie nach wenigen Kilometern rechts nach Lisse ab (insgesamt 9 km). Von dort aus geht es weitere 8 km über Nebenstraßen nach Guillemont und Réaup. Nächstes Etappenziel ist Arx (12 km westlich). Dort schwenkt man nach rechts auf die D 59 nach Boussès ein (5 km) und legt

die restlichen 8 km bis Houeillès auf der D 434 zurück. Nach 6 km auf der D 933 gelangen Sie nach Pompogne, und von hier sind es nochmals 8 km bis Casteljaloux (siehe Seite 110). Der Rückweg verläuft zunächst entlang der D 655 nach Fargues (10 km) und weiter nach Placiot (4 km). Hier zweigen Sie links auf die D 141 ab. Sie führt nach Xaintrailles (5 km). Das dortige Schloß aus dem 15. Jh. war Wohnsitz eines Anhängers von Jeanne d'Arc. Nach einheimischer Legende wurde eine Prinzessin, die einst auf dem Château lebte, als Strafe für die Ermordung ihres Vaters für einen Tag in der Woche in eine Schlange verwandelt und soll noch heute herumspuken. In Xaintrailles nehmen Sie die D 108 nach Lavardac und kehren von dort auf der D 930 nach Nérac zurück.
Ziemlich stramm radeln muß man auch bei dem 50-km-Streifzug rund um Aiguillon. Er führt durch Espiens mit seinem Bergfried aus dem 13. Jh., Port-Sainte-Marie an der Garonne, wo eine Kirche aus dem 13. Jh. steht, sowie durch Buzet und Xaintrailles mit ihren Schlössern. Verlassen Sie Nérac auf der D 656, biegen Sie auf die D 136 nach Espiens ein (7 km), und fahren Sie dann noch 6 km weiter auf derselben Straße nach Bruch. Von dort geht es auf der D 213 nach Saint-Laurent (5 km) und nach dem Linksabbiegen auf die D 930 über den Fluß nach Port-Sainte-Marie. Das letzte Stück vor Aiguillon radeln Sie auf der N 113. Beim Rückweg kommen Sie zunächst auf der D 8 nach Damazan (6 km), und von dort geht es weiter auf der D 108 nach Buzet (5 km), Xaintrailles (8 km) und Lavardac (5 km). Hier wechseln Sie auf die D 930 und fahren die restlichen 7 km zurück nach Nérac.
Auf mehreren, jeweils rund 30 km langen Ausflügen von Agen aus bietet sich Gelegenheit, die Umgebung näher in Augenschein zu nehmen. Einer davon (ca. 25 km) führt zunächst nach Pont Garonne (7 km entlang der D 305). Hier radeln Sie links über die Brücke auf die C 9 und entlang der Garonne nach Sauveterre-Saint-Denis, wo Sie den Fluß erneut überqueren. Auf der links abzweigenden C 22 geht es weiter nach Lafox und von dort auf der D 215 nach Saint-Amans. Mit der D 269 gelangen Sie in das 3 km entfernte Bon-Encontre, und nach nochmals 5 km auf der C 206 sind Sie wieder in Agen.

Reizvoll wäre auch ein Streifzug zum Château Chadoits und über schmale Feldwege durch winzige abgelegene Dörfer (24 km). Zunächst verläßt man Agen auf der nach Bordeaux führenden N 113 und biegt dann rechts auf die D 125 nach Alary ab. Dort zweigt die C 1 zu dem aus dem 18. Jh. stammenden Château ab. Zurückgekehrt auf die D 125, geht es weiter nach Saint-Cirq und von dort rechts ab auf die D 107, zur Moulin-de-Mellet. Sobald Sie an der Mühle vorbei sind, biegen Sie nach links ab und radeln ins Tal hinunter. Am Fluß schwenken Sie erneut links ein und setzen Ihren Weg auf der D 107 ostwärts via Martel nach Agen fort.

Die Regionen um Bordeaux und die Garonne haben viel zu bieten – insbesondere jenen, die ein Gespür für Geschichte besitzen, aber auch allen, die Gefallen an der für den Gascogner typischen herzerfrischenden Lebensart und seiner Freude an leiblichen Genüssen finden. Ein Frühstück unter Einheimischen kann durchaus gleichbedeutend sein mit einem oppulenten Schmaus, den man mit einem herrlichen Rotwein vom nahen Weinberg hinunterspült.

BEAUJOLAIS UND JURA

Nördlich von Lyon, zwischen dem verschlafenen Tal der Saône und den Ausläufern der Berge im Osten, dehnen sich das Beaujolais und der Jura aus. Diese fast vergessene Ecke Frankreichs ist ein Land der Seen und Blumen und der feinen Küche. Wo immer man auch radelt – irgendwo blinkt Wasser auf, und Dörfer und Städte wetteifern um den schönsten Blumenschmuck. Wuchernde Blumenpracht ziert zumeist auch die Bauernhäuser mit ihrer traditionellen Außentreppe und dem charakteristischen überhängenden Dach, das wie ein zu groß geratener Hut wirkt.

Ähnlich vielen anderen Gebieten Frankreichs, besitzt auch diese Region eine reiche Geschichte. Ihr goldenes Zeitalter erlebte sie im 14. und 15. Jh. während ihrer Zugehörigkeit zum Herzogtum Burgund, dessen Herren – die Herzöge Philipp der Kühne, Johann Ohnefurcht, Philipp der Gute und Karl der Kühne – mächtiger waren als der französische König. Sie zählten zu den herausragendsten Figuren jener Zeit und stellten sich während der ständigen Machtkämpfe von damals mitunter gemeinsam mit den Engländern gegen die Franzosen. Ihr glanzvoller Hof war Mittelpunkt des schöpferischen und künstlerischen Lebens, insbesondere unter Philipp dem Guten (1419–67); unter seiner Herrschaft erlebten die Künste eine bemerkenswerte Blütezeit.

Das Beaujolais kennt man heute vor allem seiner Weine und seiner guten Küche wegen. Diese Weine sind weltberühmt, obwohl die Weinberge erst vor etwa 200 Jahren angelegt wurden, das heißt, nicht annähernd so alt sind wie andere Anbaugebiete in Frankreich. Ein großer Teil der Produktion von unvorstellbaren 130 Millionen Flaschen Wein ist ein einfacher, leichter Roter – genau das Richtige zur Abrundung eines mittäglichen Picknicks. Der edlere Beaujolais Village ist eine köstliche, in 39 Gemeinden der Region gekelterte Sorte. Und schließlich gibt es noch die neun Kommunen, aus denen ein erlesener Tropfen kommt: Brouilly, den die Einheimischen als Wein *pour l'amour* bezeichnen; der Chénas, der seinen Namen den mächtigen Eichen *(chênes)* verdankt, die einst in dieser Gegend wuchsen; und der auf Terrassenweinbergen angebaute Chiroubles. Côtes de Brouilly kommt aus einem kleinen Anbaugebiet, und als ein Star unter den Weinen dieser Region gilt der Fleurie. Dazu kommen Juliénas, Morgon sowie Moulin-à-Vent, der nach landläufiger Meinung beste Beaujolais; und der Saint-Amour, ein schwerer Wein von delikatem Wohlgeschmack. Der Beaujolais Nouveau erweist sich in einem guten Weinjahr als herrlich süffig, in einem schlechten hingegen als wahrer »Sauerampfer«. Und auch aus den Anbaugebieten des Jura, wo die Weinberge viel kleiner sind, kommt so mancher köstliche Tropfen. Beim Anblick der herrlich goldfarbenen Weine gewinnt man den Eindruck, als verstünden sich die Einheimischen darauf, Sonnenschein in Flaschen abzufüllen; daneben gibt es kräftige Rosé-Weine wie den Rosé d'Arbois. Ungewöhnlich sind die *vins jaunes*, die so gelb sind wie ihr Name und ein wenig nach Sherry schmecken. Besonders empfehlenswert ist der perlende Weißwein Etoile.

Dem guten Ruf der Weine steht die regionale Küche in nichts nach. Hauptsächlich vertreten sind Hähnchen und Rindfleisch, Forelle, Hecht und Flußbarsch sowie *escargots* (Schnecken) und Froschschenkel. *Coq-au-vin* und *Bœuf bourguignon* sind die wohl bekanntesten burgundischen Spezialitäten, nicht zuletzt vielleicht dank des Rotweins, in dem das Fleisch gegart wird. Die Gerichte sind eher einfach, aber aus meist erstklassigen einheimischen Zutaten immer exzellent zubereitet. Ein Meister der Feinschmeckerkunst war der aus dem uralten Jurastädtchen Belley gebürtige Advokat Anthelme Brillat-Savarin. Seine klassische, den Tafelfreuden gewidmete »Physiologie du goût« wurde 1824 veröffentlicht. Die Küchenchefs der Region bemühen sich, seinem Beispiel nachzueifern. In Lyon und der südlichen Umgebung der Stadt finden sich jedenfalls die meisten erstklassigen Restaurants in ganz Frankreich. Zu den einheimi-

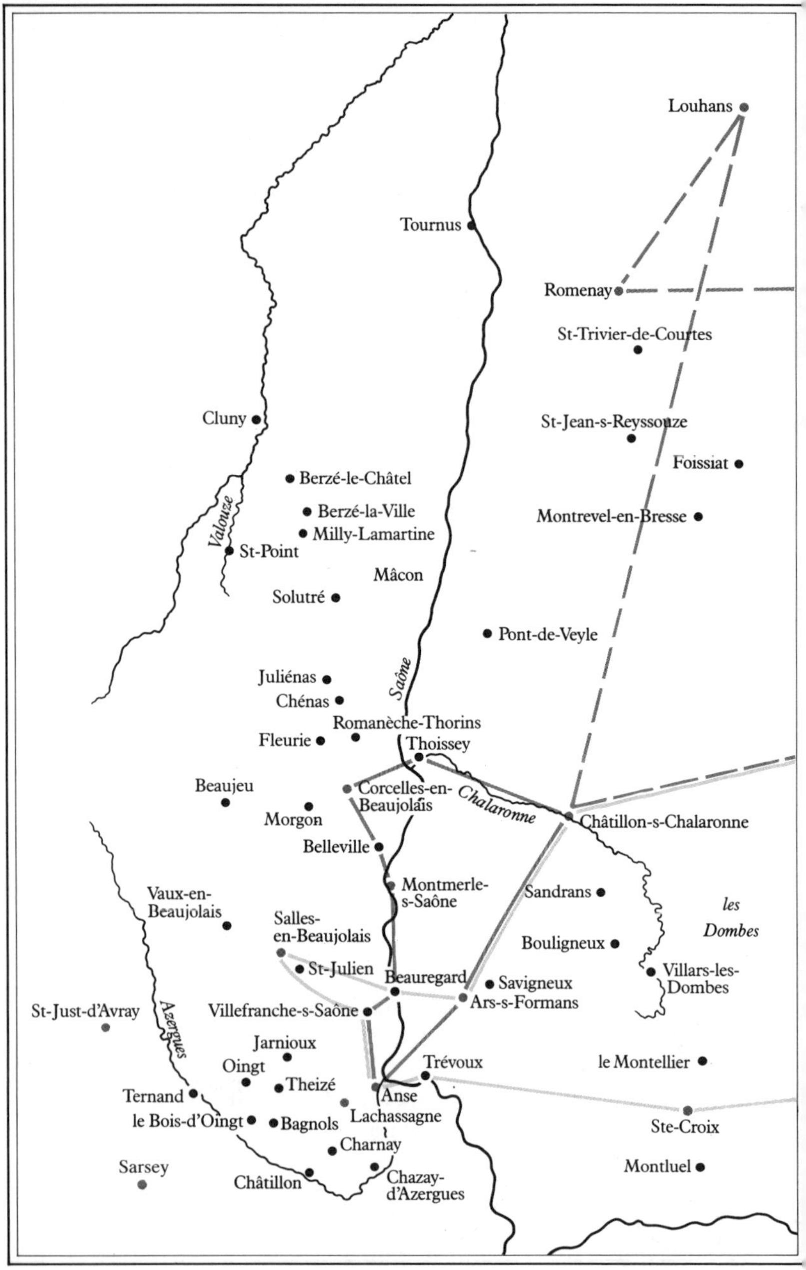
Louhans
Tournus
Romenay
St-Trivier-de-Courtes
Cluny
St-Jean-s-Reyssouze
Foissiat
Berzé-le-Châtel
Berzé-la-Ville
Montrevel-en-Bresse
Milly-Lamartine
Valouze
St-Point
Mâcon
Solutré
Pont-de-Veyle
Juliénas
Saône
Chénas
Romanèche-Thorins
Fleurie
Thoissey
Beaujeu
Corcelles-en-Beaujolais
Chalaronne
Morgon
Châtillon-s-Chalaronne
Belleville
Montmerle-s-Saône
Vaux-en-Beaujolais
Sandrans
les Dombes
Salles-en-Beaujolais
Bouligneux
St-Julien
Beauregard
Villars-les-Dombes
Savigneux
St-Just-d'Avray
Azergues
Villefranche-s-Saône
Ars-s-Formans
Jarnioux
Oingt
Trévoux
le Montellier
Theizé
Ternand
Anse
Lachassagne
Ste-Croix
le Bois-d'Oingt
Bagnols
Charnay
Sarsey
Montluel
Châtillon
Chazay-d'Azergues

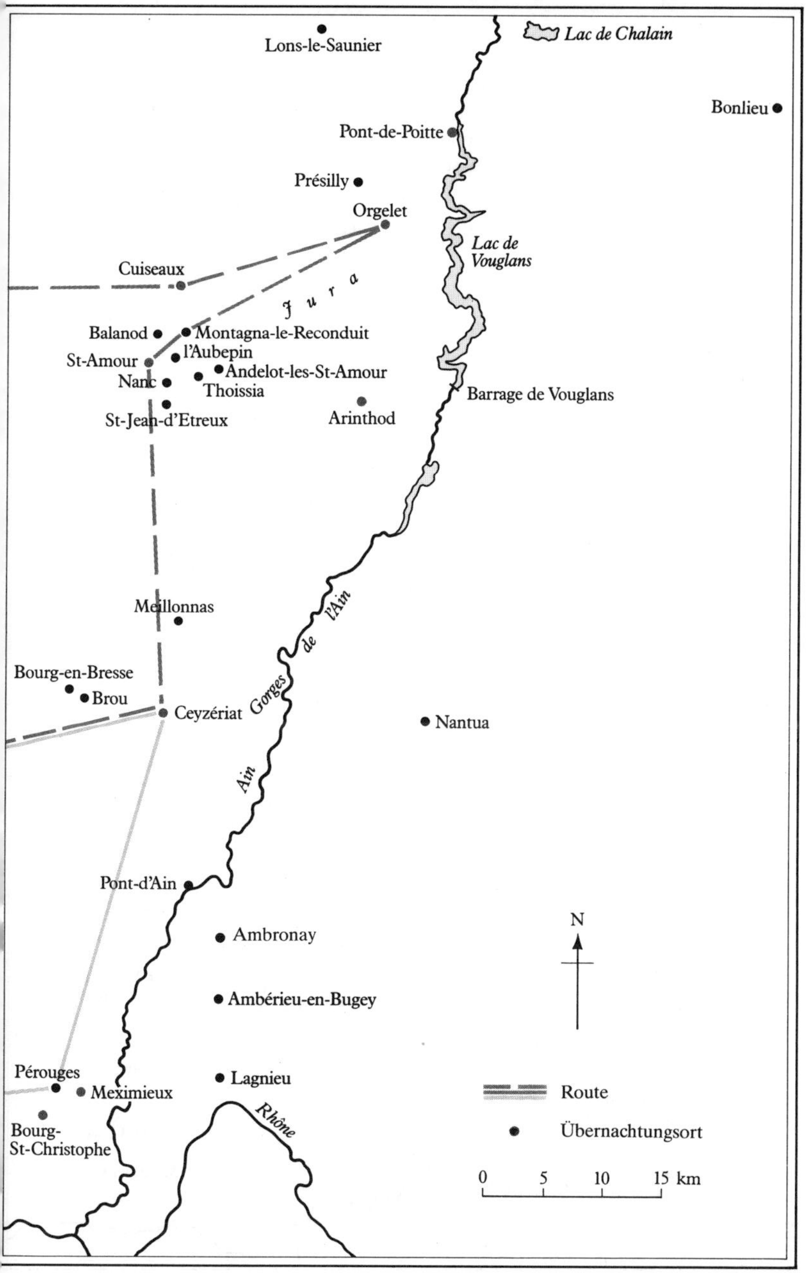
Lac de Chalain
Lons-le-Saunier
Bonlieu
Pont-de-Poitte
Présilly
Orgelet
Lac de Vouglans
Cuiseaux
Jura
Balanod
Montagna-le-Reconduit
l'Aubepin
St-Amour
Andelot-les-St-Amour
Nanc
Thoissia
Barrage de Vouglans
St-Jean-d'Etreux
Arinthod
Meillonnas
Gorges de l'Ain
Bourg-en-Bresse
Brou
Ceyzériat
Nantua
Ain
Pont-d'Ain
N
Ambronay
Ambérieu-en-Bugey
Pérouges
Lagnieu
Meximieux
Route
Rhône
Bourg-
St-Christophe
Übernachtungsort
0 5 10 15 km

schen Spezialitäten, die das Wasser im Munde zusammenlaufen lassen, zählen Artischockenherzen mit *foie gras* und *La Poularde demi-deuil*. Bei dieser Zubereitungsart werden Trüffelscheiben unter die Hühnerhaut geschoben, und die Poularde wird anschließend in einer Brühe aus Kalbsknochen, Porree und Karotten gegart.
Auf den bodenständigeren Speisekarten ländlicher Restaurants entdeckt man erstklassig gegrillten Fisch oder pikante *Grattons* – knusprig gebratene Stückchen Gänse- oder Schweinefett auf Croutons oder geröstetem Weißbrot. Franzosen verwenden gerne möglichst alle Teile eines Tieres, und das Ergebnis sind dann Speisen wie gegrillte Schweinsfüße und *Le Tallier de sapeur* – panierte Kutteln, gegrillt und mit *Sauce tartare* serviert. Pikant schmeckt auch *Salade Lyonnaise*, eine Vorspeise aus Schweinsfüßen oder Kalbskopf und Wurststückchen in Vinaigrette. Berühmt sind die maisgefütterten freilaufenden Hähnchen aus der Ebene der Bresse. Das Attribut »Bresse« dürfen nur Freilandtiere tragen, und die über Wiesen und Felder stolzierenden Hühnerscharen sind dort ein vertrauter Anblick. Eine der hervorragendsten Köchinnen aus Lyon bestand darauf, daß die in ihrem Restaurant servierten Hühnchen aus dem Bezirk Louhans kamen. Wer einmal *Soufflé aux foies de volailles de Bresse* vorgesetzt bekommen hat, wird dieses Gericht aus der Leber einheimischer Hühner niemals vergessen. Auf der Käseplatte finden sich vielerlei Ziegenkäse, dazu der kräftige heimische Bleu de Bresse, und die Desserts zählen zu den phantasievollsten in ganz Frankreich. Doch in dieser Ecke des Landes wird nicht nur ausgezeichnet gekocht, sondern auch perfekt serviert, und die Küchenchefs legen größten Wert auf ein harmonisches Ambiente in ihren Restaurants.
Radfahren im Beaujolais ist nicht mühsam. Die Ebene von Bresse ist flaches Ackerland. Les Dombes, das Gebiet südlich von Châtillon Richtung Lyon ist gleichfalls flach und dazu wesentlich feuchter. Die zahlreichen Seen hier werden zur Fisch- und Froschzucht genutzt, an Tieren aller Art herrscht kein Mangel, und besonders angesichts der vielfältigen Vogelwelt lohnt es sich, das Fernglas einzupacken. Begrenzt wird das Plateau im Osten von den Bergen des Jura und im Westen vom

Hügelland des Beaujolais. Die Landschaft in dieser Hochlandregion ist ungemein abwechslungsreich. Nicht selten werden im Jura die herrlichen Täler mit ihren saftigen Weiden und üppigen Wäldern von tiefen, durch rasch dahinströmende Gebirgsflüsse ausgewaschene Schluchten unterbrochen. Die Hügel des Beaujolais sind niedriger, aber auch hier zeigt sich die Natur mitunter von ihrer spektakulären Seite. In diesen hügeligen Gegenden kann das Radeln mitunter zur Arbeit ausarten, doch die Mühsal wird reich belohnt, und das befriedigende Gefühl, etwas geleistet zu haben, kommt noch hinzu.

Das Klima ist angenehm, insbesondere im Früh- und Spätsommer. Von Mitte Juni bis in den August hingegen ist es heiß, und so mancher Radler scheut dann lange Strecken; allerdings finden sich unterwegs immer wieder Seen und Flußläufe zum Abkühlen. Besonders schön kann es im Frühling und Herbst sein. Morgens und abends ist es frisch, doch wenn dann tagsüber die Sonne wärmend, aber nicht sengend vom Himmel scheint, hat man das Gefühl, ewig dahinradeln zu können. Ziemlich kalt wird es mitunter im Winter, und dann verwandeln sich die Berghänge in Skipisten.

Innerhalb einer Woche könnten Sie die liebliche Landschaft südlich und westlich von Châtillon-sur-Chalaronne durchstreifen. Die blumengeschmückte Stadt bildet den Ausgangspunkt für Erkundungsfahrten durch das Beaujolais, mit Übernachtungen in Corcelles-en-Beaujolais, Montmerle-sur-Saône oder Ars-sur-Formans sowie Anse. Wer mehr Zeit hat, kann weiter in Richtung Westen bis Sarsey am Rande der Hügel des Beaujolais vordringen und ostwärts in das von sanftem Grün geprägte Gebiet um Sainte-Croix radeln. Auf einer zweiwöchigen, von Châtillon-sur-Chalaronne ausgehenden Rundreise könnten Sie zunächst nach Ceyzériat und in das außergewöhnliche mittelalterliche Dorf Pérouges fahren und weiter nach Sainte-Croix, Anse, Salles-en-Beaujolais und Ars-sur-Formans. Gleichfalls 14 Tage braucht man, um die Ausläufer des Jura und die Ebene von Bresse zu durchstreifen. Nach der ersten Übernachtung in Ceyzériat führt der Weg zunächst nach Saint-Amour, Orgelet oder Pont-de-Poitte und dann weiter nach Cuiseaux, Romenay und Louhans. Auf einer kürzeren Tour bis zum Rande des Jura

kommt man nach Ceyzériat, radelt dann weiter Richtung Süden nach Pérouges und Sainte-Croix und kehrt schließlich über das westlich gelegene Montmerle-sur-Saône zurück.
Châtillon-sur-Chalaronne, zwischen Mâcon, Bourg-en-Bresse und Lyon gelegen, ist eine blühende alte Marktstadt. Und wohin man hier auch sieht, erblickt das Auge Blumen – in Blumenkästen, Kübeln und auf verwitterten Baumstümpfen; sie hängen von den Balkonen herab, säumen Wasserläufe und Brücken und wuchern selbst in Kähnen, die sich auf dem Fluß wiegen. 80 m lang ist die herrliche gedeckte Markthalle im Stadtzentrum. Auf 89 mächtigen Holzsäulen und Querträgern ruht das Dach, das mit den für diese Region typischen rotbraunen Ziegeln gedeckt ist. Die Markthalle wurde um das Jahr 1670 anstelle einer anderen errichtet, die zusammen mit über 100 Häusern der Stadt einer Feuersbrunst zum Opfer gefallen war. In der Nähe erhebt sich die schlichte und noch ältere, im 14. Jh. entstandene gotische Kirche Sankt Andreas. Die Hauptstraße durch Châtillon, die D 936, läuft schnurgerade über Land – ein Hinweis auf ihre Entstehung in der Römerzeit. Im nahen, nordwestlich gelegenen Dorf Fleurie entdeckte man auch Überreste aus gallisch-römischer Zeit, dennoch aber wurde Châtillon-sur-Chalaronne viel später besiedelt. Das aus Ziegelsteinen gemauerte Villars-Tor mit seinem schmalen Gewölbebogen ist so ziemlich alles, was von der Stadtmauer übriggeblieben ist. Allerdings sind noch zahlreiche alte Häuser erhalten.
Das einstige Hospital, ein reizvolles Gebäude, ist heute Kulturzentrum der Region. Besichtigen kann man auch die alte Apotheke aus der Zeit um 1730. Blau glasierte und dekorierte Gefäße aus Meillonnas-Keramik, in denen einst die Arzneien aufbewahrt wurden, schmücken, auf vier umlaufende Holzborden angeordnet, den Raum. Gleichfalls zur Schau gestellt sind Stößel und Mörser – darunter ein reich verzierter alter Bronzemörser –, in denen die Mixturen angerührt wurden.
Zu den Schätzen von Châtillon-sur-Chalaronne zählt das Triptychon aus dem Jahre 1527 mit Begebenheiten aus dem Leben Jesu: auf dem Mittelbild die Kreuzabnahme, die beiden Seitenflügel zeigen Christus beim Gebet im Garten Gethsemane neben seinen schlafenden Jüngern bzw. seine Auferstehung.

Gegenüber der Kirche jenseits des Flusses steht die Statue eines Priesters, der ein Kind auf dem Schoß hält. Sie erinnert an den heiligen Vinzenz von Paul, der hier um 1610 als Dorfpfarrer wirkte und den Orden der Barmherzigen Schwestern gründete. Nicht weit davon entfernt sind die Wallanlagen des Chateau zu sehen, nach dem die Stadt im 10. Jh. benannt wurde.
Von den fünf Hotels in Châtillon empfiehlt sich vor allem das im Stadtzentrum nahe der Markthalle gelegene Au Chevalier Norbert (Markt ist am Samstag). Vor kurzem erweitert, verfügt das Hotel nun über zusätzliche Betten in einer 200 m vom Hauptgebäude entfernten Dépendance. Ausgezeichnet ist das Restaurant, und Sie sollten unbedingt Platz lassen für eines der Schlemmerdesserts, mit dem man hier eine Mahlzeit zu beschließen pflegt.
Châtillon-sur-Chalaronne ist Ausgangspunkt für eine Reihe interessanter Ausflüge. Für einen Streifzug durch den Südosten und das Gebiet der Dombes radeln Sie 7 km entlang der D 2 nach Sandrans. Im sehenswerten Innenraum der überraschend stattlichen Kirche findet sich unter anderem eine Säule mit plastischen Darstellungen von Adam, Eva und der Schlange. Fahren Sie weiter die D 2 entlang, an der zu beiden Seiten immer wieder Seen auftauchen, nach Bouligneux mit seinem mittelalterlichen Schloß aus rotem Backstein. Ein Stückchen weiter liegt Villars-les-Dombes. Die Kirche stammt aus dem 14. Jh. Hauptattraktion aber ist der an einem See gelegene Vogelpark, in dem nahezu 2000 Vertreter von 350 verschiedenen Vogelarten in weitläufigen Volièren oder frei herumfliegen. Unter den exotischen Bewohnern entdeckt man Emus, Adler, Pinguine und Pelikane, und Störche fehlen ebensowenig wie Grau-, Silber-und Weißreiher. Dazu tummelt sich eine Vielfalt an Enten, Gänsen und durchreisenden Zugvögeln.
Ein anderer Vorschlag wäre eine gemächliche Fahrt von Châtillon nach Bourg-en-Bresse (24 km auf der D 936), wo seit 1758 jeden Mittwoch Markt abgehalten wird. In ihren Anfängen geht die malerische alte Stadt auf die Jungsteinzeit zurück, und mehrere prähistorische Megalithen wurden in spätere Bauwerke integriert. Die Römer fügten solche Steine in ihre Befestigungsanlagen ein, und teilweise bildeten sie auch das Funda-

ment des Gefängnisses, wo sie noch heute in den Grundmauern zu sehen sind. Nach Beendigung der römischen Besatzung geriet Bourg nach und nach in Verfall. Auf den Ruinen des römischen Forts errichtete man dann im 10. Jh. eine Burg, die im 15. Jh. durch ein befestigtes Dorf ersetzt wurde. Später wurden die Verteidigungsanlagen eingeebnet, aber mehrere alte Holzhäuser aus dieser Zeit sind erhalten geblieben. Ein weiteres Zeugnis aus den Zeiten des Rittertums ist die Place Lices. Dieser älteste Teil der Stadt diente den Rittern als Turnierplatz, auf dem sie sich in der martialischen Kunst des ritterlichen Kampfspiels übten. Lohnend ist auch ein Besuch der aus dem frühen 16. Jh. stammenden Kirche Notre-Dame, die sich am Ende einer engen alten Straße erhebt. In Saint-Crépin gibt es noch ein mittelalterliches farbiges Glasfenster, und die faszinierenden Schnitzereien am Chorgestühl dokumentieren auf lebendige Weise das Leben von damals.
Sehenswert jedoch ist vor allem der eindrucksvolle Kirchenbau in Brou, einem Vorort von Bourg (1 km). 1506 begann man mit der Errichtung der Klosterkirche – im selben Jahr, in dem auch der Bau von Notre-Dame in Angriff genommen wurde. Bauherrin war Margarethe, die Tochter Kaiser Maximilians von Österreich. Im Vergleich zu Notre-Dame, deren Errichtung über 100 Jahre dauerte, war die Kirche von Brou nach erstaunlich kurzen 20 Jahren vollendet. Sie sollte einen würdigen Rahmen für das Grabmal Herzog Philibert von Savoyen abgeben – Margarethes Gemahl –, der im Alter von 24 Jahren nach einem Jagdausflug an einer Erkältung gestorben war. Mit dem Bau wurde auch ein Jahre zuvor von Philiberts Mutter gemachtes Gelübde eingelöst. Sie hatte gelobt, ein Kloster errichten zu lassen, wenn ihr Gemahl einen schweren Jagdunfall überleben würde. Ein Meisterwerk des gotischen Flamboyant-Stils, vereint dieses Gotteshaus unter seinem Dach eine phantastische Fülle von Holzschnitzereien und Steinplastiken. Besonders fein ausgearbeitet und belebt von Hunderten von Einzelfiguren sind die biblischen Szenen am Chorgestühl. Drei prachtvolle weiße Marmorgrabmäler beherbergt dieses außergewöhnliche Bauwerk: das Grabmal Margarethes, die noch vor Vollendung der Kirche an einer Blutver-

giftung starb, das Grabmal Philiberts, das ihn in seiner Rüstung und als würmerzerfressenen Leichnam zeigt, und – am vollendetsten gestaltet – die letzte Ruhestätte seiner Mutter Marguerite de Bourbon. Heute ist die Kirche säkularisiert. Das angrenzende Klostergebäude diente zum Teil als Irrenhaus und war teilweise sogar zu einem Schweinestall verkommen. Glücklicherweise hat es mittlerweile ein wenig von seiner einstigen Würde wiedererlangt. Heute beherbergt es ein Museum, in dem einige besonders schöne Stücke einheimischer Emaillierkunst zu sehen sind.
Philibert starb 20 km weiter südlich im Château de Pont-d'Ain. Von den lokalen Lehensherren im 11. Jh. errichtet, wurde es später zum Wohnsitz der mächtigen Herzöge von Savoyen. Jetzt ziehen sich die Priester dieser Gegend zu Exerzitien auf das Schloß zurück. Auch in Pont-d'Ain haben einige alte, sich um die Kirche scharende Häuser überdauert.
Ihr erstes Nachtquartier auf einer Tour durch das Beaujolais schlagen Sie in dem Dörfchen Corcelles-en-Beaujolais auf, 21 km von Châtillon-sur-Chalaronne entfernt (D 7 und D 9). Empfehlenswert ist das kleine Hôtel Gailleton. Auf dem Weg dorthin kommen Sie durch Thoissey, wo Sie in der Saône schwimmen oder angeln können. Und am 14. Juli und 15. August finden dort Pferderennen statt. Corcelles liegt im Herzen der Weinberge, und im nahegelegenen Château aus dem 15. Jh. kann man Wein einkaufen. 17 km westlich und auf gewundenen Landstraßen zu erreichen ist der Ort Beaujeu, nach dem die Gegend benannt ist. Bis zu den Weindörfern Chénas, Fleurie und Juliénas im Norden und Morgon im Süden sind es nur wenige Kilometer, und an Gelegenheiten zu Stippvisiten in Weinkellern und zu Weinproben herrscht kein Mangel. Eine Abwechslung für Kinder bietet der kleine Zoo in Romanèche-Thorins (4 km Richtung Norden).
Inmitten der Weinberge treibt auch die Romantik üppige Blüten. Ein junger Arzt, in der mittäglichen Sonne auf einem saftigen grünen Hügel sitzend, machte seiner Angebeteten unvermittelt einen Heiratsantrag. Dazu sprang er – zu ihrer großen Verblüffung – plötzlich auf die Füße, riß sich die Kleider vom Leib und hüpfte um sie herum. »C'est formida-

ble«, meinte sie, und nahm den Antrag an. Was sie allerdings nicht ahnen konnte – er hatte sich in einen Ameisenhaufen gesetzt.

Setzen Sie Ihren Weg von Corcelles südostwärts via Pizay, einem Dörfchen mit einem Schloß aus dem 18. Jh., nach Belleville fort. Wie die anderen größeren Städte der Region – von Mâcon bis Lyon – dehnt sich auch Belleville an den Ufern der Saône aus, hat aber außer seiner reizvollen Lage und einer Kirche aus dem 12. Jh. nichts Besonderes zu bieten.

Von Belleville aus geht es auf der D 17 über die Saône und dann Richtung Süden nach Montmerle-sur-Saône (4 km). Wer hier übernachten will, sollte sich im idyllisch gelegenen Hôtel du Rivage mit Blick über den Fluß einquartieren. Fühlen Sie sich hingegen noch fit genug, könnten Sie weiterfahren nach Beauregard (12 km Richtung Süden) und einen Blick auf das malerisch an einem bewaldeten Hang stehende Herrenhaus mit seinen beiden Rundtürmen werfen.

Nach etwa 4 km (D 904 Richtung Osten) gelangen Sie nach Ars-sur-Formans, dem Jean-Marie Vianney Anfang des 19. Jh. zu Geltung verhalf. Er war Priester und wurde zum Patron der Gemeindepfarrer. Als schlichter, von Zweifeln erfüllter Mann besaß er dennoch die bemerkenswerte Gabe, Menschen zum Christentum zu bekehren und sie vom Nutzen eines gottesfürchtigen Lebens zu überzeugen. Seine Popularität wuchs derart, daß er mitunter 17 Stunden hintereinander im Beichtstuhl saß. Die Basilika von Ars-sur-Formans beherbergt die Reliquien dieses Heiligen. In einem kunstvoll vergoldeten Bronzeschrein liegt, für alle sichtbar, sein einbalsamierter Leichnam, und in einer kleinen Kapelle wird sein Herz aufbewahrt. Dort steht auch eine etwas mißglückte Statue, die den Priester kniend ins Gebet vertieft darstellt. Nach wie vor gilt das Dorf mit seinen kaum 700 Bewohnern als Wallfahrtsstätte, und alljährlich strömen rund 400 000 Pilger hierher. Übernachten kann man im Grand Hôtel de la Basilique. Die ehemalige Postkutschenstation ist rund um einen stillen, blumengeschmückten Hof angelegt, wo Sie einen abendlichen Drink schlürfen oder in Gesellschaft eines Buches einen müßigen Nachmittag einlegen können. Im Restaurant werden vor allem

lokale Spezialitäten serviert, beispielsweise *Escargots de Bourgogne* (Schnecken mit Petersilie und Knoblauchbutter).
In Savigneux, direkt östlich von Ars und fast zu Fuß zu erreichen, steht eine ungewöhnliche Kirche. Der mit roten Ziegeln gedeckte Vorbau über dem Hauptportal ruht auf vier Säulen, aus denen die Gesichter von Menschen und Tieren herausgemeißelt sind.
Von Ars sind es nur 14 km Richtung Süden zum nächsten Übernachtungsort Anse, einer Kleinstadt mit Römerfestung und einem Schloß aus dem 12. Jh. Nahe der Ortsmitte, aber abgeschirmt vom Verkehr steht das aus einem alten Bauernhaus entstandene Hôtel Saint-Romain. Auf dem Weg nach Anse könnten Sie in Villefranche-sur-Saône zu einer Erfrischung einkehren und dort einen Blick auf die alten Häuser und die interessanten Wasserspeier der Kirche Notre-Dame-des-Marais werfen. Markttag ist hier der Montag.
Zum Schwimmen und Wassersport lädt der See bei Trévoux östlich von Anse ein (5 km entlang der D 6). Außerdem gibt es hier die drei abgebrochenen Türme einer Schloßruine zu sehen; der mittlere hat einen achteckigen Grundriß.
Statt in Anse könnten Sie auch im wenige Kilometer südwestwärts entfernten Dorf Lachassagne in der winzigen Herberge Au Goutillon Beaujolais nächtigen. Sie steht inmitten eines dem Hotelbesitzer und seinem Sohn gehörenden Weinbergs, aus dessen Trauben die beiden einen köstlichen Tropfen keltern. An klaren Tagen hat man von hier aus einen atemberaubenden Fernblick nach Osten, mitunter bis zum Mont Blanc.
Das Château in Lachassagne zählt zu den zahlreichen Schlössern dieser Gegend, und auf einem kurzen Streifzug vom Dorf aus bekommen Sie einige davon zu Gesicht. Bemerkenswert in diesem Teil des Beaujolais ist auch der honigfarbene Stein, der hier zum Bauen verwendet wurde und dieser Ecke die Bezeichnung »Land der *pierres dorées*« einbrachte. Ein reizvolles Beispiel für die Verarbeitung dieser »goldenen Steine« ist das an einem Hang gelegene Dorf Charnay (7 km auf der D 70 Richtung Süden). In der Kirche aus dem 12. Jh. steht eine bemalte Steinplastik des heiligen Christophorus des 13. Jh. Außerdem finden sich hier die Ruinen eines Schlosses.

Von Charnay aus geht es südostwärts weiter in das von Mauern umfriedete mittelalterliche Dorf Chazay-d'Azergues mit seinem im 15. Jh. erbauten Schloß und dem ungewöhnlichen sechseckigen Turm. Richtung Westen weiterradelnd, gelangt man dann nach Châtillon, wo das goldfarbene, zwischen grünen Bäumen an einem Hang stehende Château in der Sonne aufleuchtet. Halten Sie Ausschau nach einem Wasserspeier in Gestalt eines grimmigen Hundes, der den türmchenbewehrten Bergfried bewacht. Noch weiter westlich (5 km auf der D 485) stößt man auf das Château Chessey-les-Mines, dessen Bergfried aus dem 12. Jh. datiert – aus derselben Zeit, in der der älteste Abschnitt von Schloß Châtillon entstand. Kehren Sie nun nach Lachassagne via Bagnol zurück. Das dortige Schloß aus dem 15. Jh. ist Besuchern nicht zugänglich, aber das Dorf kann mit alten Häusern und einer interessanten Kirche aufwarten.
Ein anderer Ausflug von Anse oder Lachassagne aus führt durch hügeliges Gelände nach Theizé (15 km Richtung Westen entlang der D 39 und D 19), wo sich das Restaurant l'Esperance zur mittäglichen Einkehr anbietet. Unmittelbar außerhalb des Dorfes liegt das Château Rapetour. Auf derselben Straße weiterradelnd, gelangt man nach Oingt, einer uralten Ansiedlung, die hoch auf einer Felsnase in der Sonne kauert. In der Apsis der Kirche sind die steinernen Portraits von acht Baronen zu sehen, die im 13. Jh. Herren dieser Gegend waren. Die 74 Stufen zum Schloßturm zu erklimmen lohnt sich – von hier aus bietet sich ein herrlicher Blick über die Weinberge der Umgebung.
Auf der Rückfahrt radeln Sie zunächst auf der D 120 4 km Richtung Süden nach Le Bois-d'Oingt, ein von Rosen überwuchertes Dorf. Ein Stückchen weiter erhebt sich neben der D 13 das im Renaissance-Stil erbaute Château de Flachère. Leider ist dieses bemerkenswerte Gebäude Besuchern verschlossen. Nach Anse sind es von hier aus 17 km und weiter Richtung Norden nach Châtillon-sur-Chalaronne nochmals 34 km.
Erkunden könnten Sie das Beaujolais auch von Salles-en-Beaujolais aus, 20 km westlich von Châtillon. Das zwischen den Hügeln eingebettete Dörfchen ist von Weinbergen umgeben, und seine aus dem 12. Jh. stammende Kirche gilt als das architektonisch interessanteste Gotteshaus der Region. In der

Hostellerie Saint-Vincent erwarten Sie ein Swimmingpool, Tennisplätze und Gärten.
Nach Vaux-en-Beaujolais sind es von hier aus 7 km Richtung Norden (D 35 und D 49e). Der Ort diente Gabriel Chevallier als Modell für sein berühmtes fiktives Dorf Clochemerle in seiner 1935 veröffentlichten geistreichen Satire über engstirnige Bürokraten. Für einen zweiten Roman Clochemerle-les-Bains bezog er seine Inspirationen aus der Trinkhalle, in der Kranke jenes Heilwasser zu schlürfen pflegten, das einst unterhalb des Dorfes aus dem Boden sprudelte. Im Dorf Saint-Julien unmittelbar südlich von Salles wurde Claude Bernard geboren, der im letzten Jahrhundert bedeutsame Forschungsarbeiten auf dem Gebiet der Hepatologie, Hämatologie und des Nervensystems leistete. Sein Haus ist zu besichtigen.
Von Salles aus kann man nun Richtung Südwesten nach Sarsey am Rande des Hügellandes des Beaujolais fahren. Auf der Speisekarte des kleinen ruhigen Hôtel Chatard finden sich Lyoner Spezialitäten. Interessant für Weinenthusiasten sind die *caves coopératives* im nur 5 km entfernten Bully, und überdies findet sich unmittelbar außerhalb des Dorfes ein herrlicher Aussichtspunkt. Zur Abwechslung können Sie aber auch einmal einen gemächlichen Tag einlegen und am Fluß Azergues angeln. Alljährlich am 21. Juni findet in Sarsey eine *fête* statt.
Nehmen Sie von Salles aus zunächst die D 20, und biegen Sie dann rechts auf die D 504 ab, eine gewundene, hügelige und landschaftlich wunderschöne Straße. Bei Chambost-Allières schwenken Sie links auf die D 485 ein, und nach etwa 15 km taucht rechter Hand Sarsey auf.
Ternand, rund 10 km nördlich von Sarsey an der D 485, war der befestigte Wohnsitz der Erzbischöfe von Lyon. Außer einem verfallenen Bergfried gibt es dort noch eine Kirche aus dem 15. Jh. mit alten Fresken. Nach 12 km langer Querfeldeinfahrt über eine sich dahinschlängelnde Straße gelangt man nach Jarnioux mit seinem Renaissance-Schloß. Von hier aus kann man über Theizé und Bagnols nach Sarsey zurückradeln.
Ein weiteres von Châtillon-sur-Chalaronne aus erreichbares Weinanbaugebiet dehnt sich im Norden rund um Mâcon aus. Aus dem Mâconnais kommen ausgezeichnete Rot- und Weiß-

weine, allen voran der Mâcon Villages. Einen Urlauber, der bei einer Kelterei vom Rad gestiegen war, um den dortigen Wein zu probieren, hielt man für einen Einkäufer und führte ihn durch Weinberg und Keller. Selbst nach Aufklärung des Mißverständnisses ließ es sich *le patron* nicht nehmen, seinem Gast Proben sämtlicher Weine zu kredenzen. Die Straße von Châtillon-sur Chalaronne nach Mâcon führt durch die alte, zwischen den beiden Armen eines Flusses erbaute Stadt Pont-de-Veyle. Bis auf ein Stadttor aus dem 14. Jh. und den Glockenturm sind die Stadtmauer und die einstigen Befestigungen fast gänzlich verschwunden. Mâcon selbst dehnt sich in reizvoller Lage am Westufer der Saône aus. An dieser Stelle leitet eine erneuerte, aus dem 14. Jh. stammende Brücke über den Fluß. Die alte Kathedrale Saint-Vincent wurde während der Französischen Revolution weitgehend zerstört und ist heute eine Ruine.

Von mehreren Museen in Mâcon sind besonders zwei interessant. Eines beherbergt prähistorische Funde aus der Nähe von Solutré, einem Dörfchen, das sich 8 km westlich von Mâcon (D 54) an den Fuß eines steilen Felsabsturzes kauert. An dieser Stelle entdeckte man die Knochen von rund 100 000 Pferden – vermutlich Tiere, die über die Felskante getrieben und dann von den einstigen Bewohnern dieser Gegend verspeist worden waren. Solutré ist überdies Zentrum des Anbaugebiets der Weißweinsorte Pouilly-Fuissé. Das andere, in einem schönen Haus aus dem 18. Jh. untergebrachte Museum ist Mâcons berühmtem Schriftsteller Alphonse de Lamartine gewidmet. 1790 in dieser Stadt geboren, befand sich der Dichter und Staatsmann als glühender Royalist in heftigem Widerstreit mit seiner Zeit. Begraben liegt Lamartine zusammen mit Frau und Tochter im Dorf Saint-Point, 25 km westlich von Mâcon. Sein nahegelegenes Landhaus kann man besichtigen. Er ließ es im romantisch-gotischen Stil umbauen, und sein Arbeitszimmer sieht heute noch so aus, wie er es zurückließ. Mit dem Namen Lamartine sind noch zwei Orte westlich von Mâcon verknüpft. Das Château de Monceau, wo der Dichter stilvoll lebte und seine eigenen Weinstöcke besaß, ist heute ein Altersheim, und etwa 1 km davon entfernt liegt das Dorf Milly-Lamartine, wo er eine glückliche Kindheit verbrachte.

Dieses Tal birgt auch mehrere interessante sakrale Sehenswürdigkeiten. Mit Vorliebe zog sich der große Heilige Hugo, Abt von Cluny, in die von Milly-Lamartine nur einen Steinwurf entfernte Klosterkapelle von Berzé-a-Ville zurück. Das wunderschöne, aus dem 12. Jh. stammende Fresko in dieser Kapelle entdeckte man vor 100 Jahren unter einer Schicht Tünche. Unweit davon ragt inmitten einer grünen Landschaft das mittelalterliche Château von Berzé-le-Châtel empor.
Die Abtei selbst, bzw. das, was von ihr übrigblieb, liegt 10 km nördlich an der D 980. Im Jahre 910 gegründet, war Cluny einst das größte Kloster Europas – ein Zentrum intellektuellen und künstlerischen Lebens und religiöser Macht gleichermaßen. Einflußreichster Abt von Cluny war der heilige Hugo. Er begann um 1080 mit dem Bau einer neuen Kirche, der dritten an dieser Stelle, und gleichzeitig der größten und prachtvollsten der Christenheit. Doch bereits 100 Jahre später begann die Macht von Cluny zu schwinden. Während der Religionskriege wurden Abtei und Kirche geplündert und nach der Französischen Revolution teilweise verwüstet. Die Steine verwendete man für andere Bauten, und die Türme der Abtei wurden in die Luft gesprengt.
Selbst konditionsstarken Radlern dürfte dieser Ausflug nach Mâcon und Cluny und zurück mit einer Gesamtstrecke von rund 100 km für einen Tag zuviel sein. Am besten ist es deshalb, irgendwo, vielleicht in Mâcon selbst, zu übernachten.
Wer zwei Wochen Zeit hat, könnte Châtillon-sur-Chalaronne als Stützpunkt wählen und von hier aus eine längere Rundreise unternehmen. Fahren Sie zunächst Richtung Nordosten in das hübsche Städtchen Ceyzériat – eine Strecke von 30 km entlang der nach Bourg-en-Bresse führenden D 936 – und dann weiter auf der D 979. Das empfehlenswerte Hôtel Mont-July liegt etwas außerhalb der Stadt wunderschön am Westrand der Jura-Ausläufer, jenes eindrucksvollen Gebirgszugs, der sich nach Osten zu in die Schweiz hinein fortsetzt. Zu erreichen ist das Hotel auf einer Nebenstraße, die auf die Anhöhe Mont-July führt. Das Haus ist von einem großen Garten umgeben und hat eine Terrasse, auf der man an lauen Sommerabenden so richtig entspannen kann.

Im Umkreis von Ceyzériat befinden sich allerlei interessante Orte, darunter Pont-d'Ain mit seinem Schloß und Bourg-en-Bresse (siehe Seite 124). Etwa 11 km südlich von Pont-d'Ain (D 36) stößt man auf die uralte, um 690 gegründete Benediktinerabtei Ambronay. An der im 10. Jh. errichteten Kirche sind im Laufe der folgenden 600 Jahre immer wieder An- und Umbauten vorgenommen worden. Wunderschön sind die schattigen Kreuzgänge und der gotische Kapitelsaal. Von den Befestigungen des Dorfes ist so gut wie nichts übriggeblieben, mit Ausnahme eines Tores aus dem 13. Jh.
Wem der Sinn nach Abwechslung steht, der kann auch für einen Tag mit der Eisenbahn nach Genf fahren. Östlich von Ceyzériat (40 km auf der D 979) liegt am Ende eines reizvollen, zwischen Bergen eingebetteten Sees Nantua. Hier können Sie sich an frisch gefangenen Panzerkrebsen gütlich tun und am Seeufer erholsame Spaziergänge machen. Allerdings sollten Sie sich vergewissern, wie Sie am besten nach Nantua gelangen. Ein Paar, das sich für das Lokalbähnchen entschied, staunte nicht schlecht, als der Zug 10 km vor dem Ziel nicht mehr weiterfuhr. Im strömenden Regen an der sich rasch leerenden Bahnstation alleingelassen, erbarmte sich der liebenswürdige Stationsvorsteher der beiden und brachte sie in seinem Wagen nach Nantua. Damit war der Tag gerettet.
Von Ceyzériat aus der D 52 8 km in Richtung Norden folgend, gelangt man nach Meillonnas. Berühmt wurde das Dorf durch die hier erstmals hergestellten Fayencen – Töpferwaren mit Zinnglasur. Urheber dieses Ruhms war Gaspard de Marron, der um 1750 in einem Nebengebäude seines Château eine Töpferei einrichtete. Sie schloß vor über 100 Jahren ihre Pforten, aber andere Töpfer setzen heute diese Tradition fort und bemalen Krüge und Teller weiterhin meist mit Blumen wie Nelken, Vergißmeinnicht, Margeriten und Rosen. Schlendern Sie ein wenig durch die in ihrer Ursprünglichkeit erhalten gebliebenen alten Dorfstraßen und schauen Sie dabei in die Werkstätten hinein.
Südlich von Ceyzériat stößt man auf das reizvolle, auf einem Hügel gelegene Städtchen Pérouges (46 km auf der D 42 und D 984). Unterwegs könnten Sie einen Umweg Richtung Osten

nach Ambérieu-en-Bugey machen und dort einen Blick auf das Château des Allymes werfen. In dem viereckigen roten Backsteinbau sind eine archäologische und eine historische Sammlung untergebracht. Südlich von Ambérieu – in Lagnieu – steht das vor allem wegen seiner herrlichen Decken bekannte Château de Sainte-Julie. Von hier aus geht es querfeldein nach Pérouges.

Pérouges gleicht einem Städtchen aus dem Märchenbuch: eine mittelalterliche Festung, Kopfsteinpflaster und ein Häufchen teilweise aus Holz erbauter Häuser mit roten Ziegeldächern, dazu eine drohend aufragende Kirche. Der ganze Ort scheint sich seit seiner Entstehung so gut wie nicht verändert zu haben. Neben den uralten Häusern sind die massiven Festungswälle ebenso noch vorhanden wie die beiden engen Stadttore. Kein Wunder, daß dieses mittelalterliche Kleinod zur Kulisse zahlreicher Historienfilme wurde.

Einquartieren sollten Sie sich jedoch besser im Dorf Bourg-Saint-Christophe oder in dem geschäftigten Marktstädtchen Meximieux, wenige Kilometer von Pérouges entfernt. Am Tresen der kleinen ländlichen Herberge Hôtel Chez Ginette in Bourg-Saint-Christophe finden sich die Einheimischen schon frühmorgens zu einem Cognac ein, angesichts dessen man sich mit seinem Frühstückskaffee fast ein wenig fehl am Platze vorkommt. Baden können Sie im See und im Fluß, und am dritten und vierten Wochenende im Juli wird das Dorffest veranstaltet. Meximieux ist ein properes, betriebsames Städtchen, und das Hôtel Lutz in der Stadtmitte hat ein ausgezeichnetes Restaurant.

Nicht versäumen sollten Sie einen Abstecher zu den Grottes de la Balme (20 km Richtung Südosten entlang der D 65, D 123 und D 20). Mit ihren kathedralenartigen Gewölben und phantastischen Stalagmiten und Stalaktiten zählen sie zu den spektakulärsten Höhlen Frankreichs. Eine davon ist mit dem stillen, klaren Wasser eines unterirdischen Sees gefüllt.

Die nächste, nur 11 km lange Etappe führt querfeldein nach Sainte-Croix. Unterwegs könnten Sie aber den längeren Umweg entlang der D 4 und D 61 über das Château Montellier nehmen, das allerdings nur von außen zu besichtigen ist.

Sainte-Croix, ein winziges Dorf, eignet sich ideal als Stützpunkt für die Erkundung des südlichen Teils der Domes und sogar für einen Abstecher nach Lyon, falls Ihnen der Sinn danach steht, für einen Tag einmal aus dem Sattel zu steigen. Ansonsten bietet das Dorf absolut nichts, mit Ausnahme des ausgezeichneten Hôtel Chez Nous, dessen gute Küche gewiß dazu beiträgt, Ihre Lebensgeister wieder zu wecken.
In Montluel (5 km südlich entlang der D 61) kann man den Zug nach Lyon besteigen. Frankreichs zweitgrößte Stadt ist vor allem wegen ihrer ebenso vorzüglichen wie teuren Restaurants berühmt, außerdem wegen ihrer zahlreichen Museen und der jahrhundertealten Seidenindustrie. Am Zusammenfluß von Saône und Rhône gelegen, spielte Lyon in der Geschichte dieser Region immer eine bedeutsame Rolle.
Von Sainte-Croix geht es westwärts (34 km entlang der D 4 und D 6) via Trévoux nach Anse (siehe Seite 128). Dort nehmen Sie zunächst die landschaftlich schöne D 70 nach Villefranche-sur-Saône und dann die D 43 weiter nach Salles-en-Beaujolais (siehe Seite 129) – eine Strecke von insgesamt 20 km. Auf dem letzten Abschnitt überqueren Sie erneut die Saône, kehren in das 8 km von Villefranche entfernte Ars-sur-Formans (siehe Seite 127) zurück und radeln von dort entlang der D 936 die restlichen 20 km nach Châtillon-sur-Chalaronne.
Ein anderer Vorschlag für einen zweiwöchigen Urlaub wäre ein Streifzug nach Norden und Osten durch die Ausläufer des Jura. Mit Châtillon-sur-Chalaronne als Ausgangspunkt führt die erste Etappe, wie bereits beschrieben, nach Ceyzériat. Von dort radeln Sie 33 km Richtung Norden nach Saint-Amour. Mit dem Bau einer Umgehungsstraße gelang es, dieses vom Verkehr in Mitleidenschaft gezogene Marktstädtchen am Rande des Jura vor dem Ruin zu bewahren. Empfehlenswert ist das kleine Hôtel d'Alliance unweit des Marktplatzes – ein altes, höchst ungewöhnlich eingerichtetes Gebäude. Auch die Stadt selbst mit ihren rund um den hohen Glockenturm gescharten Häusern ist uralt. Es gibt noch zwei verwitterte, efeuüberzogene Stadttore, und auf den Überbleibseln der Stadtmauern kann man herumflanieren. Von diesem Gemäuer geht der Blick weit nach Westen über die Ebene von Bresse, die von hier aus etwas von

der blauen Unendlichkeit eines Meeres hat. Wo sich heute die Kirche aus dem 15. Jh. erhebt, stand einst ein römischer Tempel, und das kleine weiße, neben einem verfallenen Rundturm stehende Haus mit Glocke und Kreuz auf dem Dach war früher Hospiz und Apotheke eines ehemaligen Kapuzinerklosters.
Eine reizvolle 20-km-Rundfahrt von Saint-Amour führt zunächst nordwärts nach Balanod (3 km auf der N 83); dort biegen Sie rechts auf die D 51 nach Montagna-le-Reconduit ein (3 km). Der Ort liegt inmitten eines felsigen Landstrichs, dessen Bild von tiefen Schluchten und zahlreichen kleinen Wasserfällen geprägt ist. Schwenken Sie dort erneut rechts ein, und zwar auf die D 3e Richtung Thoissia (5 km), und radeln Sie dann auf der wiederum rechts abzweigenden D 3 nach L'Aubepin (3 km). Hier stehen die Ruinen einer uralten Burg sowie die Klause und Kapelle Saint-Garadoux. Nach weiteren 4 km auf derselben Straßen sind Sie wieder in Saint-Amour. Etwas länger wird der Ausflug, wenn Sie von der D 3 auf die gewundene steile Straße nach Andelot-les-Saint-Amour einschwenken, wo man auf das Paradebeispiel einer typisch mittelalterlichen Festung stößt. Auch unmittelbar südlich von Saint-Amour, in Nanc, hat ein bejahrtes Schloß bis heute überlebt. Von Nanc auf der D 185 5 km weiterradelnd, gelangt man zum Dorf Saint-Jean-d'Etreux, einem hübschen Fleckchen Erde, von dem aus sich gleichfalls ein wunderschöner Blick über die Umgebung bietet. Bemerkenswert an den alten Bauernhäusern auf der Hochebene westlich des Jura sind die sarazenischen Kamine oder *sarrasins*, die an Kirchturmspitzen oder winzige Minarette erinnern. Solche Kamine gibt es auf 30 Gehöften dieser Gegend. Man findet sie nirgendwo sonst in Frankreich, und niemand kennt ihre eigentliche Bedeutung; möglicherweise stellten sie ein Statussymbol dar.
Anstatt das Auge nur über die Ebene von Bresse wandern zu lassen, die sich zu Ihren Füßen ausbreitet, sollten Sie sich die sarazenischen Bauernhäuser in Saint-Trivier-de-Courtes und Montrevel-en-Bresse ansehen. Saint-Trivier, 22 km westlich von Saint-Amour (D 56 und D 2), ist ein malerisches Dorf mit betagten Holzhäusern und einer Kirche aus dem 15. Jh. Kurz vor der Ortschaft zweigt links die Straße zur Ferme-de-la-Forêt

ab, einem zweistöckigen, teilweise aus Holz erbauten historischen Bauernhaus. Sein Balkon duckt sich unter das überhängende Dach mit dem spitzen Sarazenenkamin. Im Haus selbst gibt eine Sammlung Einblick in das ländliche Leben früherer Zeiten. Unmittelbar nach Saint-Trivier nehmen Sie die D 80 und radeln auf der stillen Straße 7 km durch die Wälder nach Saint-Jean-sur-Reyssouze, einem reizvollen, blumenüberwucherten Dorf mit einer Kirche aus dem 11. Jh., die derzeit restauriert wird. Montrevel-en-Bresse liegt von hier 10 km entfernt (D 975). Der Bauernhof, der dort zu besichtigen ist, steht 2 km westlich des Dorfes und ist an seinem ziemlich barocken, mitraförmigen Kamin zu erkennen. Auch in Foissiat, 17 km westlich von Saint-Amour (D 1 und D 1e), steht ein für diese Gegend charakteristisches Gehöft, das Besuchern allerdings nicht zugänglich ist.
Nächster Übernachtungsort ist Orgelet, 30 km nordöstlich von Saint-Amour und über gewundene Straßen durch hügeliges Gelände zu erreichen. Unterwegs kommt man durch das Dörfchen Cuisia mit einem gut erhaltenen Schloß aus dem 15. Jh. Die Landschaft zeigt sich hier von ihrer herrlichen und mitunter grandiosen Seite. Orgelet besitzt eine im 15. Jh. erbaute Wehrkirche. Am zweiten Mittwoch jeden Monats ist Markt, und am 15. August findet das traditionelle Dorffest statt. Im hübschen Hôtel de la Valouse am Ortsrand gibt es eine feste, täglich wechselnde Speisenfolge und eine vielfältige Auswahl leckerer Puddings.
Im Süden von Orgelet (17 km auf der D 109) liegt eingebettet in das schöne Tal des Flusses Valouse das Dorf Arinthod mit seinen aus Stein erbauten Häusern – eine jener landschaftlichen Kulissen dieser Region, die im Gedächtnis haften bleiben. Die Hauptstraße ist – wie viele in dieser Gegend – mit Arkaden gesäumt. Wer übernachten möchte, ist im winzigen Hôtel de la Tour am Hauptplatz gut untergebracht. Die Dorfkirche stammt aus dem 16. Jh.; an einer der Außenmauern ist ein Stein aus gallisch-römischer Zeit mit der Darstellung eines gallischen Gottes angebracht. Lohnend ist ein Ausflug Richtung Osten entlang der D 3 zu der eindrucksvollen, vom Fluß Ain gegrabenen Schlucht. Nach 4 km entlang der D 60 gelangen Sie zu dem

gewaltigen Staudamm Barrage de Vouglans. In dem langen breiten Stausee ist das Baden erlaubt.
Im Museum von Lons-le-Saunier (20 km nördlich von Orgelet) offenbart sich die reiche Geschichte dieser Region. Unter anderem befindet sich hier ein etwa 10 m langes Kanu aus der Jungsteinzeit, das man östlich von Lons am Lac de Chalain ausgegraben hat. Zum 15 km entfernten See gelangt man auf der durch dichten Wald führenden D 471 und D 39. Lons ist eine reizvolle und nach einheimischen Maßstäben mit 23 000 Einwohnern eine große Stadt. Claude Rouget de l'Isle, französischer Armeeoffizier und Komponist der mitreißenden Marseillaise wurde hier geboren und durch ein Standbild, das ihn aus vollem Halse singend darstellt, verewigt. Wohltuenden Schatten im Hochsommer spenden die Laubengänge, die die Rue du Commerce in der Altstadt säumen. Das im 18. Jh. erbaute Hospital zieren kunstvoll gearbeitete schmiedeeiserne Tore. Gehen Sie auch hinein und werfen Sie einen Blick auf die verschiedenen irdenen Gefäße, in denen man einst die Arzneien aufbewahrte.
Einen Besuch lohnen auch die beiden alten Kirchen: In Saint-Desiré, einem schlichten, teilweise auf das 11. Jh. zurückgehenden Gotteshaus, befindet sich eine eindrucksvolle, im 15. Jh. geschaffene plastische Darstellung der Grablegung Christi. Rund 200 Jahre jünger ist die Franziskanerkirche. Bekannt ist Lons auch für seine heißen Quellen, die gegen vielerlei Wehwehchen gut sein sollen, unter anderem gegen Verdauungsstörungen. Auf dem Rückweg von Lons führt ein Umweg rechts über die D 52 zum Château Présilly, wo in den Sommermonaten ein son-et-lumière aufgeführt wird.
Der durch das Aufstauen des Ain entstandene See hat hinter dem Damm das Tal kilometerweit überflutet. Vom hochgelegenen modernen Pont-de-la-Pyle aus, 5 km östlich von Orgelet, überblickt man den See in seiner vollen Länge. Übernachten können Sie auch in Pont-de-Poitte, einem Dorf am Ain (von Orgelet auf der D 470 und D 49 Richtung Norden). Das dortige Hôtel de l'Ain geht mit der Vorderseite auf einen kleinen Platz hinaus und hängt mit seiner Rückfront fast im Fluß. Im Laden nebenan hat man sich auf Schmuck und Zierrat aus Bein und

Horn spezialisiert, und vielleicht findet sich darunter das eine oder andere Mitbringsel für die Familie und Freunde.
In den Genuß eines großartigen Anblicks kommen Sie, wenn Sie von Orgelet oder Pont-de-Poitte entlang der D 67 und N 78 nach Osten radeln. Unmittelbar nördlich von Bonlieu stürzt der Fluß Hérisson in einer Reihe von Wasserfällen – den Cascades du Hérisson – hinunter in eine enge Schlucht. Über mächtige Findlinge können Sie sich ganz nahe ans Wasser vorarbeiten, das als weiße Gischt von hoch oben herabstäubt. Und von allen Seiten drängen sich Bäume und Buschwerk heran.
Ihr nächstes Nachtquartier schlagen Sie 6 km nördlich von Saint-Amour in Cuiseaux auf. In die alte, von den Überresten ihrer Schutzmauern umfriedete Stadt ist Ruhe eingekehrt, seit Autos und Lastwagen von den engen Gassen auf eine Umgehungsstraße verbannt wurden. Zu dem kleinen Hôtel du Commerce, seit drei Generationen in derselben Familie, gehört ein ausgezeichnetes Restaurant. Empfehlenswert ist auch das Hôtel du Nord im – wie der Name andeutet – Nordteil der Stadt. Ihr Stadtfest feiern die Einheimischen am 7. Juli. Wie Saint-Amour, wäre auch Cuiseaux ein geeigneter Ausgangspunkt für Streifzüge durch die Ebene von Bresse mit ihren bejahrten Bauernhäusern, wie sie auf dem Weg zur befestigten Stadt Romenay, 5 km nördlich von Saint-Trivier-de-Courtes, auftauchen. Sehenswert ist hier neben den Häusern aus dem 12. Jh. ein kleines Museum; und das Restaurant des Hôtel du Lion d'Or wartet mit einer Vielfalt von Regionalgerichten auf.
Von Romenay aus könnte man seinen Weg direkt nach Louhans fortsetzen (19 km Richtung Nordosten). Lohnender aber ist es, zuvor einen Abstecher oder einen Tagesausflug nach Tournus zu unternehmen, einer altertümlichen, reizvoll an der Saône gelegenen Stadt mit Häusern aus dem Mittelalter und der Renaissance und kopfsteingepflasterten Straßen. Beherrscht wird Tournus ganz und gar von der großartigen Kirche Saint-Philibert, einem der ältesten und besterhaltenen romanischen Gotteshäuer Frankreichs. Mit dem Bau der heutigen Kirche begann man im 10. Jh. an der Stelle eines früheren Bauwerks, und bis zur Vollendung vergingen über 100 Jahre. Wie üblich, wurde die Kirche befestigt. Nach außenhin dokumentiert sie

Macht, innen jedoch dominiert eine harmonische Schlichtheit von Licht und Linie, die von den rosafarbenen Steinsäulen noch unterstrichen wird. Die Angst der Mönche vor Übergriffen mag das Motiv für eine Skulptur mit der Darstellung eines Priesters gewesen sein, der mit einer Hand den Segen erteilt und in der anderen einen wuchtigen Hammer hält.
Gleichfalls sehenswert ist das Hôtel-Dieu. Im 17. Jh. erbaut, beherbergt das schöne Gebäude in seinen Räumen eine bemerkenswerte Sammlung irdener Gefäße. Und auch zwei Museen sind einen Besuch wert: das Musée Perrin de Puycousin, ein in einem Herrenhaus des 17. Jh. untergebrachtes Heimatmuseum; sowie das Musée Greuze mit Zeichnungen und Gemälden von Jean Baptiste Greuze, der 1725 in Tournus geboren wurde. Eine Weile erfreute sich dieser empfindsame Künstler internationaler Popularität, starb aber dann 80jährig in Armut. Zweifelsohne hätte er Gefallen daran gefunden, seine Werke in einem ehemaligen Kloster hängen zu sehen.
Die Hauptstraße der gleichfalls malerischen Stadt Louhans ist von anmutigen Laubengängen gesäumt. Auch hier erinnern Hôtel-Dieu und L'Apothicaire (Apotheke) an die Armen- und Krankenfürsorge im Mittelalter – zwei Gebäude, die jenen in Beaune, 60 km weiter nördlich im Herzen der Burgunder Weinberge, an Einzigartigkeit kaum nachstehen. Ihre Dächer sind mit vielfarbig glasierten, in geometrischen Mustern angeordneten Ziegeln gedeckt – ein für diese Region einstmals typischer Stil. Auf dem montäglichen Markt fallen vor allem die in dieser Gegend gezüchteten maisgefütterten Hähnchen auf, die hier in Milch getaucht feilgeboten werden und später dann zumeist als *Poulet de Bresse à la crème* auf dem Teller landen. In der letzten Augustwoche feiert man das Stadtfest, und für die Übernachtung bietet sich das Hôtel de Cheval Rouge an.
In Louhans sollten Sie Ihr Stahlroß einen Tag im Stall stehen lassen und mit dem Zug Richtung Norden nach Dijon fahren – jene Stadt, die nicht nur berühmt für ihren Senf ist, sondern auch zahlreiche Sehenswürdigkeiten und ausgezeichnete Restaurants zu bieten hat. Die tatkräftigen Herzöge von Burgund aus der von Philipp dem Kühnen 1364 begründeten Dynastie herrschten von dieser altehrwürdigen Stadt aus über ihr riesen-

großes Territorium. Der ehemalige herzogliche Palast, der mehreren eleganten, auf der Place Royale im Halbrund angeordneten alten Häusern gegenüberliegt, beherbergt das einzigartige Kunstmuseum, in dem unter anderem die prachtvollen Grabmäler zweier Herzöge zu bestaunen sind. Ganz in der Nähe erhebt sich die gotische Kirche Notre-Dame. In ihrem Glockenturm schlagen mechanisch angetriebene Figuren die Viertel- und vollen Stunden. Weitgehend in gotischem Stil erbaut wurde auch die aus dem frühen 14. Jh. stammende Kathedrale Saint-Bénigne; neben der Krypta aus dem 11. Jh. blieb auch noch das ursprüngliche romanische Hauptportal erhalten. Das Bild der Altstadtstraßen ist von einer reizvollen einheimischen Architektur geprägt, und das Spektrum reicht von teilweise aus Holz erbauten Häusern bis hin zu Meisterwerken der Renaissance. Dazwischen tauchen immer wieder die mit buntglasierten Ziegeln in hübscher Ornamentik gedeckten Dächer auf.

Für durstige Seelen steht der Kir bereit, ein Getränk aus drei Teilen gekühltem Weißwein und einem Teil *Crème de cassis*, einem einheimischen schwarzen Johannisbeerlikör. Benannt wurde dieser Trank nach einem ehemaligen Bürgermeister der Stadt, der darauf bestand, daß diese Mixtur bei städtischen Festivitäten als einziger Aperitif gereicht wurde.

Von Louhans aus geht es auf direktem Wege Richtung Süden zurück nach Châtillon-sur-Chalaronne (69 km). Je nach Lust und Laune können Sie die Rückfahrt aber auch unterbrechen und in Saint-Amour oder Bourg-en-Bresse übernachten.

DAS RHÔNE-TAL

Ein Land der Flüsse ist das Rhône-Tal. Die Rhône selbst – breit und funkelnd – ist eine wichtige Verkehrsader, befahren von Lastkähnen und Flußschiffen, und ihre Ufer sind gesäumt von Städten und Dörfern. Zwei große Nebenflüsse, von eisigem Gebirgswasser gespeist – die Drôme und die Isère – strömen von Osten kommend in die Rhône. An ihrem Oberlauf haben diese Flüsse eindrucksvolle Schluchten gegraben, ehe sie, das Hochland hinter sich lassend, ihren gewundenen Weg durch die an die Rhône angrenzenden Fluren und Obstanbaugebiete nehmen. Zahllose Flüßchen und Wasserläufe sorgen an heißen Sommertagen für willkommene Abkühlung. In diesem milden und reichlich bewässerten Landstrich gedeihen Obst und Gemüse im Überfluß. Im Sommer neigen sich die Bäume unter der Last von Kirschen, Aprikosen und Pfirsichen, und die Ernte von den Walnußplantagen stellt den Nachschub an Nougat sicher, für den die Stadt Montélimar berühmt ist.

Das Rhône-Tal zählt zu den schönsten und friedvollsten Gegenden Frankreichs. Die sich durch Feld, Wald und Flur schlängelnden Straßen sind ruhig, halten aber fortwährend Überraschungen, unerwartete Sehenswürdigkeiten und kleine Freuden bereit. »Wie Feldhecken und Schmetterlinge aussehen, hatte ich ganz vergessen«, berichtete mir ein Urlauber bei seiner Rückkehr aus dieser Region. Und ein anderer denkt immer noch gern an die Schmetterlinge, die sich während der Fahrt auf seinem Rad niedergelassen hatten. Wohin man auch fährt – nie zeigt sich die Landschaft eintönig. Nach allen Seiten ist der ferne Horizont von eindrucksvollen Gebirgskulissen begrenzt. Im Osten zieht sich das wilde Bergmassiv des Vercors hin, eine Hochburg der Résistance im Zweiten Weltkrieg und großartige Bergwander- und Kletterregion, die an der Grenze zu Italien in

die Alpen übergeht. Westlich der Rhône dehnt sich eine gleichfalls wildromantische Landschaft aus: die Hochebene der Ardèche. Konditionsstarke können in dieser Gegend phantastische Touren unternehmen, und wer es geruhsamer liebt, radelt drunten im Flachland durch die lieblichen Flußtäler. Auf den abgelegenen Feld-, Wald- und Wiesenwegen kreuzen eher einmal Schafe und Ziegen Ihren Weg als Autos und Touristen. Auch an ausgedehnten Waldgebieten fehlt es nicht, insbesondere nach Süden zu, wo dieser Landstrich an die Provence grenzt und einen zunehmend mediterranen Charakter annimmt. Hier stößt man auch immer wieder auf *villages perchés* – kleine, hoch oben an Hängen unmittelbar an den Fels gebaute Ortschaften, die mühelos zu verteidigen waren. Einige dieser *villages* empfehlen sich auch zum Übernachten, und in diesem Fall erwartet Sie zum Abschluß einer Tagesreise wohl oder übel noch ein kurzer steiler Anstieg, der allerdings über etwa einen Kilometer nie hinausgeht.
Seit die alten Griechen im 6. Jh. v. Chr. den ersten Weinstock hierher brachten, ist diese Region vor allem ein Land des Weines. Ein Großteil des Gebiets ist von Weinbergen bedeckt, und die Vielfalt der Weinsorten ist beachtlich. Meist handelt es sich um Rotweine, kräftig und prickelnd – selbst der alltägliche Côtes du Rhône. Vom kleinsten, zwischen den Städten Condrieu und Roussillon gelegenen Weinberg Château Grillet kommen alljährlich nur wenige Dutzend Flaschen, die allerdings zu den Spitzenweinen des Landes zählen. Star unter den Weinsorten dieser Gegend dürfte der tiefrote Côte Rotie von einem benachbarten Weinberg sein. Anbaugebiet mehrerer ausgezeichneter Weiß- und Rotweine ist L'Hermitage unweit von Tournon, dem Ausgangspunkt für die Rundfahrten in dieser Region.
Gegessen wird in dieser Gegend Frankreichs einfach und wohlschmeckend. In der regionalen Kochkunst verbinden sich burgundische Gerichte, die Lyon den Ruf eines Feinschmeckerparadieses eintrugen, mit den Gewürzen und Kräutern der Provence und den Traditionen der Auvergne und des Languedoc. Wer Glück hat, findet auf der Speisekarte gebratene Waldschnepfe oder Perlhuhn, Hase oder Wildschwein ge-

schmort, Hasenpastete oder Hühnchen mit Krebsfleisch. Und die Einheimischen sehen auch gerne einmal eine Drossel oder Gartenammer im Kochtopf. Kastanien werden zum Würzen von Speisen verwendet, aber auch an Schweine verfüttert, damit Fleisch und Schinken einen kräftigeren Geschmack annehmen. Und nicht zuletzt macht man daraus die köstlichen *Marrons glacés*.

Fisch aus den zahlreichen Flüssen gibt es im Überfluß. Die beliebte *Pouchouse* ist eine Art Süßwasser-Version der *Bouillabaisse* von Marseille – ein Fischragout aus Karpfen, Hecht und Flußbarsch, gegart in Weißwein und Knoblauch. Häufig vertreten auf der Speisekarte ist auch Aal aus der Rhône, zubereitet in Rotwein und als *Matelote d'anguilles* serviert.

Bereits in prähistorischer Zeit lebten Menschen an der Rhône. In mehreren Höhlen der Region hinterließen sie eingeritzte und gemalte Darstellungen der von ihnen gejagten Tiere, und auch erhalten gebliebene Menhire zeugen von ihrer einstigen Anwesenheit. Später unterwarfen die Römer die einheimischen Stämme, doch Spuren ihres Reiches sind nur noch spärlich vorhanden. Dieses Gebiet Frankreichs hatte im 16. Jh. während der Religionskriege zwischen Katholiken und Protestanten unendlich zu leiden; die vielen verwüsteten Schlösser und befestigten Dörfer legen dafür Zeugnis ab. Und mit dem Niedergang zweier wichtiger Industriezweige – dem Bergbau und der Seidenherstellung – kam es im Laufe der vergangenen 100 Jahre erneut zu einer Entvölkerung der Region.

Ehe Sie Ihren Urlaub planen – hier ein warnender Hinweis: Im Rhône-Tal können die Temperaturen weit nach oben klettern. Der Jahresdurchschnitt liegt bei 300 Sonnentagen, und im Sommer kann die Sonne erbarmungslos von einem blauen und oft wolkenlosen Himmel herunterbrennen. Wenn möglich, sollten Sie Ihren Fahrradurlaub also für Mai, Juni oder September planen.

Tournon, eine reizvolle alte Stadt mit verfallenem Schloß, engen Straßen und Europas ältester Hängebrücke, ist ein idealer Ausgangspunkt für Streifzüge durch die Region. Von hier aus führt auch eine Lokalbahn durch das Tal des Flusses Doux in die Ardèche.

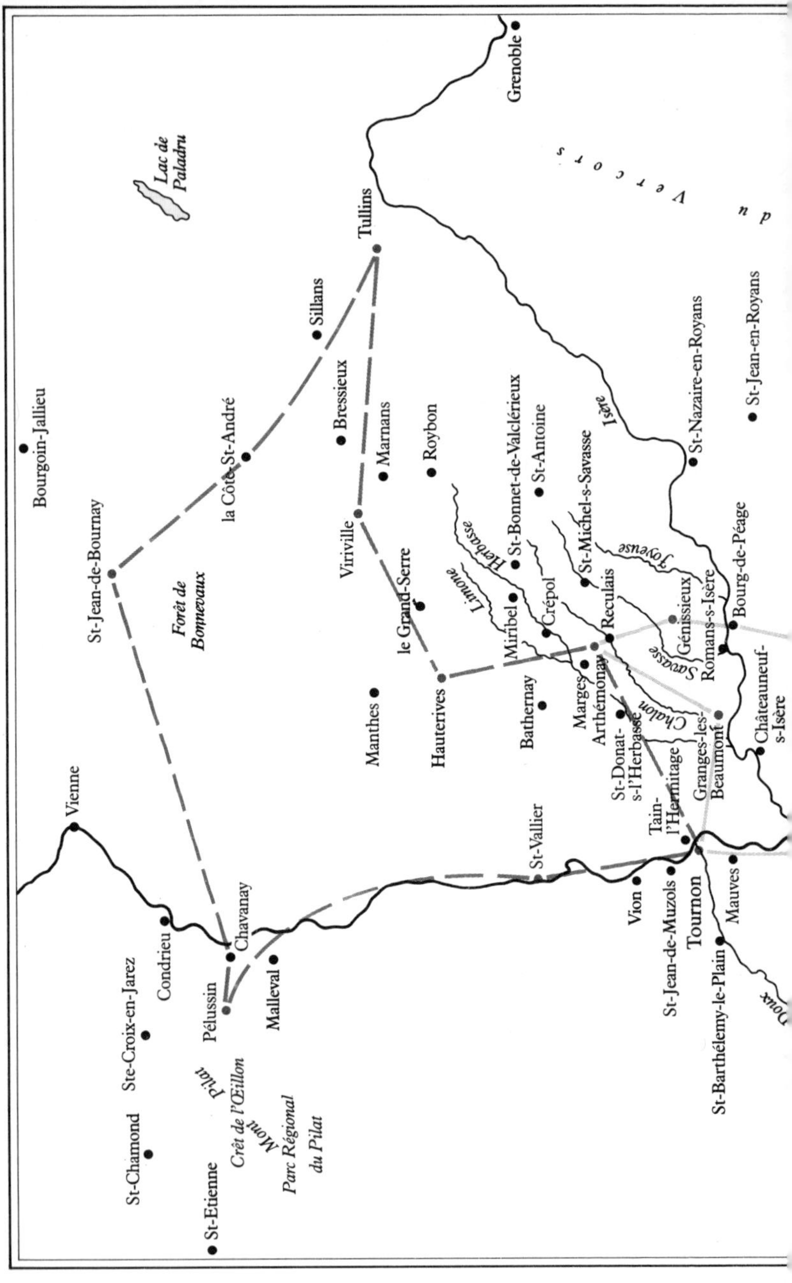

Grenoble
Lac de Paladru
du Vercors
Tullins
Sillans
St-Nazaire-en-Royans
St-Jean-en-Royans
Bourgoin-Jallieu
la Côte-St-André
Bressieux
Marnans
Roybon
St-Bonnet-de-Valclérieux
St-Antoine
Isère
St-Michel-s-Savasse
Joyeuse
Bourg-de-Péage
St-Jean-de-Bournay
Forêt de Bonnevaux
Viriville
le Grand-Serre
Herbasse
Limone
Miribel
Crépol
Reculais
Génissieux
Romans-s-Isère
Savasse
Hauterives
Manthes
Bathernay
Marges
Arthémonay
Chalon
Châteauneuf-s-Isère
St-Donat-s-l'Herbasse
Granges-les-Beaumont
Tain-l'Hermitage
Vienne
St-Vallier
Chavanay
Condrieu
Pélussin
Malleval
Vion
St-Jean-de-Muzols
Tournon
Mauves
St-Barthélemy-le-Plain
Doux
Ste-Croix-en-Jarez
St-Chamond
St-Etienne
Mont Pilat
Crêt de l'Œillon
Parc Régional du Pilat

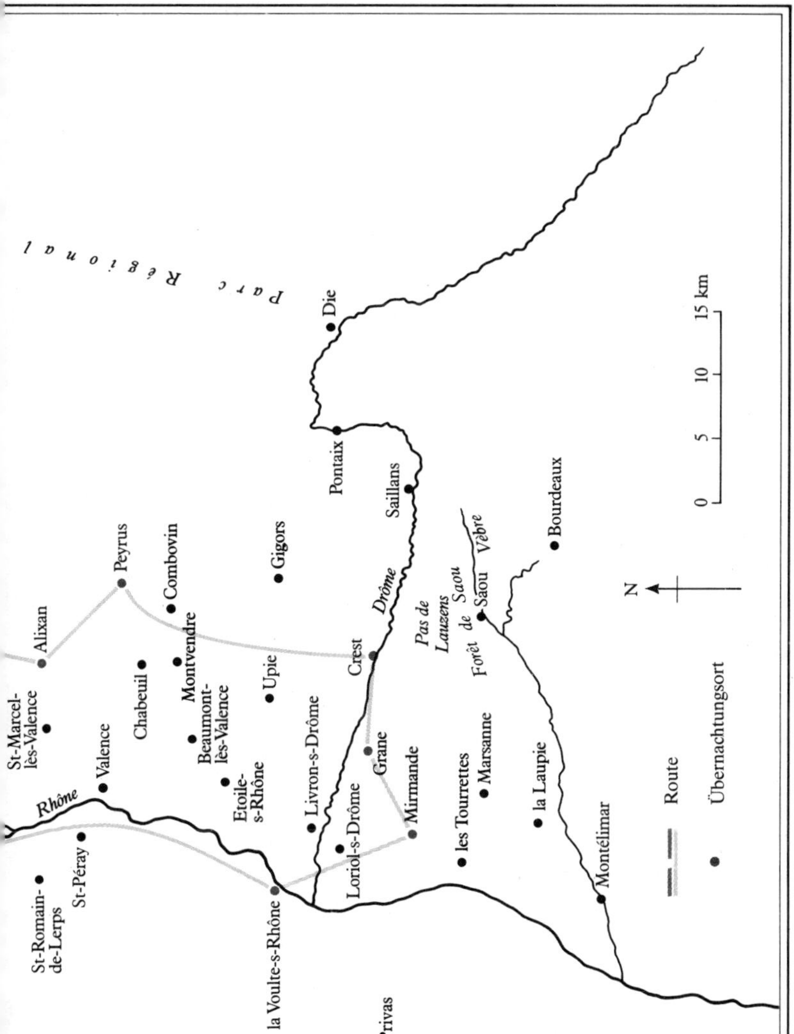
Parc Régional
Die
Pontaix
Saillans
Gigors
Peyrus
Combovin
Alixan
Montvendre
Chabeuil
Upie
Crest
Drôme
Pas de Lauzens
Forêt de Saou
Saou
Vèbre
Bourdeaux
St-Marcel-lès-Valence
Valence
Beaumont-lès-Valence
Etoile-s-Rhône
Livron-s-Drôme
Grane
Mirmande
Loriol-s-Drôme
les Tourrettes
Marsanne
la Laupie
Montélimar
Rhône
St-Péray
St-Romain-de-Lerps
la Voulte-s-Rhône
Privas
Lamastre
N
0 5 10 15 km
Route
Übernachtungsort

Innerhalb von zwei Wochen könnten Sie von Tournon aus auf gemächlichen Touren durch das Rhône-Tal einige der berühmtesten Weinlagen kennenlernen und durch sanft-welliges Gelände nach Granges-les-Beaumont, Arthémonay und Génissieux radeln, nach Alixan, Peyrus und Crest sowie Grane, Mirmande und La Voulte. Einige der Übernachtungsorte liegen dicht beisammen; damit bleibt genügend Zeit, Eindrücke in sich aufzunehmen oder auch einmal dem Dolce-far-niente zu frönen. Müssen Sie sich mit einer Woche begnügen, dann kürzen Sie die Rundfahrt ab und radeln nach Granges-les-Beaumon, Arthémonay sowie Génissieux, Alixan und Peyrus.
Ein Vorschlag für einen Zwei-Wochen-Urlaub wäre auch eine Erkundungsfahrt durch das Tal der Isère nordöstlich von Tournon. Diese Tour nach Arthémonay, Hauterives und Viriville, Tullins, Saint-Jean, Pélussin und Saint-Vallier führt durch landschaftlich reizvolles hügeliges Gelände und erfordert die Bewältigung so mancher Bergauffahrt.
Vielleicht widerfährt Ihnen auch das eine oder andere nette Erlebnis am Rande, wie jenem Radler, der mit defektem Hinterrad halt machte und erst einmal in einen Laden ging, um eine Flasche Wein zu erstehen. Dabei stellte sich heraus, daß der Sohn des Ladenbesitzers der Lokalchampion im Mountainbiking war und über eine komplett ausgestattete Fahrradwerkstatt verfügte. Der junge Mann reparierte das Rad und lud den Urlauber zudem zum Mittagessen ein. Wenige Stunden später machte besagtes Hinterrad erneut Ärger. Diesmal landete der Radler in einem Café und erkundigte sich nach einer Werkstatt. Der Besitzer des Cafés telefonierte herum, bis er jemanden gefunden hatte, der helfen konnte. Anschließend lud dieser den Pechvogel zu sich nach Hause zum Essen und zu einer Weinprobe in seinem Keller ein und brachte ihn dann ins Hotel.
Tournon ist das westliche Pendant zweier sich an der Rhône ausdehnender Zwillingsstädte. Gegenüber am Ostufer liegt Tain-l'Hermitage oder kurz Tain genannt, und die berühmten Weinberge der L'Hermitage steigen hier vom Fluß steil bis auf eine Höhe von 300 m an. Von Tain aus braucht man nur den Fluß zu überqueren, und schon ist man in Tournon. Sie können Ihr Fahrrad auch über eine kleine Fußgängerbrücke schieben

und kommen dann gegenüber den bekanntesten Hotels der Stadt heraus – dem Hôtel du Château und dem Hôtel Paris, die sich beide im Besitz der Familie Gras befinden.
Verwaltungsmäßig, kulturell und geographisch gehört die Stadt zur Ardèche, und die Einheimischen bezeichnen sich selbst als Ardèchois. Tournon, ein uralter Ort, in dem es sogar seit mehreren hundert Jahren eine höhere Schule gibt, blieb von Stadtplanern bisher gänzlich verschont, und viele Straßen sind für den Verkehr gesperrt. Das die Stadt überragende Château aus dem 16 Jh. scheint aus dem Felsen, auf dem es steht, buchstäblich herauszuwachsen. Es beherbergt heute ein Museum, das vorwiegend der Stadtgeschichte und der Geschichte der Rhône-Schiffahrt gewidmet ist. Vom Schloß aus blickt man über die Stadt und die Flußbiegung hinüber zu den Weinbergen der L'Hermitage und der kleinen Kapelle, die dort zwischen den Weinstöcken steht. Und Richtung Osten bleibt der Blick an den majestätischen Alpen hängen. Die Stiftskirche Saint-Julien besitzt 400 Jahre alte Fresken, die jüngst restauriert wurden. Gleichfalls einen Besuch wert ist die alte Schule mit ihrem reizvollen Hof und einer Sammlung von Wandteppichen aus Flandern und Aubusson. Stéphane Mallarmé, Dichter und Vertreter der Symbolisten, erteilte hier in den sechziger Jahren des vergangenen Jahrhunderts Englischunterricht. Baden können Sie im Schwimmbad von Tournon oder im Doux unweit der Stadt. Markttag ist der Samstag.
Beim Radeln durch die Umgebung sind so manche Anhöhen zu bewältigen, doch wird die Mühe mit herrlichen Ausblicken auf die zwischen baumbestandenen Hängen schimmernde Rhône belohnt. Eine abwechslungsreiche Rundfahrt (42 km) führt am Fluß entlang und hinauf in die Hügel. Zunächst geht es Richtung Süden 3 km entlang der N 86 zum Dorf Mauves. Hier werden die kleinen Zwiebeln angebaut, die, in Olivenöl gegart, unter der Bezeichnung *Oignons à la greque* als kalte Vorspeise auf den Tisch kommen. Und in dieser Gegend wächst auch der etwas »unberechenbare« Wein Saint-Joseph. In der alten Dorfkirche von Mauves steht eine Statue der heiligen Jungfrau aus dem 16. Jh. Die Rhône nähert sich hier allmählich dem 3 km weiter südlich gelegenen Staudamm von Glun.

Setzen Sie Ihren Weg nach Saint-Péray fort (12 km), vorbei am mittelalterlichen Château von Châteaubourg. In Saint-Péray sollten Sie einen kurzen Umweg von etwa 1 km zu den Ruinen des auf einem Felssporn thronenden Château de Crussol machen. Wandern Sie ganz hinauf, und lassen Sie den Blick über das Flußtal schweifen. Zurückgekehrt nach Saint-Péray, geht es nun auf der D 287 in die Hügel nach Saint-Romain-de-Lerps. Falls es Ihnen bei der Bergauffahrt nicht bereits den Atem verschlagen hat, geschieht dies gewiß hier bei der einzigartigen Aussicht über die Rhône bis hinüber zu den schneebedeckten Gipfeln der Alpen. Die Straße mündet unweit von Mauves wieder in die N 86 ein, und von dort ist es nur noch ein kurzes Stück zurück nach Tournon.

Nördlich von Tournon gibt es einige interessante Dörfer. Saint-Jean-de-Muzols (3 km entlang der N 86), ein alter Hafen, geht noch auf die Zeit der Griechen und Römer zurück. Mittlerweile ist das Flußufer aber hier zurückgewichen. 4 km nördlich des Dorfes liegt Vion – inzwischen aber auch nicht mehr unmittelbar an der Rhône –, und auf dem fruchtbaren Schwemmland stehen heute dicht bei dicht die Kirschbäume. An dem süffigen Weißwein der umliegenden Weinberge können Sie sich im Dorf gütlich tun. Daneben sollte man aber auch einen Blick auf die Kirche werfen. Sie wurde 1040 erbaut und enthält einige schöne Holz- und Steinplastiken. Noch älter als der Kirchenbau ist die Krypta.

Hoch im Bergland, oberhalb von Tournon an der Straße nach Lamastre, liegt Saint-Berthélemy-le-Plain (10 km auf der D 532 und D 238 Richtung Westen). Von der sich aus dem Tal emporwindenden Straße aus bietet sich immer wieder ein großartiger Ausblick über die von Kiefern bedeckten Hänge. Falls es mit der Kondition hapert – und die brauchen Sie hier! –, können Sie sich vom »Lou Mastrou« aus der Landschaft erfreuen, einer kleinen Dampfeisenbahn, die an Ihrer Stelle die 33 km lange Strecke von Tournon durch das Tal des Doux hinauf nach Lamastre schnaubt. In den achtziger Jahren des vergangenen Jahrhunderts gebaut, wurde die Eisenbahnlinie in den sechziger Jahren stillgelegt. Doch dann taten sich einige »Lou-Mastrou«-Fans zusammen; sie sorgten für die Wiedereröffnung der

Strecke, und die eingesetzten Lokomotiven sind über 80 Jahre alt. Nach Lamastre geht es zwei Stunden lang durch wildromantische Landschaft in eine von tiefen Schluchten durchzogene, mediterran anmutende Gegend. Das betagte Bähnchen rattert über Brücken und Viadukte, vorbei an Weinstöcken und Obstgärten, keucht langsam, aber sicher das Tal hinauf und hält unterwegs an winzigen Stationen. Ausschau halten sollten Sie nach dem rechter Hand auftauchenden Château de Chazotte und dem sogenannten »zitternden Felsen« kurz vor dem Viadukt von Arelbosc. Am Bahnhof von Lamastre heißen Sie die Klänge eines Leierkastens willkommen. Während der Sommermonate dampft der Zug normalerweise um 10 Uhr in Tournon ab und startet um 16 Uhr zur Rückfahrt. In Lamastre selbst gibt es die Überreste eines Schlosses und eine Kirche aus dem 12. Jh. zu sehen.

Jeder, der Emmanuel Le Roy Ladurie's »Karneval von Romans« gelesen hat, möchte den Schauplatz mit eigenen Augen sehen. Ladurie erzählt die ungewöhnliche Geschichte der Bürger von Romans-sur-Isère, die im 17. Jh. eine Art Arbeiterrepublik schufen, und schildert, wie diese Republik nach erbittertem Widerstand zerschlagen wurde. Die Stadt 15 km östlich von Tournon (D 532) verdankt ihre Entstehung einem vom heiligen Bernhard im 9. Jh. gegründeten Kloster. Romans, heute eine betriebsame, zu beiden Seiten der Isère gelegene Marktstadt, ist berühmt für seine florierende Schuhindustrie. Die Kirche Saint-Barnard mit romanischem Portal, Chor und Kapelle aus der Gotik, datiert aus dem 12. Jh., bis ins 16. Jh. hinein wurden an ihr aber wiederholt An- und Umbauten vorgenommen. Der Glockenturm gehörte einst zu den kirchlichen Befestigungsanlagen.

Zwei ebenso ungewöhnliche wie interessante Museen befinden sich in Romans. Das eine, in einem ehemaligen Kloster untergebracht, ist den Kämpfern der Résistance aus dem Zweiten Weltkrieg gewidmet. Im zweiten, einem Schuh-Museum, hat man Fußbekleidung aus aller Welt und einem Zeitraum von über 1000 Jahren zusammengetragen. An Pfingsten finden sich Volksänger und -tänzer zu einem Festival in der Stadt ein, und im Juli wird eine Woche der Zeitgenössischen Musik veranstal-

tet. Mehrere gefällig angelegte öffentliche Gärten kann man jenseits des Flusses in Bourg-de-Péage besichtigen.
Übernachten sollten Sie nicht in Romans selbst, sondern in einem der nahegelegenen Dörfer, beispielsweise im 7 km entfernten Granges-les-Beaumont. In diesem winzigen, aus wenigen Häusern zusammengewürfelten Weiler, der inmitten von Weinbergen und Obstgärten in einer üppig grünen, hügeligen Landschaft eingebettet liegt, gibt es das Hôtel Restaurant Lanaz mit seiner hochgeschätzten Küche. Die Gästezimmer befinden sich in einem Pavillon im Garten hinter dem alten Hotel.
Auf reizvollen, abgelegenen Sträßchen können Sie 5 km südwärts nach Châteauneuf-sur-Isère radeln, einem Dörfchen am Südufer des Flusses, und sich dort die aus dem Hang herausgeschlagenen Höhlenwohnungen ansehen. Biegen Sie nach dem Überqueren der Isère nach rechts auf die D 196 ab, und schwenken Sie bei Les Beaumes nach links ein.
Gemächlich ist die Fahrt von Granges-les-Beaumont entlang der D 538 nach Arthémonay, 16 km nördlich von Romans. Die hiesige Auberge le Pont du Chalon kennt man in der näheren Umgebung nicht zuletzt wegen ihrer Boules-Mannschaft, die häufig beim Spiel auf der Bahn gegenüber dem Hotel zu sehen ist. Im Restaurant werden Spezialitäten der Region serviert, darunter eine mit Ziegenkäse zubereitete einheimische Variante von Ravioli, *pognes* – ein nach Orangen duftendes Bries – sowie Perlhuhn und Wachteln.
Saint-Donat-sur-l'Herbasse, 9 km westlich von Arthémonay, wurde durch sein von Ende Juli bis Anfang August stattfindendes Bach-Festival bekannt. Die im 12. Jh. erbaute und 300 Jahre später erweiterte Stiftskirche besitzt eine wohltönende Orgel, und in der Kapelle Saint-Michel sind einige alte Holzplastiken mit Darstellungen der Apostel zu sehen. Zum Schwimmen, Bootfahren oder anderen Formen von Wassersport lädt der nahegelegene See von Champos ein. Buntgestreifte Sonnenschirme sorgen am Seeufer für wohltuenden Schatten.
Ringsum sind in die Landschaft entzückende Dörfer eingestreut, denen nicht selten ein etwas abbröckelnder Reiz anhaftet. Die hübschesten können Sie auf einem über kaum befahrene Nebenstraßen führenden Rundkurs von etwa 28 km kennen-

lernen. Radeln Sie zunächst von Arthémonay auf der D 583 nordwestwärts nach Marges, von dort 1,5 km weiter Richtung Norden und dann rechts ab auf die D 67 nach Crépol (3 km). Nach weiteren 4,5 km auf derselben Straße taucht linker Hand unmittelbar an der D 513 Miribel auf. Wieder zurück auf der D 67, biegen Sie sofort nach rechts ab und fahren nach Saint-Bonnet-de-Valclérieux (3 km). Von hier führt die D 155 nach Reculais (12 km), wenige Kilometer von Arthémonay entfernt. Den landschaftlichen Reiz machen hier nicht zuletzt die dicht beisammen liegenden kleinen Täler der fünf Flüsse Joyeuse, Savasse und Chalon, Herbasse und Limone aus, die diese Ecke durchziehen. In Saint-Michel-sur-Sarvasse, 12 km östlich von Arthémonay, kann man baden und angeln; und Bathernay, ein Dorf in reizvoller, von Hügeln und Tälern geprägter Umgebung, liegt etwa gleich weit entfernt Richtung Nordwesten. Eine Kuriosität ist dort die Auberge des Grottes, die – wie ihr Name schon andeutet – in eine Höhle hineingebaut wurde.
Übernachten können Sie auch in Génissieux, unmittelbar nördlich von Romans-sur-Isère, im netten kleinen Hôtel la Chaumière, das von Mutter und Tochter geführt wird. Saint-Nazaire-en-Royans, 9 km weiter östlich, ist ein kleiner, reizvoll an einem breiten Kanal gelegener Hafen. Die alten Häuser der Stadt und ihre Kirche aus dem 13. Jh. scharen sich zu Füßen der hohen Rundbögen eines Aquädukts zusammen. Ringsumher steigen bewaldete Hügel empor, und in der Ferne sind hohe Berge zu erkennen. Unmittelbar außerhalb des Ortes stößt man auf der D 531 auf die einstmals von prähistorischen Menschen bewohnte Grotte du Thais. Südlich von Saint-Nazaire (9 km auf der D 76) liegt das hübsche Saint-Jean-en-Royans, ein Touristenzentrum und Ausgangspunkt für Ausflüge in die wildromantischen Höhen des Vercors.
Ihr nächstes Nachtquartier beziehen Sie im Hôtel de France in Alixan, 8 km südlich von Romans. Das Dorf besteht aus rund 100 Häusern; dazu kommen eine ansehnliche alte Kirche und Überreste einstiger Befestigungsanlagen. In dieser Gegend werden Kirschen, Pfirsiche und Melonen sowie andere sommerliche Obstsorten angebaut, und wer die richtige Jahreszeit wählt, erlebt hier die Landschaft in voller Blüte. Außerdem gibt es

Walnußplantagen, und so mancher Bauer bietet hausgemachten Ziegenkäse feil.
Von Alixan aus kann man einen Abstecher nach Valence, der größten Stadt der Region, machen (10 km auf der D 171 Richtung Südwesten). Rabelais und Napoleon studierten hier – der eine an der heute nicht mehr existierenden Universität, der andere an der Militärakademie. Valence geht auf römische Ursprünge zurück, was allerdings dieser im Laufe der Zeit beträchtlich gewachsenen Stadt kaum mehr anzumerken ist. Großzügig angelegte Straßen führen zum Fluß, über den hinweg der Blick zum unerschütterlich auf seinem Felsen thronenden Château de Crussol wandert. Ein weitläufiger, schöner Park und zur Fußgängerzone umgewandelte Straßen in der Innenstadt laden zum Flanieren ein. Trotz moderner Vororte finden sich im Herzen von Valence noch reizvolle alte Häuser, insbesondere an der Grand-Rue. Halten Sie in dieser Straße auch Ausschau nach dem kuriosen, mit verwitterten Reliefs reich geschmückten »Haus der Köpfe«. Um 1090 erbaut, wurde die Kathedrale Saint-Apollinaire im Laufe der Jahrhunderte in Mitleidenschaft gezogen und im 17. Jh. weitgehend erneuert. Ganz in der Nähe steht die Renaissance-Kapelle Pendentif. Im ehemaligen bischöflichen Palais befindet sich heute ein Museum, das zum Teil der Regionalgeschichte gewidmet ist, aber auch eine Gemäldesammlung mit Werken ab dem 16. Jh. beherbergt. Unter anderem sind dort auch die unverwechselbaren Rötelzeichnungen romantischer Ruinen zu sehen, die Hubert Robert, einer der ersten Kuratoren des Louvre, im 18. Jh. schuf. Im Juli und August gibt es in der Stadt einen Jahrmarkt. Landesweit bekannt für seine ausgezeichnete Küche – und naturgemäß auch dementsprechend teuer – ist das kleine Hôtel-Restaurant Pic südlich der Stadt an der N 7. Unter den zahlreichen anderen Restaurants sollten Sie einmal das La Licorne ausprobieren.
Der Ausflug nach Valence ließe sich in eine 35 km lange, von Alixan ausgehende Tour einbeziehen. Fahren Sie zunächst auf der D 538 Richtung Chabeuil. Das quirlige Marktstädtchen gilt als Heimat der Regionalspezialität *Caillette* – mit Schweinefleisch und Leber gefüllte Wachteln, die mit Kräutern in trocke-

nem Weißwein zubereitet werden. Markttag ist der Dienstag. Von hier aus geht es querfeldein nach Beaumont-lès-Valence (9 km entlang der D 236), wo man schwimmen, Tennis spielen und auch eine interessante Kirche sehen kann. Nach Valence sind es von hier aus noch 8 km entlang der D 538 a und von dort zurück nach Alixan 10 km. Für Oldtimer-Fans lohnt sich ein Abstecher nach Saint-Marcel-lès-Valence (N 532), wo in einem Museum über 100 Auto-Veteranen stehen.
Wo immer Sie übernachten – einen Ausflug nach Peyrus, einem Dörfchen in den Ausläufern des Vercors, sollten Sie nicht versäumen. Ein Weg dorthin führt von Alixan via Chabeuil entlang der D 538 und dann links ab auf die D 68 (16 km). Etwas kürzer ist eine Querfeldeinfahrt, zunächst auf der D 101 von Alixan nach Bésayes; hier biegen Sie rechts auf die D 102 ein und radeln weiter via Charpey. Peyrus liegt an einer der wenigen guten zum Vercors-Gebirge führenden Straßen und ist als Ferienort bei den Franzosen, die im Juli und August hierher kommen, beliebt. Gut untergebracht ist man im Hôtel du Commerce et du Parc, und ins Wasser springen können Sie im öffentlichen Schwimmbad. Wer gut in Form ist und die 14 km bis hinauf zum 1086 m hohen Col des Limouches schafft (D 68), wird oben mit einem großartigen Ausblick über Peyrus und das Rhône-Tal belohnt.
Am Eingang des grandiosen Tales der Drôme und 28 km südlich von Peyrus liegt Crest (D 538). Unterwegs könnten Sie einen kleinen Schwenk nach links auf die D 176 machen, wo sehr bald der Ort Montvendre auftaucht. In der dortigen, auf Fischgerichte spezialisierten Auberge le Vieux Moulin ißt man ausgezeichnet. Biegen Sie nach weiteren 6 km auf derselben Straße nach rechts auf die D 538^{A} und dann sofort links Richtung Upie ein. Im Jardin aux Oiseaux am Fluß tummeln sich über 1000 Angehörige von 200 verschiedenen Vogelarten – angefangen bei Enten und Eulen über Geier bis hin zu Straußenvögeln und Pelikanen. Anspruchsvoller, aber sehr schön ist die 40 km lange Fahrt von Peyrus nach Crest via Combovin und Gigors entlang der D 732.
Auf einer Anhöhe oberhalb von Crest in den Himmel aufragend, steht ein massiver, 52 m hoher steinerner Turm. Er ist das

einzige Überbleibsel einer Festung, die Ludwig XIII. um 1630 schleifen ließ. Bei Dunkelheit von Scheinwerfern angestrahlt, wirkt dieser ungeheuer wuchtige mittelalterliche Bergfried – der höchste in Frankreich und einer der schönsten Europas – ausgesprochen spektakulär. Sie können auf den Turm hinaufsteigen und von dort den Ausblick auf die Umgebung und die alte Stadt zu seinen Füßen genießen. Feste feiert man in Crest am 29. Juni und 20. September, im Juli findet ein Jazz-Festival statt, und Markt wird am Dienstag, Mittwoch und Samstag abgehalten. Mit seiner herrlichen Marmortreppe macht das Grand Hôtel seinem Namen alle Ehre.
Im Süden dehnt sich der weitläufige Forêt de Saou aus. Ein Streifzug durch reizvolles ländliches Terrain führt zunächst auf der D 538 nach Saou (13 km), einem alten, nach wie vor von seiner Schloßruine beherrschten Dorf, und von dort links ab auf die D 136. Nach 3 km biegt man erneut links ab auf die D 70, die zwischen den Tälern von Drôme und Vèbre durch den Wald und über den Pas de Lauzens verläuft. Während der Fahrt von der Paßhöhe hinunter ins Tal können Sie den phantastischen Ausblick genießen. (Ein ebenso herrliches Panorama bietet das Tal des Roubion bei einer Fahrt in umgekehrter Richtung.) Setzen Sie Ihren Weg nach Aouste-dur-Sye fort (10 km); von hier aus sind es auf der D 93 dann noch 3 km bis Crest.
Schwenkt man in Saou nicht links ein, sondern radelt – von Crest aus gerechnet – insgesamt 24 km auf der D 538, gelangt man nach Bourdeaux, im Zweiten Weltkrieg eine Hochburg der Résistance. Die Ortschaft mit mehreren, teilweise noch aus dem 15. Jh. stammenden Häusern ist hübsch gelegen und wird, wie so viele andere Dörfer auch, von einem verfallenen Schloß bewacht.
37 km entlang der Drôme Richtung Osten fahrend, gelangt man nach Die. Sie könnten zwar die ganze Strecke auf der D 93 bleiben, hübscher jedoch ist es, über die kleinen Sträßchen auf der Südseite des Tales zu radeln. In den Flußdörfchen Saillans und Pontaix kauern manche Häuser an abenteuerlicher Stelle über dem Wasser. Die, ein entzückendes altes Städtchen, wurde von den Römern gegründet und ist berühmt für seinen süßen, perlenden Wein Clairette de Die. Überdauert haben hier

ein Teil der früheren Befestigungsanlagen sowie ein Triumphbogen, und im Museum sind Überreste aus gallisch-römischer Zeit zu sehen. Die Kathedrale, im 12. Jh. erbaut, wurde nach schweren Verwüstungen während der Religionskriege im 17. Jh. erneuert. Rund um Die ragen die wildromantischen Berge des Vercors auf, und man sollte sein Rad eigentlich einen Tag zur Seite stellen und ein wenig zu Fuß umherwandern.
Außergewöhnlich reizvoll ist das Dorf Grane. Es liegt nur 9 km von Die entfernt (D 104), aber auf der anderen Seite des Tales, und es lohnt sich, hier haltzumachen und auszuprobieren, was die berühmte Küche des Hôtel Giffon zu bieten hat. Das Dorf sitzt auf einer steilen Anhöhe, und das Hotel finden Sie ganz oben an der Hauptstraße. Schwimmen kann man in der Drôme. Im Juni finden in Grane Jazz-Konzerte statt, und am 15. August startet das Dorffest. Markttag ist der Donnerstag.
Grane ist Ausgangspunkt für eine Reihe herrlicher Ausflüge. 19 km nordwestlich (D 125, D 93 und D 555) stößt man auf das befestigte Bergdorf Etoile-sur-Rhône. Es datiert aus dem 15. Jh. und hat eine romanische Kirche. Vom Dorf aus wandert der Blick über die Rhône und hinüber zum Vercors. Zurückradeln könnten Sie via Livron, einer gleichfalls alten, an einer malerischen Stelle des Flußtales gelegenen Stadt südlich von Etoile-sur-Rhône. Als eine Hochburg der Protestanten wurde Livron während der Religionskriege in Mitleidenschaft gezogen; die verwüstete Kirche zeugt noch heute davon. Einen kuriosen Standort wählte man für das Château – nämlich die Wallanlagen der Stadt. Abkühlen können Sie sich im nahegelegenen Lac des Petits Robins.
Naschkatzen zieht es gewiß in die weltberühmte Nougat-Stadt Montélimar (30 km). Obwohl im Zweiten Weltkrieg schwer beschädigt, hat Montélimar aber mehr zu bieten als leckeres Konfekt. In der Altstadt existieren noch einige mittelalterliche Gebäude, und ein aus dem 16. Jh. stammendes Haus soll Diane de Poitiers gehört haben, der einflußreichen Mätresse Heinrichs II.. Über der Stadt hält die verfallene Burg Mont-Adhémar Wacht. Jenseits der Rhône (5 km auf der D 117) erhebt sich auf einem Hügel oberhalb des Flusses und pittoresk anzusehen eine weitere mächtige Ruine – die Burg Roche-

maure. Zu ihren Füßen scharen sich die heute verfallenen Häuser eines mittelalterlichen Dorfes, und auch hier bietet sich von der Anhöhe ein großartiger Blick über das Flußtal.
16 km südlich von Grane und auf der D 113 und D 105 zu erreichen, liegt das einstmals befestigte Dorf Marsanne mit seiner Priorei Saint-Felix. Der Weg dorthin führt am Rande eines herrlichen Waldes entlang. Und nochmals 4,5 km weiter Richtung Süden auf der D 129 gelangt man nach Laupie, einem bejahrten und mittlerweile wunderschön restaurierten Dorf.
Ihr nächstes Nachtlager erwartet Sie 9 km südwestlich von Grane in Mirmande, einem *village perché* hoch über dem Rhône-Tal. In dem an einem steilen Hang klebenden Dorf sind Häuser und Werkstätten über Steintreppen miteinander verbunden. Die Kirche, die auf der Bergkuppe thront, wurde im 12. Jh. erbaut. Was man von hier oben aus erblickt, hat man »die schönsten Dächer Frankreichs« genannt. Seit den dreißiger Jahren nämlich ließen sich hier – angelockt von dem einflußreichen Kritiker und kubistischen Maler André Lhote – zahlreiche Künstler nieder und machten das Dorf zur Künstlerkolonie. Das Hôtel la Capitelle befindet sich in einem malerischen, mehrere hundert Jahre alten Gebäude aus goldfarbenem Stein. Gleichfalls seit dem Mittelalter gibt es das Dorf Les Tourrettes (7 km Richtung Süden). Zu sehen sind dort die Kapelle Saint-Didier aus derselben Epoche sowie die Überbleibsel eines Schlosses.
Eingebettet zwischen der Rhône auf der einen und den Hügeln der Ardèche auf der anderen Seite, liegt La Voulte-sur-Rhône, 20 km von Mirmande entfernt. Radeln Sie zunächst auf der D 57 und N 104 in Richtung Westen und anschließend auf der N 86 nach Norden. Im 15. Jh. errichtet, wurde das Château in den vierziger Jahren von den Deutschen stark beschädigt. In dieser Gegend weitet sich die Rhône aus, und man kann auf dem Fluß segeln oder Kahn fahren. Außerdem gibt es in La Voulte ein schönes Schwimmbad, und im Hôtel le Musée ist man gut untergebracht.
Hauptstadt der Ardèche und Zentrum für die Herstellung von *Marrons glacés* ist die hübsche Kleinstadt Privas, 20 km süd-

westlich von La Voulte-sur-Rhône (N 86 und N 104). Etwas anspruchsvoller und länger, aber um so lohnender wegen der schönen Ausblicke ist der Rückweg auf gewundenen Straßen und durch hügeliges Terrain. Von La Voulte zurück nach Tournon sind es dann nur noch 32 km an der Rhône entlang Richtung Norden.
Die zweite Rundreise ist ein Streifzug durch das Gebiet nördlich von Tournon mit Arthémonay (siehe Seite 151) als erstem Übernachtungsort (20 km). Am einfachsten dürften Sie auf der D 115, D 67, D 121 und D 583 via Saint-Donat dorthin gelangen. Von Arthémonay geht es auf der D 538 14 km nordwärts nach Hauterives. Neben einem verfallenen Schloß und dem komfortablen Hôtel-Restaurant Le Relais hat die in bewaldetes Terrain eingebettete Stadt ein besonderes Kuriosum zu bieten: das bizarre Palais Ideal des 1924 verstorbenen Lokalpostboten Ferdinand Cheval. Um dieses ungewöhnliche Gebilde zu sehen, fahren die Leute Hunderte von Kilometern hierher. Allein schon, weil es so verrückt ist, hat man seine Freude daran, und es ist kein Wunder, daß sich surrealistische Künstler dafür begeisterten. Auf seiner täglichen Runde sammelte Monsieur Cheval Kiesel und seltsam geformte Steine und verbrachte über 30 Jahre seine Abende damit, sie in seinem Garten mit Zement zusammenzufügen. Was dabei herauskam, ist ein Traumgebilde – ein seltsames zinnenbewehrtes Bollwerk mit schlanken Türmchen. Als es vollendet war, beschäftigte sich Cheval 10 Jahre mit seinem Grabmal in ähnlichem Stil.
Das Palais ist Ausdruck einer kindlichen, von der Realität gänzlich losgelösten Phantasie und wirkt wie eine ideenreiche Spielerei aus Zement und Stein. Kleine Treppen führen ins Nichts, unförmige Säulen treten an seltsamen Stellen bauchig hervor, und auf den Spitzen hoher Minarette tummeln sich winzige Figuren. Manche Teile sind mit tropfsteinähnlichem Material girlandenförmig zusammengefügt und andere wieder mit einer Masse überzogen, die an versteinerte Pflanzen erinnert. Etwas Vergleichbares ist nirgendwo sonst zu finden.
Am letzten Augustsonntag feiert Hauterives sein Dorffest, und Markt wird am Dienstag abgehalten. Es gibt ein öffentliches Schwimmbad und daran angrenzende Tennisplätze.

Zunächst auf der D 51 und dann links ab auf der D 66 Richtung Osten weiterradelnd, gelangt man nach etwa 6,5 km in das vom Forêt de Chambaran umschlossene Dorf Grand-Serre mit einer im 10. Jh. erbauten Kirche und einer um 100 Jahre jüngeren Markthalle. Von hier aus könnten Sie auf der D 137 nach Manthes weiterfahren und nach Besichtigung der Kirche mit ihrem aus dem 14. Jh. stammenden Buntglasfenster nach Hauterives zurückkehren (10 km Richtung Süden).
30 km sind es nach Saint-Antoine, südöstlich von Hauterives. Nehmen Sie zunächst die D 20 bis Roybon, biegen Sie dann rechts in die D 20^{B} ein, und radeln Sie durch den Wald. Geprägt wird das Bild der Stadt von der gotischen Abteikirche Saint-Antoine. Im 13. Jh. begonnen, entwickelte sich der Bau im Laufe von 200 Jahren zu einer einst mächtigen Abtei. Päpste und Könige pilgerten hierher, und zu den Kirchenschätzen zählt unter anderem eine im 16. Jh. aus Elfenbein geschnitzte Christusfigur.
Nächste Station der Rundreise ist Viriville, 30 km nordöstlich von Hauterives. Zunächst führt der Weg 20 km über die D 51 und dann links ab auf die D 156 d. Auch in Viriville steht, wie vielerorts, eine Schloßruine. In der Dorfmitte finden Sie das kleine Hôtel Bonnoit. Das in seinem ausgezeichneten Restaurant servierte Gemüse kommt frisch aus dem Hotelgarten. Dienstags ist Markt, und das Dorffest findet Mitte August statt. Hin und wieder sind auch Seidenmalereien einheimischer Künstler zu sehen.
Auf der D 156 c 4 km südostwärts radelnd, gelangt man nach Marnans, einem gänzlich unscheinbaren Dorf, das jedoch eine schöne romanische Kirche besitzt. Im Norden von Viriville (14 km entlang der D 130 und D 71), im Bergstädtchen Côte-Saint-André, kann man das Haus besichtigen, in dem 1803 Hector Berlioz geboren wurde. Heute als Museum eingerichtet, ist es dem Andenken des Komponisten gewidmet und enthält Erinnerungsstücke wie seine Flöte, seine Klarinette und Gitarre. Neben dem im 17. Jh. umgebauten Schloß zählen eine Markthalle aus dem 16. Jh. und die im 12. Jh. erbaute Kirche mit buntfarbigem Turm zu den Sehenswürdigkeiten. Auf dem Rückweg taucht nach der Kreuzung der D 130 mit

der D 71 die auf einem Felssporn über dem gleichnamigen Dorf thronende Ruine des Château Bressieux auf.
Tullins, ein von Geranien überwuchertes Städtchen mit vielen Holzhäusern, liegt 29 km östlich von Viriville am Rande der Vercors-Ausläufer. Zunächst geht es auf der D 156 Richtung Norden und anschließend rechts ab auf die D 519. Etwa 2 km hinter Sillans schwenken Sie erneut rechts auf die D 73e ein. Als Quartier empfiehlt sich die Auberge de Malatras an der nach Vinay führenden N 92, ungefähr 1,5 km außerhalb der Ortschaft. Nach Tullins zu gelangen und das Städtchen wieder zu verlassen, erfordert ein wenig Bergaufradeln, doch die unvergleichliche landschaftliche Kulisse lohnt die Mühe. Außerdem kann man an der Isère schöne Spaziergänge unternehmen. Nördlich von Tullins (20 km auf der D 50) lockt der herrliche Lac de Paladru – zu Recht der »Blaue See« genannt und im Sommer ein Mekka für Windsurfer und andere Wassersport-Fans.
Wer über die entsprechende Kondition verfügt, wird Gefallen an dem 25 km langen, durch die Berge führenden Radweg nach Grenoble finden. Ebensogut können Sie sich aber auch die Plackerei sparen und per Bus oder Bahn dorthin fahren. In Grenoble sollten Sie mit der Gondelbahn zum Fort de la Bastille hinaufschweben, das 475 m über der Stadt auf einem Felsrücken aufragt. Von diesem Aussichtspunkt wandert der Blick über die in ihrem Flußtal eingebettete, von Wäldern und hohen Bergen eingesäumte Stadt. Zum Großteil ist Grenoble modern und nach wie vor im Wachsen begriffen. Erhalten geblieben ist jedoch eine faszinierende Altstadt mit einer schönen Kathedrale aus dem 10. Jh. Dem 1783 in Grenoble geborenen Dichter Stendhal ist ein Museum gewidmet, und ein anderes verfügt über eine hervorragende Sammlung moderner Malerei.
Seine Ursprünglichkeit bewahrt hat sich das von einem alten Bergfried bewachte, inmitten einer grünen, fruchtbaren Gegend gelegene Städtchen Saint-Jean-de-Bournay nordwestlich von Tullins. Die letzte Etappe der 44 km langen Strecke führt durch die wunderschönen Wälder des Forêt de Bonnevaux. Übernachten können Sie im Grand Hôtel du Nord mit Blick

auf den Stadtplatz. Markt wird am Montag abgehalten, und wer will, kann hier auch schwimmen und Tennis spielen.
Lohnend ist ein Ausflug von Saint-Jean nach Vienne (23 km entlang der D 502 nach Westen). Vielfältige Spuren lassen die Bedeutung dieser Stadt zur Zeit der Römer und im Mittelalter erkennen. Im freigelegten großen Römischen Theater wird heute wieder gespielt. Zu den Relikten aus römischer Zeit zählen unter anderem der im 1. Jh. v. Chr. erbaute und im 19. Jh. erneuerte Tempel des Augustus und der Livia sowie ein römischer Rundbogen; ebenso sind noch Reste der Stadtmauer vorhanden. Romanischer und gotischer Stil verbinden sich auf harmonische Weise in der Kathedrale Saint-Maurice. Obwohl während wiederholter religiöser Unruhen in Mitleidenschaft gezogen, sind die kunstvoll gestalteten Ornamente und einige großartige farbige Glasfenster erhalten geblieben. Die Kirche Saint-André-le-bas geht auf das 9. Jh. zurück, und unweit des Kreuzgangs befindet sich ein Museum für sakrale Bildhauerkunst. Noch älter ist das Gotteshaus Saint-Pierre; seine Fundamente datieren aus dem 4. Jh. Über Hunderte von Jahren hinweg hat sich die Kirche stark gewandelt und beherbergt heute ein Museum für Skulpturen und römische Mosaiken. Darüber hinaus stehen in Vienne noch mehrere mittelalterliche Häuser, deren Obergeschosse sich über die Straße neigen.
Weniger interessant ist Bourgoin-Jallieu, 16 km nordöstlich von Saint-Jean (D 522). Jean Jacques Rousseau, der reiselustige Philosoph, schrieb hier einen Teil seiner »Confessions«. Im Musée Victor-Charreton hängen Gemälde von Künstlern, die dieser Gegend verbunden waren.
Der Weg nach Pélussin, dem nächsten, in der Ardèche gelegenen Übernachtungsort, geht ziemlich steil bergauf, und die freundliche Aufnahme im Hôtel de l'Ancienne Gare nach dem Ende der Etappe weiß man dann besonders zu schätzen. Die 50 km nach Pélussin auf direktem Wege querfeldein zu radeln, ist nicht ratsam. Fahren Sie statt dessen zunächst entlang der D 502 nach Vienne und von dort südwärts nach Chavanay. Hier biegen Sie dann auf die D 7 ab, die in die Berge hinaufführt. Als Lohn für die Plackerei erwartet Sie ein außerge-

wöhnlich schönes Fleckchen Erde, wo winzige, blumenüberwucherte Dörfchen zwischen den bewaldeten Hügeln eingestreut liegen. Dieses Gebiet wurde zum Parc Régional du Pilat gemacht – benannt nach dem Mont Pilat, der sich westlich von Pélussin erhebt. Ein Hort für Tiere aller Art, können Ihnen dort unter anderem Füchse, Wildschweine und Hirsche über den Weg laufen. Von Pélussin mit seinem bejahrten Château und der Kapelle geht der Blick nach Osten über das Rhône-Tal und die Weinberge von Saint-Joseph.

Mit welcher Freundlichkeit die Hoteliers ihren Gästen oftmals begegnen, zeigt folgende kleine Begebenheit: An einem schwülheißen Abend lud der Besitzer des Hôtel de l'Ancienne Gare einige seiner Gäste zu einer Fahrt mit seinem Lieferwagen zum hohen Crêt de l'Oeillon ein, um ihnen auf luftiger Höhe den großartigen Ausblick von dort zu zeigen. Mit von der Partie waren seine Frau, seine Tochter und zwei Hotelbedienstete. Man stellte einige Stühle in den Lieferwagen, ließ sich darauf nieder und ratterte davon. Leider war jedoch die Straße blokkiert. Also drehten sie um und kehrten kurzerhand in einem nahegelegenen Hotel ein, wo *le patron* es sich nicht nehmen ließ, die ganze Gesellschaft zu einem Glas Cidre einzuladen.

Größte Stadt dieser Region ist Saint-Etienne am Fuße des Mont Pilat. Der Weg dorthin führt zunächst auf der gewundenen D 62 Richtung Norden und anschließend die D 88 hinunter (35 km). Etwa 8 km vor Saint-Etienne kommt man durch Saint-Chamond mit seiner mittelalterlichen Burg und den Überbleibseln eines römischen Aquädukts. Die Fahrt nach Saint-Etienne ist weit reizvoller als die Stadt selbst. An den Schlackehalden ist sie sofort als Bergbau- und Industriestadt zu erkennen, und außer einem guten Theater und reichlich Sonnenschein hat sie ihren Besuchern nichts zu bieten. Die dortigen Museen sind vorwiegend dem Bergbau und der Industrie gewidmet.

Malleval, südlich von Pélussin (10 km auf der D 79), ist ein bejahrtes, befestigtes Dorf mit Häusern aus dem 15. Jh., einem interessanten alten Schafpferch und obligater Burgruine. Der Ort liegt am Rande einer tiefen Schlucht, und die Fahrt dorthin ist abenteuerlich. Unmittelbar hinter dem Dorf ergießt sich ein Flüßchen in einem malerischen Wasserfall über die Felsen.

Reizvoll ist auch ein Ausflug von Pélussin auf der D 62 in Richtung Norden. Nachdem Sie rechts auf die D 7 eingeschwenkt sind, biegen Sie anschließend auf die D 30 ab und gelangen so nach Saint-Croix-en-Jarez. Das dortige, aus dem 13. Jh. stammende Stiftshaus wurde zur Zeit der Französischen Revolution aufgegeben.

Unten im Rhône-Tal und 13 km von Pélussin entfernt (N 86) liegt der malerische alte Flußhafen Condrieu. Von den umliegenden Weinbergen kommt ein ausgezeichneter Weißwein, und unmittelbar außerhalb der Stadt gibt es einen Zoo.

Letztes Etappenziel vor der Rückkehr nach Tournon ist Saint-Vallier, 34 km südlich von Condrieu an der Rhône gelegen. Um dem Verkehr zu entgehen, radeln Sie am besten auf den kleinen Straßen entlang dem Ostufer. Auf das empfehlenswerte, etwas versteckt in einem Hof liegende Hôtel des Voyageurs stößt man in der Stadtmitte. Neben einer Reihe kleiner Geschäfte, in denen man vor allem auch *charcuterie* und verlockende *pâtisserie* erstehen kann, gibt es in Saint-Vallier auch ein Schwimmbad. Diane de Poitiers, berühmte Mätresse Heinrichs II., verlebte Anfang des 16. Jh. im Schloß einen Teil ihrer Kindheit, die allerdings nicht allzulang währte – mit 13 Jahren wurde sie bereits verheiratet. Leider ist das Schloß Besuchern nicht zugänglich.

Von Saint-Vallier sind es 16 km Richtung Süden nach Tournon. Und auch hier sollte man sich tunlichst auf den kleinen Straßen am Ostufer des Flusses halten. Der Weg führt durch Weinberge und Obstgärten, die das Bild dieser Landschaft auf so unvergleichliche Art prägen.

DIE PROVENCE

Die Vielfalt der Provence ist verblüffend. Von der Felsküste bis zu den Bergen, Tälern und Hochebenen des Nordens zeigt sich die Landschaft dieser Region von ihrer großartigen Seite. Aus goldfarbenem Stein erbaute Dörfer kleben an Felsnasen; sattgrüne Wiesen, Pfirsich- und Kirschgärten und in ihrer Ursprünglichkeit erhalten gebliebene wildromantische Landstriche bestimmen das Bild dieser Gegend – von den glitzernden Wasserflächen der Camargue bis zu den zerklüfteten Kalksteinformationen der Alpilles. Zum Teil verdankt diese Region ihren besonderen Charakter dem Licht und der Intensität der Farben. Blendend weißer und goldfarbener Stein und Ziegeldächer in sattem Dunkelrot stehen hier in reizvollem Kontrast zum leuchtenden Blau des Himmels.

Auf Schritt und Tritt begegnet man den Zeugen einer geschichtsträchtigen und wechselvollen Vergangenheit – angefangen vom Papstpalast in Avignon über den grandiosen Pont du Gard bis hin zu dem weiten Rund der römischen Arenen in Nîmes und Arles. Im 6. Jh. v. Chr. kamen die Griechen in die Provence und ließen sich im heutigen Marseille nieder, das seitdem seine Bedeutung als Hafen niemals verlor. Die Römer aber waren es, die dieser Region für immer ihren Stempel aufdrückten. Ihnen verdankt sie nicht nur ihren Namen, sondern ein noch heute erkennbares Straßennetz und dazu ein reiches architektonisches Erbe. Als Avignon im Mittelalter Sitz der Päpste wurde, entfaltete sich die Provence erneut zu einem Zentrum des kulturellen und künstlerischen Lebens.

Das Klima ist mediterran, und heiße Sommer mit Tagestemperaturen von 25 °C und angenehm warmen Abenden wechseln mit milden Wintern. Besonders schön ist es in der Provence im Mai, Juni und September; in diesen Monaten herrscht oft strahlend schönes Wetter ohne sengende Hitze. Im Winter und zeitigen Frühjahr hingegen müssen Sie mit dem oft rauhen Mistral, einem kalten Nordwind, rechnen und auch mit sturzbachartigen Regengüssen.

Faszinierendste Gegend dieser Region Frankreichs dürfte die Camargue sein, deren geheimnisvolle Schönheit erst seit jüngerer Zeit die Phantasie von gewöhnlichen Sterblichen und Künstlern gleichermaßen gefangenhält. Einst wurde sie als zu urtümlich abgetan – als unwegsames Sumpfgebiet, in dem nur wilde weiße Pferde, schwarze Stiere und *les gardiens* – die »Cowboys der Camargue« – heimisch waren. Mittlerweile jedoch hat man den unverdorbenen Reiz der Camargue erkannt und zur Bewahrung ihres einzigartigen Charakters ihr Kernstück zum Nationalpark gemacht.

Aigues-Mortes, die von Mauern umschlossene Stadt am Westrand der Camargue, wurde im Mittelalter gezielt als Siedlung angelegt. Und noch heute verlaufen die Straßen dort in ihrer ursprünglichen Gitterform, und man spürt innerhalb der Stadtmauern den Hauch des 13. Jh. Im Binnenland ziehen sich Weinberge hinauf zu den Felsklippen, auf denen verfallene Burgen und steinbewehrte Dörfer über der wasserglänzenden Ebene Wacht halten.

Umgemein reizvoll ist auch das Plateau de Vaucluse, ein Landstrich, in dem üppige Täler und von Höhlen durchsetzte Kalksteinfelsen das Bild bestimmen und die tiefer gelegenen Hänge mit Stechginster, Lavendel und Thymian überwuchert sind. Und dann gibt es noch die historischen Städte des Rhône-Tals – Arles, Avignon und Orange –, eingebettet in einen Landstrich, in dem auch mehrere berühmte Weinanbaugebiete liegen. Mandeln, Oliven und Melonen gedeihen hier im Überfluß – allen voran aber jene Trauben, die so köstlich schmekken und aus denen die vollmundigen, blumigen und mitunter feurigen Weine gekeltert werden, für die die Provence berühmt ist.

Südlichstes Anbaugebiet für den Côtes du Rhône ist die Gegend um Avignon. Die Griechen waren es, die hier vor zweieinhalb Jahrtausenden die ersten Weinstöcke heranzogen. Bekannt in aller Welt ist der Châteauneuf-du-Pape. Er kommt

aus einem Dorf unweit von Avignon, jener Stadt, in der Papst Clemens VI. im 14. Jh. den Neuen Palast château neuf erbauen ließ. Trauben wuchsen hier zwar zuvor schon, doch erst unter der Schirmherrschaft der Päpste gewannen sie an Berühmtheit.
Ein schwerer dunkler Rotwein dieser Gegend ist auch der Gigondas; besonders empfehlenswert aber sind Tavel (insbesondere der Rosé) und Lirac. Diese beiden Sorten wachsen in Lagen jenseits der Rhône gegenüber von Châteauneuf-du-Pape. Ihre besondere Beschaffenheit verdanken sie angeblich den Felsbrocken in den Weinbergen, die tagsüber die Sonnenwärme speichern und bei Dunkelheit wieder abgeben.
Den vielen Kräutern, die in der Gegend gedeihen, und der Olive hat die provençalische Küche ihren unvergleichlichen Geschmack zuzuschreiben. Zu den regionalen Spezialitäten zählen *Terrine de la mère Anna* aus Hühner-, Kaninchen- und Schweinefleisch, *Artichauts à la Barigoule* und *Civet de porcelet aux herbes de Provence*. Herzhaft schmeckt auch das beliebte Gericht *Daube de bœuf à la provençale*, eine mit Rotwein, zerdrücktem Knoblauch und Thymian zubereitete Rindfleisch-Kasserolle. Gegen Ende der Garzeit werden der Sauce noch Anchovis und Kapern zugefügt.
Häufig vertreten auf der Speisenkarte ist auch Fisch – frisch aus dem Meer oder Fluß. Probieren Sie einmal über Fenchelstengeln gegrillten Seebarsch oder *Bourride*, ein Gericht, das das Wasser im Munde zusammenlaufen läßt – der Fisch wird in Brühe pochiert und mit *Aioli* serviert, der berühmten provençalischen Knoblauchmayonnaise. Und dann gibt es natürlich noch die *Bouillabaisse* – die Suppe der Fischer von Marseille. Sie nehmen zur Zubereitung, was gerade an Fisch verfügbar ist, auf alle Fälle aber mindestens ein halbes Dutzend Sorten; dazu Olivenöl, Knoblauch, Zwiebeln, Tomaten und Kräuter.
Eine frühsommerliche Gaumenfreude ist die *Soupe au pistou*, eine Suppe aus allerlei Gemüsesorten. Niemals fehlen darin dürfen jedoch dicke weiße Bohnen, frisches Basilikum, Knoblauch, pürierte Tomaten und Parmesankäse. Für den *Salade Niçoise* untentbehrlich sind Lachs, Anchovis und die einheimichen schwarzen Oliven – Zutaten, wie man sie auch meist für

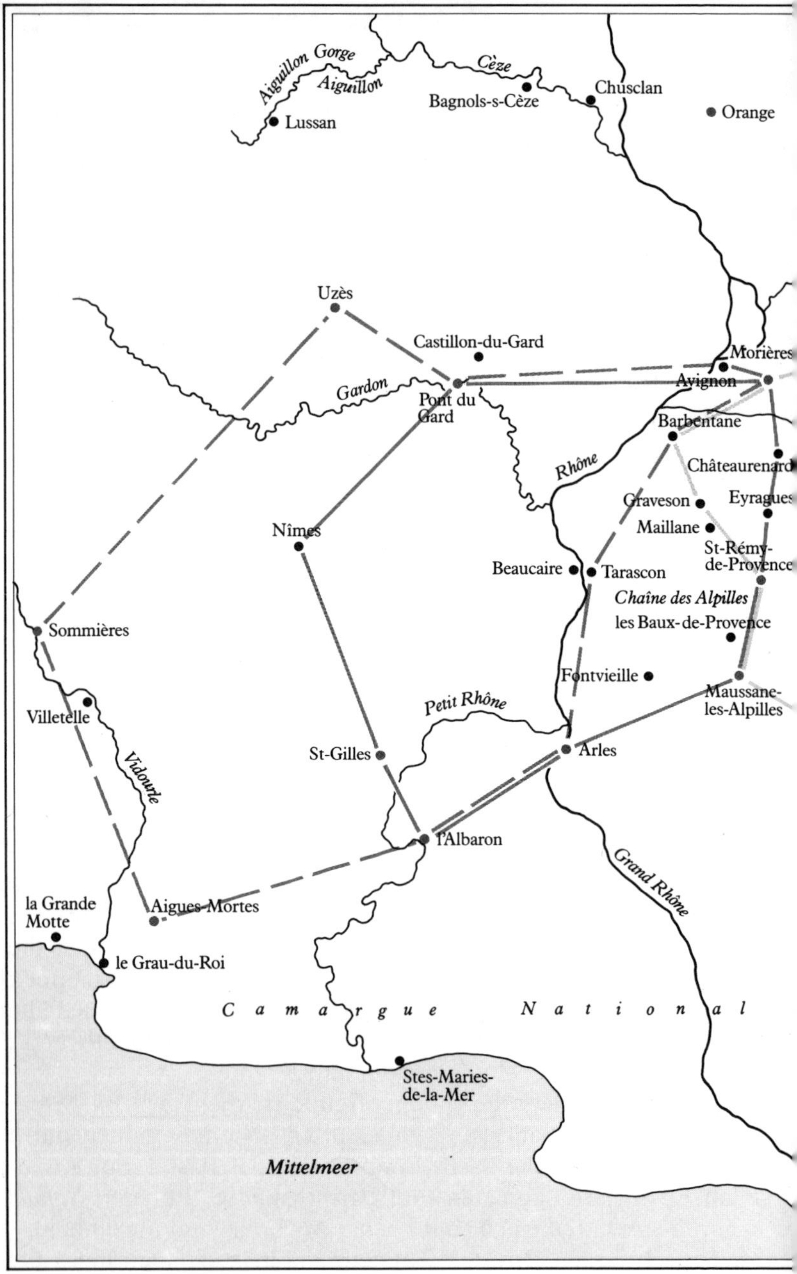
Aiguillon Gorge
Aiguillon
Lussan
Cèze
Bagnols-s-Cèze
Chusclan
Orange
Uzès
Castillon-du-Gard
Gardon
Pont du Gard
Morières
Avignon
Barbentane
Rhône
Châteaurenard
Graveson
Eyragues
Maillane
Nîmes
St-Rémy-de-Provence
Beaucaire
Tarascon
Chaîne des Alpilles
les Baux-de-Provence
Sommières
Fontvieille
Maussane-les-Alpilles
Petit Rhône
Villetelle
Vidourle
St-Gilles
Arles
l'Albaron
Grand Rhône
la Grande Motte
Aigues-Mortes
le Grau-du-Roi
C a m a r g u e N a t i o n a l
Stes-Maries-de-la-Mer
Mittelmeer

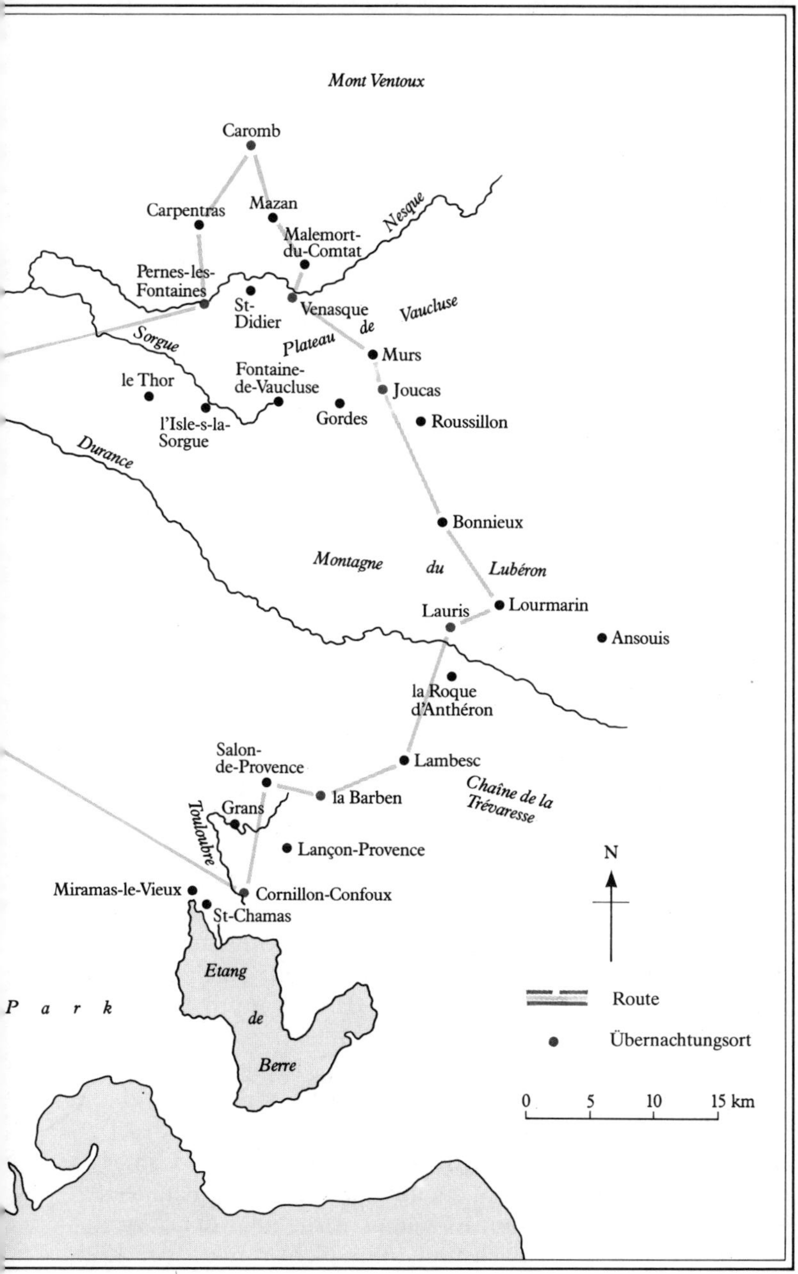

Mont Ventoux
Caromb
Carpentras
Mazan
Nesque
Malemort-du-Comtat
Pernes-les-Fontaines
St-Didier
Venasque
Vaucluse
de
Plateau
Sorgue
Murs
Joucas
le Thor
Fontaine-de-Vaucluse
Gordes
Roussillon
l'Isle-s-la-Sorgue
Durance
Bonnieux
Montagne du Lubéron
Lauris
Lourmarin
Ansouis
la Roque d'Anthéron
Salon-de-Provence
Lambesc
Chaîne de la Trévaresse
la Barben
Grans
Touloubre
Lançon-Provence
Miramas-le-Vieux
Cornillon-Confoux
St-Chamas
Etang de Berre
P a r k
N
Route
Übernachtungsort
0 5 10 15 km

die in kleinen Cafés servierten Sandwiches verwendet. Und Naschkatzen werden sich für *Calissons* begeistern, kleine rautenförmige, mit Zuckerglasur überzogene Mandeltörtchen – eine Spezialität aus Aix-en-Provence.
Kein Wunder, daß diese glückliche Verbindung aus Klima, Landschaft, Licht und Gaumenfreuden so viele Künstler in die Provence lockte. Van Gogh, Cézanne und Fragonard, Picasso, Braque und Léger, auch Chagall und Gauguin kamen hierher, um zu malen. Und zu den Dichtern und Schriftstellern, die hier lebten, zählten unter anderem Frédéric Mistral, der epische Gedichte in provençalischer Mundart schrieb und 1904 den Nobelpreis für Literatur zuerkannt bekam; der Bühnenschriftsteller und Filmregisseur Marcel Pagnol, dessen bestes Stück in Marseille spielt; und Jean Giono, der sich in seinen Romanen mit dem bäuerlichen Leben in der Provence beschäftigte.
Wie bei Radtouren so üblich, geschieht immer irgend etwas Unerwartetes. In einem ruhigen Café in Lagnes saß ein Pärchen bei einem Glas Wein. Doch mit der Ruhe war es plötzlich vorbei, als eine riesige landwirtschaftliche Maschine vorüberdonnerte. Aufgeregt bedeutete der Cafébesitzer den beiden, dem Ungetüm hinterherzuradeln und später zu zahlen. Nach seiner Auskunft handelte es sich um die erste automatische Kirschpflückmaschine der Welt. Zusammen mit den Dorfbewohnern folgten die beiden dem technischen Wunder auf die nächste Obstplantage. Die Erntemaschine bestand aus einer Art überdimensionalem, mit Segeltuch bespanntem Förderband und zwei Greifarmen, die den Baum umklammern und die Kirschen auf das Band schütteln sollten. Nach der ersten Schüttelbewegung allerdings brach das Ungetüm zusammen. Es gehörte wohl nochmals ans Reißbrett, und die beiden Urlauber kehrten zu ihrem Wein zurück.
Trotz beachtlicher Gipfel und abwechslungsreicher Landschaftskulisse landeinwärts überfordert die Provence den Freizeitradler nicht. Keinerlei Probleme gibt es in der Camargue sowie in den Obst- und Weinanbaugebieten des Rhône-Bekkens, und wo das Terrain hügeliger wird, folgt der Weg normalerweise den Flußtälern und führt nicht direkt über Käm-

me. Die steilsten Stücke finden sich meist beim Anstieg zu den *villages perchés*, jenen Dörfern, die in strategisch günstiger Lage hoch oben an einem Hang kleben oder auf einem Felssporn thronen. Als Relikte einer turbulenten Vergangenheit gehören diese Orte zum charakteristischen Bild der provençalischen Landschaft. Mitunter muß man also für den letzten Kilometer vor einem Übernachtungsort eventuell vom Rad steigen, und das gleiche gilt, wenn Ihnen tagsüber vielleicht der Sinn danach steht, in einem dieser Dörfer zu einem schmackhaften Mahl einzukehren.

Wer über Kondition verfügt, kann innerhalb einer Woche durch die Provence und die Camargue radeln – ein Unterfangen, das allerdings in Hektik ausarten und jemandem, der nicht so gut in Form ist, zuviel abverlangen könnte, insbesondere im Hochsommer. Auf einer einwöchigen, in Avignon beginnenden und endenden Rundreise übernachtet man in Saint-Rémy-de-Provence, Maussane-les-Alpilles und Arles sowie in L'Albaron, Saint-Gilles und Pont du Gard und macht *en passant* einen Abstecher nach Nîmes. Weniger anstrengend wäre ein siebentägiger Streifzug durch das Gebiet nordöstlich von Avignon mit Zwischenstopps in Pernes-les-Fontaines, Caromb und Venasque und Ausflügen in die interessanten Ortschaften in dieser Gegend.

Ein Zwei-Wochen-Urlaub bietet ausreichend Zeit zur Erkundung der Camargue und der wildromantischen Gegend westlich der Rhône. Mit Avignon als Ausgangspunkt führt der Weg nach Barbentane, Arles und L'Albaron, dann weiter nach Aigues-Mortes und Sommières und via Uzès und Pont du Gard zurück nach Avignon. Wer lieber die östliche Provence durchstreifen möchte, fährt in diesen beiden Wochen von Avignon nach Pernes-les-Fontaines, Venasque, Joucas und Lauris, weiter nach La Barben, Cornillon-Confoux und Maussane-les-Alpilles und über Saint-Rémy-de-Provence und Barbentane zurück zum Ausgangspunkt.

Avignon selbst eignet sich ideal als Ferienstützpunkt, weil man von hier aus allerlei Ausflüge in reizvolle Gegenden und interessante Orte unternehmen kann. Berühmt wurde Avignon als Stadt der Päpste. Im 14. Jh. verlegte ein französischer Papst den Heiligen Stuhl aus dem vom Krieg zerrissenen Italien nach Avignon, und unter sechs weiteren französischen Päpsten blieb die Stadt Sitz der päpstlichen Macht. Avignon gewann damit enorm an Bedeutung und wurde zum Zentrum der Christenheit. Kaufleute und Bankiers zog es hierher, Künstler, Musikanten und Adlige, und in dieser Epoche erlebte die Stadt zweifellos ihr goldenes Zeitalter. Später kehrten die Päpste nach Rom zurück und hinterließen prachtvolle Bauwerke – ein Erbe, das Avignon ungemein bereicherte.

In ihrem Herzstück noch heute eine mittelalterliche Stadt, ist Avignon von pulsierendem Leben erfüllt und platzt im Juli, zur Zeit des Kunst-Festivals, förmlich aus den Nähten. Die berühmte Brücke Pont Saint-Bénézet (erinnern Sie sich an das Liedchen »Sur le Pont d'Avignon«?) ist seit 300 Jahren verfallen und ragt nur noch ein kurzes Stück über den Fluß. Auf einem ihrer Pfeiler steht eine uralte, dem heiligen Nikolaus geweihte Kapelle.

Auf einem Felsen mit Blick über den Fluß erhebt sich der gewaltige Papstpalast – ein weitläufiges, mit 3 m dicken Mauern befestigtes Bauwerk, das den Eindruck erweckt, als sei es nach keinem festen Plan entstanden. Dicht daneben steht die aus dem 12. Jh. stammende Kathedrale im Schutz des Rocher des Doms, eines Felsrückens, der die Stadt beherrscht. Dort oben gibt es einen Garten, und es lohnt sich, hinaufzuwandern und den phantastischen Blick über die Stadt zu genießen. Zu den vielfältigen anderen Sehenswürdigkeiten Avignons zählt das ungewöhnliche Musée Calvet, ein hervorragendes Provinzmuseum. Es befindet sich in einem anmutigen Gebäude des 18. Jh. und beherbergt unter anderem eine Sammlung von Gemälden französischer Künstler. An Hotels herrscht in Avignon kein Mangel. Vorzuziehen ist jedoch das neu erbaute Hôtel le Paradou in Morières-les-Avignon, einem Dorf 7 km östlich der Stadt.

Von Avignon aus führen interessante Ausflüge Richtung Norden nach Orange und Bagnols-sur-Cèze im Rhône-Tal. Orange, von dem Römern gegründet und später von Barbaren geplündert, ist 25 km von Avignon entfernt. Die Jahrhunderte überdauert haben hier das Theater und ein eindrucksvoller

Torbogen. Das anmutige Amphitheater ist bemerkenswert gut erhalten und wird nach wie vor zu Bühnen- und Konzertaufführungen genutzt. Vor über 1900 Jahren erbaut und überreich mit Szenen römischer Heldentaten geschmückt, verherrlichte der Torbogen die Macht Roms. Und rund 1400 Jahre später erwuchs erneut eine Verbindung zwischen Orange und einer ausländischen Macht – diesmal mit dem niederländischen Adelsgeschlecht Oranien-Nassau, dem die Stadt ihren Namen verdankt. 100 Jahre lang blieb Orange von Frankreich unabhängig. Dann aber forderte Ludwig XIV. die Stadt von Wilhelm von Oranien zurück, jenem Niederländer, der nach dem Thronverzicht Jakobs II. mit seiner Gemahlin Mary die Herrschaft über England antrat.

Direkt westlich von Orange liegt Bagnols-sur-Cèze, doch um den Fluß zu überqueren müssen Sie ein Stückchen stromabwärts radeln. Beide Städte im Rahmen eines Ausflugs zu besuchen, erfordert ein gewisses Maß an Kondition, und deshalb wäre es vielleicht sinnvoller, an einem anderen Tag von Avignon direkt nach Bagnols zu fahren (28 km). In der alten Stadt mit Häusern aus dem 17. Jh. gibt es ein sehenswertes Museum für Moderne Kunst mit Werken französischer Impressionisten, darunter auch Monet. Etwa 6 km südöstlich von Bagnols taucht das Dorf Chusclan auf; von hier aus wandert der Blick weit über die Rhône und ihr Umland.

Rund 20 km sind es von Avignon nach Saint-Rémy-de-Provence; auf dem Weg dorthin kommt man durch das Marktstädtchen Châteaurenard. Von den beiden mittelalterlichen Türmen, den einzigen Überbleibseln einer Festung, die während der Französischen Revolution zerstört wurde, hat man eine wunderschöne Aussicht auf die Umgebung. Kommen Sie direkt von Morières, dann sollten Sie an der Chartreuse de Bonpas vorbeiradeln. Die Kirche dort wurde von den Rittern des militanten Templerordens im 13. Jh. erbaut, das Stiftshaus erst 400 Jahre später. Ansonsten könnten Sie von Châteaurenard auf einem Umweg Richtung Osten dorthin gelangen. Über Eyragues führt der Weg weiter nach Saint-Rémy-de-Provence. Sehenswert sind dort die Relikte aus der Römerzeit, die vor der Zerstörung durch die im 3. Jh. eingefallenen Barbarenhorden

bewahrt blieben: ein Mausoleum zu Ehren von Gaius und Lucius Caesar, den Enkeln und Erben des Kaisers Augustus, sowie die Ruinen eines als Denkmal errichteten Triumphbogens.
Saint-Rémy ist auch eng verknüpft mit dem Namen Van Gogh. Im ehemaligen Kloster Saint-Paul-de-Mausole unweit der Stadt befand sich das Irrenhaus, in dem der berühmte Maler behandelt wurde, nachdem er sich 1889 ein Ohr abgeschnitten hatte. Trotz mehrerer Zusammenbrüche malte er weiter, bis er sich dann ein Jahr später das Leben nahm. Seine Zelle kann man noch besichtigen.
Von der Besetzung durch die Gallier und Griechen und später durch die Römer zeugen die Ausgrabungen bei Glanum, unweit von Saint-Paul-de-Mausole an der D 5. Mehrere Tempelanlagen hat man dort freigelegt, und im Sade-Museum in der Stadt sind zahlreiche Funde zu sehen. Alltäglichere Dinge wie Trachten und Möbel aus der Region zeigt das in einem Herrenhaus aus dem 16. Jh. untergebrachte Museum Pierre de Brun Alpilles. Und auch auf das Geburtshaus des Astrologen und Wahrsagers Nostradamus können Sie einen Blick werfen. Gut untergebracht ist man in der Hostellerie le Chalet Fleuri, die am Stadtrand von Saint-Rémy an der Straße nach Maillane liegt. Im Garten dieses kleinen Hotels können Sie sich, beschirmt von ausladenden Platanen, beim Abendessen die provençalischen Spezialitäten des Küchenchefs munden lassen.
Die nächste, kurze Etappe entlang der D 5 führt durch die grandiose Chaîne des Alpilles, eine sich zwischen Avignon und Arles erstreckende Berglandschaft aus zerklüfteten Kalksteingipfeln und Felsabstürzen. Im strahlenden Licht weiß schimmernd, erweckt der nackte Fels den Eindruck, als sei er mitten im Hochsommer schneebedeckt. Durch diese Berge führt die D 5 – an kiefernbewachsenen Hängen vorbei und durch Kirsch- und Aprikosenplantagen – nach Maussane-les-Alpilles, einer Kleinstadt am Rande dieses wildromantischen Landstrichs. In der Ortsmitte am Hauptplatz steht das Hôtel l'Oustaloun. Jede freie Fläche in diesem Haus – angefangen beim Türrahmen bis hin zur Stuhllehne – wurde vom Besitzer, einem Künstler, liebevoll bemalt.

Urbild der hoch oben auf einem Berg klebenden provençalischen Felsenansiedlung ist der nahegelegene Ort Les Baux-de-Provence. Sie sollten nicht versäumen, ihn zu besuchen, entweder von Maussane aus oder auf dem Weg dorthin. Biegen Sie also noch vor Maussane rechts auf die D 27 ab (2,5 km), oder radeln Sie von Maussane aus direkt nach Les-Baux (gleichfalls 2,5 km). Der Ort wurde auf einem schmalen, rundum steil abstürzenden Felsrücken erbaut – dem idealen Standort für eine uneinnehmbare mittelalterliche Festung, die allerdings – vor 300 Jahren vom französischen König geschleift – mittlerweile zu einer Ruine verfallen ist. 200 Jahre vor der Zerstörung pflegte man die unseligen Opfer der dortigen Feudalherren in die Schlucht hinabzustürzen. In jüngerer Vergangenheit machte Les Baux durch den für die Aluminiumerzeugung notwendigen Rohstoff von sich reden, der in der Nähe entdeckt und nach dem Ort »Bauxit« benannt wurde. In der aus dem 17. Jh. stammenden Kapelle befinden sich moderne Fresken des provençalischen Künstlers Yves Brayer. Im übrigen hat man vom Ort aus einen schönen Ausblick in die Umgebung.
Durch eine sanftere Landschaft geht die Fahrt nun via Fontvieille und die Abtei Montmajour weiter nach Arles (18 km entlang der D 17). Biegen Sie beim Städtchen Fontvieille links auf die D 33 ab, und sehen Sie sich die interessante Windmühle an, in der der Dichter Alphonse Daudet den Winter 1863/64 verbrachte und einige seiner schönsten Erzählungen schrieb. Unter dem Titel »Lettres de mon moulin« wurden sie später veröffentlicht.
Entweder kehren Sie nun auf die D 17 zurück oder radeln noch 2 km weiter auf der D 33 zu den Ruinen eines römischen Aquädukts, das Arles und eine nahegelegene Mühle einst mit Wasser versorgte.
Nach dem Rechtsabbiegen auf die D 82 sind Sie bald wieder auf der D 17 und gelangen zur befestigten Abtei Montmajour, die auf das 10. Jh. zurückgeht. Die blaugrauen Bauten stehen auf einem Hügel, der sich ursprünglich als Insel aus Sumpfland erhob, nun aber von Reisfeldern umgeben ist. Wer ausreichend in Form ist, die rund 100 Stufen zum Klosterturm emporzusteigen, wird mit einem prachtvollen Panorama belohnt.

Nach 7km entlang der D 17 sind Sie dann in Arles, einem günstigen Ausgangspunkt für die Erkundung der Camargue und der westlichen Provence. Arles mit seinen 50 000 Einwohnern ist heute ein Touristenzentrum mit über 100 Hotels und mehr als 20 Campingplätzen, aber faszinierend wie eh und je. Architektonisch hat die Stadt ungemein viel zu bieten – das reiche Erbe aus einer Zeit, in der Arles als Hauptstadt der römischen Provinz große Bedeutung besaß, sowie aus einer Epoche bemerkenswerten Wohlstands im Mittelalter. In dieser Stadt bekommt man nicht nur ein gewaltiges römisches Amphitheater zu sehen, sondern auch ein schönes Rathaus aus der Renaissance.

Im 12. Jh. verwandelte man das römische Amphitheater in Arles in eine Festung, und die damals errichteten Türme stehen noch heute. Einst Schauplatz todbringender Gladiatorenkämpfe, ist diese Sehenswürdigkeit heute eine Stierkampfarena, in der die schwarzen Stiere der Camargue die Hauptrolle spielen. In den Ruinen des römischen Theater finden während der Sommermonate Theater- und Opernaufführungen statt.

Zu den anderen Relikten aus römischer Besatzungszeit zählen Les Alyscamps, wo die Römer ihre Toten bestatteten. Das Areal, das bis ins 12. Jh. hinein als Begräbnisstätte diente, ist von kunstvoll gestalteten Grabmälern gesäumt, deren schönste jedoch verwüstet oder entfernt wurden; von der Kirche blieb nur mehr eine Ruine.

Trotz der heidnischen Ursprünge von Arles schlug das Christentum hier tiefe Wurzeln. 597 wurde der heilige Augustinus, nachdem er die Engländer mit Erfolg zum Christentum bekehrt hatte, in der großartigen Kirche Saint-Trophine zum ersten Bischof von Canterbury geweiht. Das herrliche Hauptportal und der reich mit Reliefs geschmückte Kreuzgang blieben trotz umfangreicher Umbauten im 11., 12. und 15. Jh. erhalten.

Arles gilt heute als Kunstzentrum – ein Ruf, der sich in dem lebendigen, alljährlich im Juli stattfindenden Festival dokumentiert. Das faszinierende Museon Arlaten, das der großzügigen Unterstützung durch den einheimischen Dichter Mistral viel zu verdanken hat, ist der Kunst und dem Handwerk der Provence gewidmet. Erwähnenswert ist – neben den Museen für christliche und heidnische Kunst – noch das Musée Reattu. Es befindet

sich in der ehemaligen Priorei der Johanniter und beherbergt eine bemerkenswerte Sammlung moderner Kunst, darunter Gemälde von Brayer, Fernand Léger und Henri Rousseau sowie Zeichnungen von Picasso. Zwei Jahre lebte und arbeitete Van Gogh in Arles und schuf hier einige seiner bekanntesten Werke. Die beiden von ihm bewohnten Häuser wurden während des Zweiten Weltkriegs zerstört. In dieser Stadt war es auch, wo er sich das rechte Ohr abschnitt; danach lebte er in der Irrenanstalt im ehemaligen Kloster Saint-Paul-de-Mausole.
Übernachtungsmöglichkeiten finden sich in der Stadt für jeden Geldbeutel; zu empfehlen ist das Hôtel d'Arlatan.
Von Arles aus geht es in die weitläufige, sich nach Westen ausdehnende Ebene der Camargue – jene urtümliche und einsame Sumpflandschaft. Gemächlich die D 570 entlangradelnd, gelangt man nach L'Albaron (15 km). Es liegt, abseits der ausgetretenen Touristenpfade, mitten im Camargue-Nationalpark, der sich von Arles bis nach Saintes-Maries-de-la-Mer am Mittelmeer ausdehnt. Von einer verfallenen Festung abgesehen, gibt es in L'Albaron nur wenige Häuser und keinen einzigen Laden. Ein idealer Ort, um die Fülle der wilden Blumen und die vielfältige Vogelwelt zu bestaunen: Reiher, Sumpfvögel und Enten, dazu allerlei Wasservögel und die allgegenwärtigen Flamingos. Und mit etwas Glück bekommen Sie sogar einen Wiedehopf zu Gesicht. Als recht nützlich erweisen sich hier Fernglas und Vogelbuch. Immerhin bietet L'Albaron mit dem Hôtel le Flamant Rose eine Bleibe für die Nacht. Wem der Sinn danach steht, macht hier ein oder zwei Tage Station, vertauscht sein Stahlroß mit einem lebendigen Pferd und reitet durch die Sümpfe oder steigt vor dem Hotel in den Bus nach Saintes-Maries-de-la-Mer (23 km). Mit seinen »Segelbooten am Strand« setzte Van Gogh dem Hafen ein bleibendes Denkmal.
Bekannter aber wurde Saintes-Maries-de-la-Mer durch sein zweimal jährlich stattfindendes Fest. Ende Mai und um den 22. Oktober herum versammeln sich Zigeuner und die Reiter der Camargue in Saintes-Maries-de-la-Mer zu einer Wallfahrt, gefolgt von einem Volksfest mit Pferderennen und Stierkämpfen. Die Anziehungskraft des mittlerweile modernen Ortes wurzelt

in einer Legende, nach der im Jahre 40 n. Chr. ein Boot mit einer Gruppe Christen an dieser Stelle landete. Unter den Ankömmlingen befanden sich Maria, die Mutter der Apostel Jakobus und Johannes, Maria Jakobäa, die Schwester der Muttergottes, sowie ihre schwarze Dienerin Sarah. Alle drei blieben in der Camargue und errichteten an der Stelle eines heidnischen Tempels einen Betraum. Die beiden Marien wurden hier begraben, ihre Gebeine aber 1448 exhumiert und in einem Schrein in der wuchtigen Wehrkirche beigesetzt. Im 12. Jh. erbaut, gleicht dieses Gotteshaus eher einem Burgverlies als einer Stätte der Andacht, und es gibt dort auch noch den Brunnen, der die Menschen in Zeiten der Belagerung mit Wasser versorgte. Zweimal im Jahr werden die Bildnisse der beiden Marien in ihrem Boot und der Sarah, die die Zigeuner zu ihrer Schutzpatronin erkoren, in einer Prozession durch den Ort bis ins Meer hinaus getragen, während der Bischof die Fluten segnet. Und auch um des Städtchens selbst willen wird die Legende weiterhin gepflegt. Unweit des Hafens sind im Musée de Boumain aus Wachs nachgebildete Szenen vom Leben in der Camargue zu sehen.
Saint-Gilles, ein geschäftiges Städtchen am Rande der Camargue und nur 11 km nördlich von L'Albaron, ist das nächste Etappenziel. Von der Abtei, die man im 12. Jh. anstelle der ursprünglichen Grabkirche des Heiligen Ägidius (= Gilles) erbaute, blieb nur die Kirche mit ihrer reichgeschmückten Westfassade übrig. Die Abteil selbst hat man in den Religionskriegen des 16. Jh. weitgehend verwüstet, und die Mönche wurden ermordet. Erhalten geblieben sind auch eine bemerkenswerte steinerne Wendeltreppe sowie eine Krypta mit der Grabstätte des Heiligen. Das Hôtel le Saint-Gilloir steht im Ruf, ausgezeichnete vegetarische Gerichte zu servieren. Markt wird donnerstags und samstags abgehalten.
Hinter Saint-Gilles verlassen Sie die Camargue und radeln Richtung Norden nach Nîmes. Für diese Stadt sollten Sie sich Zeit nehmen. Von den Römern gegründet, erlebte Nîmes eine ungemein stürmische Geschichte – angefangen von den Plünderungen durch die Vandalen und andere Barbarenhorden bis hin zu Pestilenz und Krieg. Die Fahrt ist 20 km lang und geht über eine allmählich ansteigende Straße Richtung Nordwesten. Re-

likte aus der Römerzeit und die reizvollen, im 18. Jh. angelegten Gärten ziehen scharenweise Besucher an und haben den Tourismus zu einem Hauptwirtschaftsfaktor der Stadt gemacht.
Im römischen Amphitheater finden regelmäßig Stierkämpfe statt. Wie in Arles, wurde auch die Arena von Nîmes zur Festung und einem von Mauern umfriedeten Dorf umgewandelt, im letzten Jahrhundert dann aber restauriert und in seinen ursprünglichen Zustand zurückversetzt. Rund 2000 Jahre alt ist das Maison Carrée, ein guterhaltener römischer Tempel. Einst als Pferdestall zweckentfremdet, dient es heute als Altertumsmuseum, in dem römische Gebrauchsgegenstände und Skulpturen zu sehen sind, die im Umkreis gefunden wurden.
Zu einem Spaziergang lädt der reizvolle, im 18. Jh. angelegte Jardin de la Fontaine. Auch hier ist noch etwas von der Welt der alten Römer gegenwärtig: Die Ruinen eines römischen Tempels, in denen im Sommer Konzerte stattfinden, sowie der Tour Magne, Teil der ursprünglichen römischen Befestigungsanlagen, wurden in den Jardin de la Fontaine miteinbezogen. Vom Turm aus können Sie eine großartige Aussicht genießen – vorausgesetzt, Sie bringen noch die Energie auf, hinaufzusteigen. Etwas außerhalb der Stadt, kurz hinter Uchaud im Südwesten, stoßen Sie auf die Quelle des Perrier-Mineralwassers.
Kaum jemand wird sich der Großartigkeit des Pont du Gard entziehen können (21 km auf der N 86 Richtung Nordosten). Dieses Aquädukt, das in einer Länge von 275 m das Tal des Flusses Gardon überspannt und früher das Wasser nach Nîmes brachte, zählt zu den Glanzstücken römischer Ingenieurskunst. Kaum vorstellbar, daß seine drei übereinanderliegenden Bogenreihen vor nahezu 2000 Jahren entstanden sind. Das rund 100 m vom Pont du Gard entfernte Hôtel le Vieux Moulin dürfte einen der spektakulärsten Ausblicke in ganz Frankreich bieten und verfügt über einen Privatstrand am Fluß, der zum Baden einlädt. Vom flußaufwärts gelegenen Collias aus könnten Sie zur Abwechslung auch einmal eine Kanupartie auf dem Gardon unternehmen. Avignon ist vom Pont du Gard eine gemächliche Tagesreise weit entfernt.
Ein längerer Streifzug durch die Camargue und das *garrigue* (Ödland) westlich der Rhône würde von Avignon zunächst nach

Barbentane führen (10 km) – ein Verteilungszentrum für das in dieser Region angebaute Obst und Gemüse. Sehenswert sind hier ein Burgturm aus dem 14. Jh. sowie das im 17. Jh. erbaute und erlesen, zum Teil mit Louis-quinze- und Louis-seize-Möbeln ausgestattete Château de Barbentane.
Von Barbentane sind es 30 km nach Arles (D 35). Unterwegs erblicken Sie linker Hand eine Windmühle aus dem 18. Jh., ehe Sie dann in das wunderschöne, baumbestandene und von Lavendelduft erfüllte kleine Tal der im 10. Jh. gegründeten Abtei Sain-Michel-de-Frigolet kommen. Hier ist die Heimat des provençalischen Likörs Frigolet; Sie können ihn im Klosterladen kaufen. Wenige Kilometer weiter liegt die Stadt Tarascon. Die herrliche, von einem Graben umschlossene Burg wurde im 12. Jh. erbaut und steht den Ruinen der einst mit ihr rivalisierenden Burg von Beaucaire am jenseitigen Rhône-Ufer gegenüber. In Mauern eingeritzte englische Worte erinnern an die Zeit, in der das Château als Gefängnis diente. Berühmt wurde Tarascon, das auch einen Hafen besitzt, durch die Tarasque, ein kinderverschlingendes Ungeheuer, das in der Rhône hauste. Gebändigt wurde es schließlich von der heiligen Martha, deren Grab in der nach ihr benannten mittelalterlichen Kirche zu sehen ist. Mit einer *fête* Ende Juni feiert man alljährlich noch heute ihren Triumph.
15 km von Arles entfernt stößt man auf das Dörfchen L'Albaron. Von hier aus durchqueren Sie die Camargue und gelangen in die von Mauern umschlossene mittelalterliche Stadt Aigues-Mortes. Radeln Sie zunächst 11 km südwärts entlang der D 570, und biegen Sie dann rechts auf die D 58 ab.
Aigues-Mortes ist nach wie vor eine kleine befestigte Stadt, deren hohe Mauern man schon in der Ferne bedrohlich aufragen sieht. Früher einmal war die Ortschaft nur über einen einzigen Pfad zugänglich; er führte durch Sumpfgebiet, das sich nach allen Seiten ausdehnte. Ihren Namen »Tote Wasser« (lat.: *aquae mortae*, franz.: *eaux mortes*) verdankt sie den zahlreichen salzigen, in die Landschaft eingestreuten Lagunen. 1246 ließ Ludwig IX. den Tour de Constance erbauen; Aigues-Mortes diente ihm als Einschiffungshafen für den siebten Kreuzzug.

Einstmals lebten hier 10000 Menschen. Im 14. Jh. jedoch begann die Fahrrinne, die Aigues-Mortes mit dem offenen Meer verband, zu versanden, und mittlerweile ist die Einwohnerzahl um mehr als die Hälfte geschrumpft. Der malerische Steinbau der Hostellerie des Ramparts steht innerhalb der bejahrten Mauern.
Le Grau-du-Roi, 11 km weiter südlich und jenseits der Salzlagunen gelegen, ist ein lebendiges altes Fischerstädtchen an der Einmündung des Kanals, der Aigues-Mortes heute mit dem Meer verbindet. In den Restaurants serviert man eine herrliche Bouillabaisse. Unterwegs bietet sich Gelegenheit zu einem Abstecher in die Weinberge von Listel, wo man den Wein probieren und gleich kaufen kann. Von Le Gau-du-Roi aus auf der D 255 6 km weiterradelnd, sieht man sich unvermittelt einem scharfen Kontrast gegenüber: dem modernen Ferienzentrum von La Grande-Motte, wo sich die futuristische Architektur in Gestalt von gewaltigen, in Hotels und Apartments aufgeteilten Betonpyramiden zur Schau stellt. Zur Stadt gehören zahlreiche Campingplätze, ein Meeresschwimmbad und der gut 1 km lange Strand; dazu ein Casino und mehrere ausgezeichnete Restaurants.
Die nächste Etappe führt von Aigue-Mortes über zumeist leichtes Gelände 30 km wieder landeinwärts. Radeln Sie auf der D 979 18 km Richtung Norden, und biegen Sie dann links auf die D 12 nach Sommières ab. Unterwegs könnte man einen Umweg einlegen und einen Blick auf die römische Brücke bei Villetelle werfen. Früher einmal gab es in Sommière eine Teppichknüpferei, die zur heutigen Auberge du Pont Romain umgestaltet wurde. Zum phantasievoll eingerichteten Hotel gehört ein ausgezeichnetes Restaurant, das mehr Wert auf traditionelle französische Kochkunst legt als auf die *nouvelle cuisine*. Enge Straßen, Arkaden und eine Brücke aus dem 12. Jh. prägen das Bild des malerischen Städtchens. Vom verfallenen Château oberhalb des Ortes blickt man über die Dächer der Stadt. Markttag ist der Samstag. Unmittelbar nördlich des Städtchens erhebt sich das im 12. Jh. erbaute Château Villevieille, und nach 10 km entlang der D 40 Richtung Osten taucht die uralte Ansiedlung Oppidum-de-Nages auf.

Gleichfalls im Mittelalter entstanden ist Uzès (40 km auf der D 22), wo man noch heute durch bejahrte enge Straßen wandert. Uzès ist eine von drei Städten dieser Epoche, die mit staatlichen Mitteln restauriert wurden, und besitzt nun einen reizvollen, zur Fußgängerzone umgestalteten Stadtkern mit steinernen Laubengängen, offenen Plätzen und gepflegten Fassaden. Von der im 12. Jh. erbauten und von den Hugenotten zerstörten Kathedrale ist nur der Tour Fenestrelle übriggeblieben. Ihm gegenüber, in einer kleinen Straße, finden Sie das empfehlenswerte Hôtel d'Entreigues. Im wesentlichen eine mittelalterliche Stadt, gibt es in Uzès jedoch auch Häuser aus der Zeitspanne vom 12. bis zum 18. Jh. Am interessantesten ist Le Duche, ein Château aus dem 12. Jh. und Wohnsitz der Herzöge von Uzès. In dem Bestreben nach Förderung durch einen einflußreichen Onkel lebte um 1660 Jean Racine, einer der größten Bühnendichter Frankreichs, in der Stadt.
Nördlich von Uzès (17 km entlang der D 979) liegt Lussan, ein Dorf auf einem Felsrücken inmitten einer *garrigue* – einer von kargen, mit Stechginster, Lavendel, Thymian und Rosmarin überzogenen Kalksteinhügeln geprägten Gegend. Diese wildromantische Landschaft ist von tiefen Schluchten zerfurcht, die rasch dahineilende Wasserläufe in den Kalkstein gegraben haben. Den spektakulärsten Anblick bietet die tief in die Felsen eingegrabene Aiguillon-Schlucht. Biegen Sie rechts auf die aus Lussan hinausführende D 143 ab und dann links auf die D 643. Im Sommer kann man durch das ausgetrocknete Flußbett wandern.
Nur 17 km sind es von Uzès zum Pont du Gard (D 981), und von dort geht es dann in gemütlicher Fahrt zurück nach Avignon. Lohnend wäre ein Umweg nach Castillon-du-Gard, 4 km nördlich vom Pont du Gard (D 192). In dem entzückenden Dorf gibt es nämlich ein ausgezeichnetes Restaurant.
Etwas gemächlicher und in einer Woche zu bewältigen ist ein Streifzug durch das Gebiet nordöstlich von Avignon. Übernachtet wird dabei in Pernes-les-Fontaines, Caromb und Venasque. Anders als in der Camargue oder im Rhône-Tal ist das Terrain hier hügeliger, und man tut gut daran, Straßen zu meiden, die über Bergkämme führen. Pernes-les-Fontaines ist

23 km von Avignon entfernt und entlang der D 28 zu erreichen. Nach 15 km sollten Sie auf die D 16 einschwenken und sich die eindrucksvollen buntfarbigen Formationen in der langgestreckten Grotte de Thouzon ansehen. Am Rande des Hügels oberhalb der Höhle erheben sich die Ruinen eines Schlosses und eines Klosters.
Nach weiteren 3 km Richtung Süden kommt man in das mittelalterliche Städtchen Le Thor, Verteilungszentrum für die köstlichen weißen Trauben dieser Region. Zu sehen sind hier noch die verfallenen Mauern der einstigen Befestigungsanlagen sowie eine bejahrte Brücke über die Sorgue. Unweit dieser Brücke erhebt sich eine eindrucksvolle, aus dem späten 13. Jh. datierende Kirche.
Pernes-les-Fontaines, gleichfalls ein bejahrtes Städtchen, ist vor allem wegen seiner 32 Brunnen bekannt, zu denen samt und sonders Wegweiser führen. Der Glockenturm war einstmals Bestandteil einer Burg und ist das einzige, was davon übriggeblieben ist. Auf der Brücke über die Nesque steht eine winzige Kapelle, und der viereckige Tour Ferrande ist innen mit 700 Jahre alten Fresken ausgeschmückt. Pernes hat einige hervorragende Lebensmittelgeschäfte, darunter eine *fromagerie* mit einer reichhaltigen Auswahl an Käsesorten. Ausgesprochen erholsam ist der Aufenthalt im Hôtel de l'Hermitage mit seinem großen Garten. Sie können dort ungestört lesen oder sich nach einem Tag auf der Landstraße bei einem Drink regenerieren.
Caromb ist 15 km entfernt. Am besten nehmen Sie die D 212 und D 938 nach Carpentras und schwenken dort auf die D 13 ein. Carpentras ist sehr reizvoll. Der Name leitet sich von den einst hier gefertigten Streitwagen ab; bekannter jedoch ist er mittlerweile durch die *Berlingots* (Karamelbonbons). Vom Triumphbogen abgesehen, deutet heute nur noch wenig auf die römischen Ursprünge von Carpentras hin. Die Kathedrale Saint-Siffrein wurde im 15. Jh. erbaut, und aus derselben Zeit stammt eine Synagoge, die älteste des Landes und der Hinweis auf ein wahrscheinlich schon zu Römerzeiten existierendes Judenviertel. Mehrere interessante Gemälde hängen in dem aus dem 17. Jh. datierenden Justizpalast, das im 18. Jh. erbaute Musée Sobirat zeigt Mobiliar und Dekors jener Epoche, und im

Musée Duplessis befindet sich eine Gemäldesammlung, u. a. mit Werken einheimischer Künstler. Caromb, ein entzückendes provençalisches Bergstädtchen, wurde auf der Kuppe einer kleinen steilen Anhöhe rund um eine antike Ansiedlung erbaut. Im dortigen Hôtel le Beffroi sind Sie gut untergebracht.
Nordöstlich von Caromb erhebt sich der höchste Gipfel der Provence: der 2000 m hohe Mont Ventoux. Es ist ein wilder Berg, auf dem der Wind bläst und der im Winter und zeitigen Frühjahr eine Schneehaube trägt; und auch zu den übrigen Jahreszeiten schimmert das helle Gestein der oberen Region immer weiß. Kurz vor dem Gipfel muß man sich mächtig ins Zeug legen, doch die Plackerei wird belohnt: Vor Ihnen breitet sich das faszinierende Panorama der Provence und des Rhône-Tals in all seiner Pracht aus.
Von Caromb 15 km Richtung Süden radelnd, gelangt man nach Venasque, einer alten, an einem Abhang klebenden Ortschaft mit Blick auf das Plateau de Vaucluse und einstmals Sitz der Erzbischöfe des Comtat. Die Route via Mazan (D 70) und dann weiter auf der D 163 und D 77 durch Malemort-du-Comtat verläuft ziemlich eben. Mit der aus dem 6. Jh. stammenden Taufkapelle besitzt Venasque einen der ältesten Sakralbauten Frankreichs. Gleichfalls uralt ist die im 12. Jh. errichtete und später umgebaute Kirche Notre-Dame. Und in der etwa 2 km außerhalb des Dorfes (D 28 und D 4) stehenden Kapelle Notre-Dame-de-Vie befindet sich die Grabstätte des im Jahre 604 verstorbenen Bischofs Boetius. Einquartieren können Sie sich im Hôtel la Garrigue in Venasque.
Höchst ungewöhnlich in galerieartigen Reihen übereinander an einen steilen Felshang gebaut wurde Gordes, 15 km von Venasque entfernt an der D 177 gelegen. Ein noch höher thronendes, im Renaissance-Stil auf den Fundamenten einer ehemaligen Festung erbautes Château wacht über das Städtchen. In einem Teil des Schlosses ist heute ein Museum untergebracht, das den Werken des zeitgenössischen ungarischen Malers und bekannten Vertreters der geometrischen Kunst, Victor Vasarely, gewidmet ist. Ganz in der Nähe von Gordes, etwa 3 km auf der D 15 und dann gleich nach der Kreuzung mit der D 2 rechts ab, taucht das kuriose *village noir* auf, eine Gruppe von soge-

nannten »Bories«, das heißt alten, aus Steinen und ohne Mörtel aufgeschichteten Behausungen mit steilem Spitzdach. Während der letzten 100 Jahre noch bewohnt, steht das Dorf heute als Museum unter Denkmalschutz.

Lohnend wäre auch ein Ausflug von Venasque zur Quelle des Flüßchen Sorgue in Fontaine-de-Vaucluse (15 km). Radeln Sie entlang der D 28 nach Saint-Didier und weiter auf der D 210 und D 57. Als ungebärdige smaragdgrüne Quelle sprudelt das Wasser aus einer trichterförmigen, von Felsabstürzen umschlossenen Höhle. Kleinere Quellen haben einen großen, von ausladenden Platanen gesäumten Teich entstehen lassen. Im Winter und Frühjahr stürzt das Wasser in gewaltigen Massen als schäumender Wasserfall hervor, der sich im Sommer allerdings weniger spektakulär zeigt. Von Mitte Juni bis Mitte September findet hier ein son-et-lumière statt. Petrarca, der in Verbannung lebende italienische Dichter (1304–74), wählte sich das Dorf mit der verfallenen Burg als ländliche Zufluchtsstätte und schrieb hier einige seiner bekanntesten Liebesgedichte. Die Inspiration zu diesen Versen erwuchs aus seiner unerwiderten leidenschaftlichen Liebe zu Laura, jener Frau, die ihm 1327 in einer Kirche in Avignon erstmals begegnet war.

Ganz in der Nähe liegt, auf einer Insel im Flüßchen Sorgue erbaut und malerisch vom Wasser eingeschlossen, das Städtchen L'Isle-sur-la-Sorgue. Prachtvoll ausgestattet im Stile des 17. Jh. ist die Kirche, und gleichfalls sehenswert sind ein ebenso herrlich ausgestalteter Saal im alten Hospital sowie die eindrucksvolle Sammlung von Arzneigefäßen.

Von Venasque könnte man nun nach Avignon zurückkehren. Auf einem längeren Streifzug hingegen geht die Reise nun weiter nach Joucas – zunächst auf der gewundenen schmalen D 4 Richtung Murs und hinter der Ortschaft rechts ab auf die D 102. Gordes und Fontaine-de-Vaucluse sind auch von Joucas aus leicht zu erreichen. Und dazu Roussillon, ein farbenfrohes Bergdorf auf dem höchsten Felsrücken, der das Tal des Coulon und das Plateau de Vaucluse voneinander trennt. In dieser Gegend ist das Gestein ockerhaltig. Die Einheimischen verwenden das in vielerlei Rot- und Gelbtönen vorkommende Mineralgemenge als Farbanstrich für ihre Häuser, und dieses unge-

wöhnliche Bild hat viele Maler nach Roussillon gelockt. Vom Ort aus bietet sich ein herrlicher Blick in die Umgebung. Und auch vom Familienhotel Hostellerie des Commandeurs am Dorfrand von Joucas können Sie die wundervolle Aussicht genießen. Man ißt hier gut, und wer noch überschüssige Kräfte hat, kann sie auf dem Tennisplatz verspielen. Nach Lauris sind es etwa 30 km (D 60, D 36 und D 943).
Unterwegs kommt man durch zwei Ortschaften: Bonnieux ist ein befestigtes Dorf, und von seiner im 12. Jh. erbauten Kirche hat man einen atemberaubenden Ausblick über das Tal. Lourmarin wird von einem Château beherrscht; die Anlage stammt teilweise aus dem 15. Jh., teilweise aus der Renaissance, und wegen des reizvollen Panoramas ist es der Mühe wert, den Turm zu erklimmen. Überdies kann das Dorf mit dem ausgezeichneten Restaurant Le Moulin aufwarten, das allerdings montags geschlossen ist. Reizvoll gelegen, mit Blick über das Tal der Durance, ist das Hôtel la Chaumière in Lauris. Eine Glasdurchsicht zwischen Gastzimmer und Küche erlaubt es, dem *chef de cuisine* bei der Zubereitung köstlicher Gerichte zuzusehen. Markt wird in Lauris am Montag abgehalten.
9 km südlich, jenseits des Flusses und unmittelbar außerhalb von La Roque d'Anthéron gelegen, stößt man auf die Abbaye de Silvacane. An der von den Zisterziensern Mitte des 12. Jh. in der Flußniederung gegründeten Abteil baute man ungefähr 400 Jahre lang. Silvacane durchlebte eine turbulente Geschichte. Nach der Verwüstung seiner Weinberge und Obstgärten gab man das Kloster am Ende der Französischen Revolution auf. Später wurde es wieder Andachtsstätte, verkam zu einem Unterschlupf für Gesetzlose und diente als Scheune, bis dann schließlich in jüngerer Vergangenheit staatliche Stellen eingriffen und die Abtei restaurieren ließen. Heute erstrahlt sie wieder in alter Schönheit und ist fast das ganze Jahr über Besuchern zugänglich (dienstags geschlossen). In der Ortsmitte des kleinen Städtchens La Roque d'Anthéron steht ein Schloß aus dem 17. Jh., das heute als Genesungsheim genutzt wird.
Ansouis, ein Dorf 12 km östlich von Lauris bzw. 8 km von Lourmarin entfernt, ist stolz auf sein Museum. Seinem erstaunlichen Namen »Musée Extraodinaire« wird dieses Museum

jedoch nicht so ganz gerecht. Zu seinen »außergewöhnlichen« Schätzen gehören einige Darstellungen vom Leben unter Wasser. Unmittelbar außerhalb des Ortes (4 km entlang der D 56) taucht die Burg Sabran auf, eine mittelalterliche Festung, die in ein behagliches Herrenhaus umgewandelt wurde und seit jeher im Besitz derselben Familie war. Zu sehen sind in Sabran eine interessante Waffensammlung und gute Wandteppiche; von den Terrassengärten hat man einen schönen Blick.
Quer durch dieses Gebiet verläuft der Gebirgszug des Lubéron, der teilweise zum Regionalpark erklärt wurde. Vereinzelt finden sich am Wegesrand weitere »Bories«. Zum Teil entstammen sie noch der Zeit vor der römischen Besatzung, zum Teil sind sie vermutlich jüngeren Ursprungs und dienten möglicherweise in Pestzeiten Leuten aus der Stadt als Zufluchtsort.
Ihr nächstes Quartier schlagen Sie in La Barben auf. Die Häuser des Dorfes scharen sich um das eindrucksvolle Château de la Barben, eine mittelalterliche Burg, auf deren Gelände ein kleiner Zoo und ein Aquarium eingerichtet wurden. Berühmt für seine exzellente Küche ist das reizvoll am Rande der Trévaresse-Berge gelegene Hôtel la Touloubre. Um dorthin zu gelangen, überqueren Sie den Fluß bei Cadenet, biegen auf die D 66 nach Lambesc ein und setzen Ihren Weg entlang der D 15 fort. Lambesc ist ein interessantes kleines Städtchen. Zu sehen gibt es hier ein Stadttor aus dem 16. Jh. sowie eine Kirche, deren Turm 1909 während eines Erdbebens einstürzte.
6 km weiter gelangt man nach Salon-de-Provence. Beherrscht wird die betriebsame Stadt vom Château de l'Empéri, das im 10. Jh. auf einem Felsplateau erbaut und im Laufe der Jahrhunderte immer wieder umgestaltet wurde. Es beherbergt ein Armee-Museum, das der Geschichte des Militärs bis zum Ersten Weltkrieg gewidmet ist. Salon-de-Provence hat zwei mittelalterliche Kirchen – Saint-Michel und Saint-Laurent. Im letztgenannten Gotteshaus finden Sie das Grab des Astrologen Nostradamus, dessen ungewöhnliche, im Jahre 1555 in Versform niedergeschriebenen Prophezeiungen noch heute einen Bestseller-Platz einnehmen.
Ungefähr 12 km von Salon entfernt (von La Barben aus auf der D 15) kommen Sie nach Cornillon-Confoux. Das Tal der Tou-

loubre überschauend, klebt das Dorf an einem Felshang. Zwischen Cornillon und Grans (und auf der D 19 gut ausgeschildert) findet sich das Hôtel Devem de Mirapier, ein Neubau mit Tennisplatz und Swimmingpool. Ganz in der Nähe dehnt sich der Etang de Berre aus, eine seichte Lagune, die – durch einen Kanal mit dem Meer verbunden – Frankreichs bedeutendster Erdölhafen ist. Ein phantastischer Blick über den Etang und die ihn umgebenden Hügel bietet sich von einer Aussichtsplattform in Lançon aus. Die Ortschaft ist nur ein kurzes Stück vom Hotel entfernt.

Am Saum der Lagune auf der D 70 entlangradelnd, gelangen Sie nach Saint-Chamas. Überragt wird der Ort von einem in drei übereinanderliegenden Rundbogengeschossen erbauten Aquädukt. Ein Stückchen weiter entfernt führt der Pont Flavian über die Touloubre. Benannt wurde die Brücke nach dem Römer, der sie vor über 1800 Jahren erbaut hatte.

Nur wenige Kilometer nördlich von Saint-Chamas liegt das auf Felsen erbaute Städtchen Miramas-le-Vieux. Neben den Überbleibseln einer mittelalterlichen Stadtmauer sind auch noch die Ruinen einer uralten Kirche zu sehen. Die Zeiten überdauert hat ein winziges, aus dem 12. Jh. stammendes Kirchlein. Es steht auf dem Gelände eines etwas größeren, 300 Jahre später erbauten Gotteshauses.

Von Cornillon-Confoux sind es 35 km nach Maussane-les-Alpilles (D 10, D 5 und D 17). Auf der D 5 weiterfahrend, gelangen Sie nach 10 km nach Saint-Rémy-de-Provence und nach nochmals 20 km nach Barbentane. Nehmen Sie die D 5 nach Graveson, einem größeren Dorf mit interessanter Kirche, und setzen Sie Ihren Weg entlang der N 570 und D 77 fort. Wer auf direkter Strecke nach Avignon zurückkehren möchte, könnte in Saint-Rémy übernachten.

HOTELNACHWEIS

Mayenne und Sarthe

Chailland
Hôtel des Voyageurs
53420 Chailland
Tel: (43) 027012

La Chartre-sur-le-Loir
Hôtel de France
72340 la Chartre-sur-le Loir
Tel: (43) 444016

Château-Gontier
Hôtel le Parc
53200 Château-Gontier
Tel: (43) 071080

Entrammes
Hôtel le Lion d'Or
53260 Entrammes
Tel: (43) 983008

Gorron
Hôtel de Bretagne
41 Rue de Bretagne
53120 Gorron
Tel: (43) 046367

Lassay
Auberge du Lassay
53110 Lassay
Tel: (43) 047161

Luché-Pringé
Auberge du Port
des Roches
Luché-Pringé
72800 le Lude
Tel: (43) 454448

Le Lude
Hôtel du Maine
Route de Saumur
72800 le Lude
Tel: (43) 946054

Mayenne
Grand Hôtel
2 Rue Ambroise de Lore
53100 Mayenne
Tel: (43) 043735

Mézangers
Relais du Gue de Selle
Mézangers
53600 Evron
Tel: (43) 906405

Neau
Hôtel de la Croix Verte
53150 Neau
Tel: (43) 982341

Sablé-sur-Sarthe
Hôtel Saint Martin
72300 Sablé-sur-Sarthe
Tel: (43) 950003

Saint-Pierre-des-Nids
Hôtel du Dauphin
53370 Saint-Pierre-des-Nids
Tel: (43) 035212

Saint-Symphorien
Relais de la Charnie
le Bourg
Saint-Symphorien
72480 Bernay-
en-Champagne
Tel: (43) 207206

Saulges
Hôtel l'Ermitage
53340 Saulges
Tel: (43) 012228/65

Solesmes
Grand Hôtel de Solesmes
Solesmes
72300 Sablé-sur-Sarthe
Tel: (43) 954510

Vaiges
Hôtel du Commerce
53480 Vaiges
Tel: (43) 905007

Die Loire-Schlösser

Bouchemaine
Hôtel l'Ancre de Marine
Bochemaine
49000 Angers
Tel: (41) 771446

Chacé
Auberge de Thouet
Chacé
49400 Saumur
Tel: (41) 529702

Chinon
Grand Hôtel de la Boule d'Or
66 Quai Jeanne d'Arc
37500 Chinon
Tel: (47) 930313

Hôtel Diderot
7 Rue Diderot
37500 Chinon
Tel: (47) 931887

Doué-la-Fontaine
Hôtel de France
49700 Doué-la-Fontaine
Tel: (41) 591227

Fontevraud
Hôtel la Croix Blanche
49590 Fontevraud
Tel: (41) 517111

Jallais
Hôtel la Croix Verte
Place de la Mairie
49510 Jallais
Tel: (41) 64 20 22

Lilette
Auberge de l'Islette
Lilette
37160 Descartes
Tel: (47) 59 72 22

Loches
Hôtel George Sand
39 Rue Quintefol
37600 Loches
Tel: (47) 59 39 74

Mauléon
Hotel de l'Europe
15 Rue de l'Hôpital
79700 Mauléon
Tel: (49) 81 40 33

Montreuil-Bellay
Splendid Hôtel
Rue du Docteur Gaudrez
49260 Montreuil-Bellay
Tel: (41) 52 35 50

Montsoreau
Hôtel le Bussy
49730 Montsoreau
Tel: (41) 51 70 18

Oiron
Relais du Château
Oiron
79100 Thouars
Tel: (49) 96 51 14

La Roche-Clermault
Auberge du Haut-Clos
la Roche-Clermault
37500 Chinon
Tel: (47) 95 94 50

Saint-Jean-de-Thouars
Hôtel du Château
79100 Saint-Jean-de-Thouars
Tel: (49) 66 18 52/14 62

Saint-Laurent-sur-Sèvre
L'Hermitage Hôtel
Saint-Laurent-sur-Sèvre
85290 Mortagne-sur-Sèvre
Tel: (51) 67 83 03

Savonnières
Ferme la Martinière
Savonnières
37510 Joué-lès-Tours
Tel: (47) 50 04 46

Veigné
Le Moulin Fleuri
Route de Monts
37250 Veigné
Tel: (47) 26 01 12

La Venise Verte

Celles-sur-Belle
Hôtel le National
79379 Celles-sur-Belle
Tel: (49) 79 80 34

Chaunay
Hôtel Central
86510 Chaunay
Tel: (49) 59 25 04

Chenay
Hôtel les Trois Pigeons
79120 Chenay
Tel: (49) 07 38 59

Coulon
Hôtel le Central
79510 Coulon
Tel: (49) 35 90 20

Hôtel au Marais
46–48 Quai Louis-Tardy
79510 Coulon
Tel: (49) 35 90 43

Gournay
Château des Touches
79110 Gournay
Tel: (49) 29 31 23

Maillezais
Hostellerie Saint-Nicolas
85420 Maillezais
Tel: (51) 00 74 45

Olbreuse
Château d'Olbreuse
Mauzé-sur-le-Mignon
79210 Olbreuse
Tel: (49) 04 85 74

Saint-Maixent-l'Ecole
Auberge du Cheval Blanc
8 Avenue Gambetta
79400 Saint-Maixent-l'Ecole
Tel: (49) 05 50 06

Saint-Romans-les-Melle
Chambres d'Hôte
Saint-Romans-les-Melle
79500 Melle
Tel: (49) 27 04 15

Villiers-en-Bois
Auberge des Cedres
Villiers-en-Bois
79360 Beauvoir-sur-Niort
Tel: (49) 09 60 53

Cognac und die Dordogne

Aubeterre-sur-Dronne
Hôtel du Périgord
16390 Aubeterre-sur-Dronne
Tel: (45) 98 50 11

Auberge du Château
9 Place du Château
16390 Aubeterre-sur-Dronne
Tel: (45) 98 50 46

Barbezieux
Hôtel la Boule d'Or
9 Boulevard Gambetta
16300 Barbezieux
Tel: (45) 78 22 72/3

Brossac
Chambres d'Hôte
Place de l'Eglise
16480 Brossac
Tel: (45) 987150

Fleurac
Château de Fleurac
Fleurac
16200 Jarnac
Tel: (45) 817822

Mareuil-sur-Belle
Auberge du
Moulin Fontverte
24340 Mareuil-sur-Belle
Tel: (53) 609677

Montbron
Hôtel des Trois Marchands
Place du Cedre
16220 Montbron
Tel: (45) 707129

Nontron
Grand Hôtel Pélisson
Place Alfred Agard
24300 Nontron
Tel: (53) 561122

La Rochefoucauld
La Vieille Auberge
16110 la Rochefoucauld
Tel: (45) 620272

Roumazières-Loubert
Hôtel du Commerce
Route de la Gare
16270 Roumazières-Loubert
Tel: (45) 712138

Saint-Groux
Hôtel les Trois Saules
Saint-Groux
16230 Mansle
Tel: (45) 203140

Verteuil
Hôtel la Paloma
Route de Villars
16510 Verteuil
Tel: (45) 314132

Vibrac
Hôtel les Ombrages
Vibrac
16120 Châteauneuf
Tel: (45) 973233

Vieux-Mareuil
Auberge de l'Etang Bleu
Vieux-Mareuil
24340 Mareuil
Tel: (53) 609263

Bordeaux und Garonne

Agen
Hostellerie de la Rigalette
47000 Agen
Tel: (53) 473744

Aiguillon
Hôtel les Cygnes
47190 Aiguillon
Tel: (53) 796002

Allemans-du-Dropt
Hôtel l'Etape Gascogne
47800 Allemans-du-Dropt
Tel: (53) 202355

Bon-Encontre
Hôtel le Parc
41 Rue de la Republique
47240 Bon-Encontre
Tel: (53) 961775

Casseneuil
Auberge la Résidence
47440 Casseneuil
Tel: (53) 410808

Casteljaloux
Hôtel aux
Cadets de Gascogne
Place Gambetta
47700 Casteljaloux
Tel: (53) 930059

Duras
Hostellerie des Ducs
47120 Duras
Tel: (53) 837458

Monbazillac
Relais de la Diligence
Route d'Eymet
Monbazillac
24240 Sigoules
Tel: (53) 583048

Moncrabeau
Hôtel le Phare
Moncrabeau
47600 Nérac
Tel: (53) 654208

Monflanquin
Le Moulin de Boulède
Route de Cancon
47150 Monflanquin
Tel: (53) 364027

Monpazier
Hôtel de France
21 Rue Saint-Jacques
24540 Monpazier
Tel: (53) 226006/6601

Nérac
Hôtel Restaurant d'Albret
40, 42 Allées d'Albret
47600 Nérac
Tel: (53) 650147

Hôtel du Château
7 Avenue de Mondenard
47600 Nérac
Tel: (53) 650905

Sainte-Livrade-sur-Lot
Hôtel le Midi
47110 Sainte-Livrade-sur-Lot
Tel: (53) 010032

Saussignac
Relais de Saussignac
Saussignac
24240 Sigoules
Tel: (53) 279208

Tombebœuf
Hôtel du Nord
Tombebœuf
47380 Monclar
Tel: (53) 888315

Villefranche-du-Périgord
Hôtel les Bruyères
Route de Cahors
24550 Villefranche-du-Périgord
Tel: (53) 299797

Villeréal
Hostellerie du Lac
47210 Villeréal
Tel: (53) 360139

Beaujolais und Jura

Anse
Hôtel Saint-Romain
Route de Graves
69480 Anse
Tel: (74) 680589

Arinthod
Hôtel de la Tour
39240 Arinthod
Tel: (84) 480005

Ars-sur-Formans
Grand Hôtel de la Basilique
Ars
01480 Jassans-Riottier
Tel: (74) 007376

Bourg-Saint-Christophe
Hôtel Chez Ginette
01800 Bourg
Saint-Christophe
Tel: (74) 610149

Ceyzériat
Hôtel Mont July
01250 Ceyzériat
Tel: (74) 300012

Châtillon-sur-Chalaronne
Au Chevalier Norbert
01400 Châtillon-sur-Chalaronne
Tel: (74) 550222

Corcelles-en-Beaujolais
Hôtel Gailleton
69220 Belleville
Tel: (74) 664106

Cuiseaux
Hôtel du Commerce
71480 Cuiseaux
Tel: (85) 727179

Hôtel du Nord
71480 Cuiseaux
Tel: (85) 727102

Lachassagne
Au Goutillon Beaujolais
69480 Lachassagne
Tel: (74) 671499

Louhans
Hôtel du Cheval Rouge
5 Rue d'Alsace
71500 Louhans
Tel: (85) 752142

Meximieux
Hôtel Lutz
01800 Meximieux
Tel: (74) 610678

Montmerle-sur-Saône
Hôtel du Rivage
01140 Thoissey
Tel: (74) 693392

Orgelet
Hôtel de la Valouse
39270 Orgelet
Tel: (84) 254064

Pont-de-Poitte
Hôtel de l'Ain
39130 Clairvaux-les-Lacs
Tel: (84) 483016

Romenay
Hôtel du Lion d'Or
71470 Montpont
Tel: (85) 403078

Saint-Amour
Hôtel d'Alliance
39160 Saint-Amour
Tel: (84) 487494

Sainte-Croix
Hôtel Chez Nous
01120 Sainte-Croix
Tel: (78) 061792

Salles-en-Beaujolais
Hostellerie Saint-Vincent
69460 Salles-en-Beaujolais
Tel: (74) 675550

Sarcey
Hôtel Chatard
69490 Sarcey
Tel: (74) 012001

Das Rhône-Tal

Alixan
Hôtel de France
26300 Alixan
Tel: (75) 470344

Arthémonay
Auberge le Pont du Chalon
26260 Saint-Donat-sur-l'Herbasse
Tel: (75) 456213

Crest
Grand Hôtel
Rue de l'Hôtel de Ville
26400 Crest
Tel: (75) 250817

Génissieux
Hôtel la Chaumière
26750 Génissieux
Tel: (75) 027797

Grane
Hôtel Giffon
26400 Crest, Grane
Tel: (75) 626064/7011

Grange-les-Beaumont
Hôtel Restaurant Lanaz
26600 Granges-les-Beaumont
Tel: (75) 715056

Hauterives
Hôtel Restaurant le Relais
26390 Hauterives
Tel: (75) 688112

Mirmande
Hôtel la Capitelle
Le Rampart
26270 Mirmande
Tel: (75) 630272

Pélussin
Hôtel de l'Ancienne Gare
42410 Pélussin
Tel: (74) 876151

Peyrus
Hôtel du Commerce
et du Parc
26120 Chabeuil
Tel: (75) 598008

Saint-Jean-de-Bournay
Grand Hôtel du Nord
38440 Saint-Jean-de-Bournay
Tel: (74) 585225

Saint-Vallier
Hôtel des Voyageurs
2 Avenue Jean Jaures
26240 Saint-Vallier
Tel: (75) 230442

Tournon
Hôtels de Paris/du Château
Quai Marc Sequin
07300 Tournon
Tel: (75) 086022

Tullins
Auberge de Malatras
38210 Tullins
Tel: (76) 070230

Viriville
Hôtel Bonnoit
38980 Viriville
Tel: (74) 540218

La Voulte-sur-Rhône
Hôtel le Musée
Place du 4 Septembre
07800 la Voulte-sur-Rhône
Tel: (75) 624019

Die Provence

Aigues Mortes
Hostellerie des Ramparts
Place Anatole France
30220 Aigues Mortes
Tel: (66) 538277

L'Albaron
Hôtel le Flamant Rose
13123 Albaron
Tel: (90) 971018

Arles
Hôtel d'Arlatan
26 Rue Sauvage
13200 Arles
Tel: (90) 935366

La Barben
Hôtel la Touloubre
13330 la Barben
Tel: (90) 551685

Caromb
Hôtel le Beffroi
84330 Caromb
Tel: (90) 624563

Cornillon-Confoux
Hôtel Devem de Mirapier
13250 Saint-Chamas
Tel: (90) 559922

Joucas
Hostellerie
des Commandeurs
84220 Gordes
Tel: (90) 720005

Lauris
Hôtel la Chaumière
Place du Portail
84360 Lauris
Tel: (90) 680129

Maussane-les-Alpilles
Hôtel l'Oustaloun
Place de l'Eglise
13520 Maussane-les-Alpilles
Tel: (90) 973219

Morières-lès-Avignon
Hôtel le Paradou
Avenue Leon Blum
84310 Morières-lès-Avignon
Tel: (90) 223585

Pernes-les-Fontaines
Hôtel de l'Hermitage
Route de Carpentras
84210 Pernes-les-Fontaines
Tel: (90) 665141

Pont du Gard
Hôtel le Vieux Moulin
30210 Remoulins
Tel: (66) 371435

Saint-Rémy-de-Provence
Le Chalet Fleuri
Avenue Frédéric-Mistral
13210 Saint-Rémy-
de-Provence
Tel: (90) 920362

Saint-Gilles
Hôtel le Saint-Gilloir
30800 Saint-Gilles
Tel: (66) 873369

Sommières
Auberge du Pont Romain
2 Rue Emile Jamais
30250 Sommières
Tel: (66) 800058

Uzès
Hôtel d'Entraigues
8 Rue de la Calade
30700 Uzès
Tel: (66) 223268

Venasque
Hôtel la Garvique
Route de Murs
Venasque
84210 Pernes-les-Fontaines
Tel: (90) 660340